本书系国家社科基金青年项目"区域创新体系中的信息资源
配置与服务模式研究"（项目批准号10CTQ017）结项成果

# 区域创新体系与
# 信息资源服务研究

Research on Regional Innovation System and
Information Resources Service

余以胜◎著

科学出版社

北　京

**图书在版编目(CIP)数据**

区域创新体系与信息资源服务研究 / 余以胜著. —北京：科学出版社，2016.11

ISBN 978-7-03-050648-1

Ⅰ. ①区… Ⅱ. ①余… Ⅲ. ①情报服务-区域经济-国家创新系统-研究-中国 Ⅳ. ①G252.8

中国版本图书馆 CIP 数据核字（2016）第274296号

责任编辑：邹 聪 刘 溪 郝 悦 / 责任校对：李 影
责任印制：李 彤 / 封面设计：无极书装
编辑部电话：010-64035853
E-mail:houjunlin@mail. sciencep.com

*科学出版社* 出版
北京东黄城根北街 16 号
邮政编码：100717
http://www.sciencep.com
**北京凌奇印刷有限责任公司** 印刷
科学出版社发行 各地新华书店经销
*

2016 年 11 月第 一 版 开本：720×1000 B5
2022 年 1 月第四次印刷 印张：17
字数：329 000
**定价：85.00 元**
（如有印装质量问题，我社负责调换）

# 邱 均 平 序

区域创新体系（RIS）是一个新兴的概念。1992年，英国加的夫大学（Cardiff University）的库克教授最早提出区域创新体系的概念并进行较为深入的研究。而在国家创新体系产生以后，世界范围内掀起了一个创新体系的研究热潮。区域创新体系研究得到重视的另一个重要原因是美国硅谷的崛起，硅谷的神奇让人们认识到区域在创新体系中扮演的重要角色。因此，区域创新体系的理论来源有两个：一个是国家创新体系理论，另一个是渐进经济学和现代区域发展理论。

区域创新体系是指一个区域内有特色的、与地区资源相关联的、推进创新的制度组织网络，其目的是推动区域内新技术或新知识的产生、流动、更新和转化。一般性区域创新体系表明，在一定的经济、社会、文化环境下，人、财、物等各种创新资源在各创新活动主体之间的有效分配与使用，产生了新的创新成果并付诸应用，从而影响区域经济的发展。可以看出，一般性区域创新体系侧重对广义创新要素进行研究，而广义创新要素包括人力资源要素、物力资源要素、资金资源要素和知识资源要素等。以上多种要素关联所形成的区域创新体系或系统，其最主要的特征不是创新成果或创新产品的外在表现形式，而是彼此之间信息或知识的内在流动，也就是说，在区域创新体系中，跨部门、跨主体的信息/知识资源的配置（流动和利用）是区域创新体系得以发展和成功的最为关键的因素。在区域创新网络建构的过程中，信息（知识）资源是创新得以产生的基础，换句话说，信息（知识）资源的合理配置和高效利用，既是降低创新成本、提高创新效率的基本要素，也是创新体系中创新网络得以建构的基石。

当前，我国仍处在工业经济和知识经济的二元化阶段，但在全球化知识经济飞速发展和全面普及的时代，知识显然已成为最为重要的创新资源，各类科技的发展和创新总是基于创新者所拥有的知识存量而实现的。尤其在现代，基础知识的积累和拥有，对于推动技术的不断创新是必不可少的。对于任何一个经济组织来说，信息是一种稀缺资源，在信息传播、纠正和组织方面的麻烦使共享的知识相对稀少，而且不正确和缺乏组织。区域创新体系实质是一种知识网络体系，这种知识网络体系需要经常性地进行有规律的信息交流，信息交流机制是为了保证信息流动和信息共享，为原有网络中的创新主体分散化的行动提供一种协调机制。区域创新体系中创新网络的信息交流机制通过影响和改变创新主体获取信息的方式和所获取的信息而影响其创新行为。

从这个意义上讲，余以胜博士以"区域创新体系与信息资源服务研究"为主题展开全面系统的研究，并出版专著，这无疑能够促进整个信息管理学和图书情报学在区域创新时代的发展，具有重要的科学理论价值和实践价值。全书研究思路清晰、结构合理、层次清楚、观点新颖、内容丰富、资料详实，既有理论深度，又有具体的实证分析，是一部科学性、系统性、创新性都十分明显的研究力作，也是信息资源服务领域的一项开创性研究成果。当然，任何科学研究都不可能一蹴而就，跨学科研究尤其如此。本书所探讨的问题大多是交叉性和开创性的，还有很多需要改进和完善的地方，有待于作者继续努力探索。作为余以胜博士的导师，对《区域创新体系与信息资源服务研究》一书的出版感到由衷的高兴！也希望余以胜博士能够在今后的学习和工作中更上一层楼，取得更多更好的成绩，为整个学科的发展做出更大的贡献。

中国教育质量评价中心主任

中国科学评价研究中心创始人、

原主任、评价品牌创立者和首席专家

武汉大学教授、博士生导师

邱均平

2016 年 10 月 18 日于武汉大学

# 前　言

　　面对信息化的国际环境，科技创新、区域发展和社会进步对信息服务不断提出新的要求，以现代信息技术广泛应用为前提的信息服务的社会化组织机制得以形成。其中面向区域创新发展的信息资源配置与服务是区域创新和企业信息化发展所面临的重要问题。信息化与经济全球化发展中的创新型国家建设，必然体现在区域经济和社会发展上，以创新为依托的区域发展是一种新的区域发展机制，其创新发展导向决定了信息需求的变化，从而提出了面向区域创新的信息配置与服务问题。同时，信息化与经济全球化环境下的区域创新与创新型企业建设，提出了面向区域创新发展的信息配置与服务重组要求，在区域创新背景下，信息服务的定位、创新需求导向下的信息资源配置原则、协调分工和基本制度保障是其中的研究重点。本书以区域创新发展需求为导向，立足于信息资源的配置、体系和运行机制的变革，遵循信息服务的发展规律，研究我国面向区域创新发展的信息资源配置与服务的问题，在信息服务的转型研究中，形成了一定的理论与应用研究成果。

　　本书的内容共分为七章。第 1 章是导论，主要包括三大部分：研究现状与意义、研究目标与方法、研究内容概述。第 2 章讨论了区域创新与信息资源相关理论，主要包括六部分的内容：相关概念和要素、区域创新体系、信息资源及其配置、区域创新体系中信息资源配置障碍要素、区域创新体系与信息资源服务关系研究、区域创新体系中信息资源配置目标。第 3 章讨论了区域创新体系中的信息资源配置机制与模式，主要包括四部分内容：区域创新体系中的信息资源需求、区域创新体系中的知识转移机制、区域创新体系中信息资源配置模式研究、基于知识供应链的区域创新体系模式建构。第 4 章讨论了区域创新体系中的信息资源配置模型研究，包括三部分内容：基于系统动力学的区域信息资源配置模型研究、基于博弈论的区域信息资源配置模型研究、基于博弈论的个人信息资源配置模型研究。第 5 章讨论了区域创新体系中的信息服务机制与模式，主要包括三部分的内容：区域创新体系中的信息服务机制、区域创新体系中的信息服务模式、Web2.0 环境下的信息服务模式。第 6 章讨论了区域创新体系中信息资源配置与服务建构战略，主要包括四部分的内容：区域创新体系中创新环境建设战略、区域创新体系中创新主体建设战略、区域创新体系中信息资源配置服务平台建设战略、区域创新体系中信息资源优化配置建设战略。第 7 章讨论了区域创新体系中信息资源配置与服务运行的发展研究，主要包括四部分的内容：区域创新体系中信息配置与服务运行机制、区域创新体系中信息服务体系的构建，并结合两个实例分析了区域创新体系中区域信息资源服务体系研究。

在项目组进行理论研究的同时，项目组成员深入到企业与政府进行了大量的调研。同时在项目进行的前期与后期开展了一些相关实践课题的研究，丰富了课题的实证，这些实证研究包括：国家社会科学基金重大项目子项目"语义化馆藏资源深度聚合知识服务研究"（11&ZD152）（2012 年 12 月至 2016 年 12 月）；国家社会科学基金项目"区域创新体系中的信息资源配置与服务模式研究"（10CTQ017）（2010 年 7 月至 2014 年 2 月）；广东省科技厅"面向区域产业集群创新的信息服务重组研究——以广东省为例"（2013B070206048）（2014 年 6 月至 2015 年 6 月）；广东省科技厅"基于社会网络分析的区域协同创新体系研究"（2014A070703043）（2015 年 1 月至 2016 年 7 月）。同时，在项目进行中，项目组得到了校内外专家和国家及地方信息部门的多方面帮助，除归纳本人的成果外，还引用了国内外相关文献和研究团队的成果，这是项目完成的重要保证，在此特致谢意。

本书由项目组全体成员参与完成，其中第 1、4、7 章由余以胜负责完成；第 2 章和第 6 章由肖勇和杨淑芳负责完成；第 3 章和第 5 章由余以胜和刘芷欣负责完成；最后由余以胜、李迎春、韦锐统一修改定稿。

余以胜
2016 年 7 月

# 目 录

# 第1章

# 导　论

## 1.1　研究现状与意义

### 1.1.1　研究现状

进入知识经济时代，信息技术的发展和信息资源的丰富使得创新活动的交流变得越来越便利，全球化时代企业生产和创新呈现分布式、发散状态，特别是跨国企业或公司开始在全球进行资源整合和调配，这种情况看似企业的创新可以摆脱空间区域的物理限制，但国内外大量研究与应用分析表明，全球化环境下的创新活动仍然具有明显的区域性特征，创新活动对于地理空间上资源的依赖性仍然存在，而且这种趋势有增无减。

一般而言，创新是一种社会化活动，它不是单一要素或资源可以独立完成的，一个成功的创新活动需要多种要素和资源的整合、聚集、协同才能完成。创新活动和创新过程要素一般包括创新人员、创新资金、创新技术和创新文化等，这些要素在空间和时间上都具有两重性。具体而言，实践过程中的创新主体可以分为高等院校、科研机构、生产企业、中介服务机构和政府部门，高等院校可以提供创新人才和创新知识，科研机构可以提供创新技术和产品研究，生产企业可以提供新产品的开发和技术应用，中介服务机构可以提供创新服务和创新媒介，政府部门可以提供创新制度和营造创新氛围。成功的创新必须由以上多个要素形成紧密的创新体系或创新协同，而这种创新过程中的协作与分工都具有很强的空间地域属性。

## 1. 区域创新体系研究现状

国内外有很多成功的创新聚集区域，如美国的硅谷、德国的巴登－符腾堡地区、中国台湾的新竹及北京的中关村等，这些地区的创新活动都呈现出强烈的区域特征。在地域空间上密切相关的创新主体，如作为技术创新主体的企业、承担知识创新的大学和科研机构、负责创新人才培养的教育机构、从事创新管理与协调的区域政府机构和从事创新服务活动的中介服务机构等，结合在一起就构成了区域性的具有创新结构与功能的有机整体，进而形成区域性创新体系。随着经济全球化进程的不断加快，世界经济日益呈现区域化特征。区域创新能力日益成为地区经济获取国际竞争优势的决定性因素，在此背景下，区域创新体系研究开始受到越来越多的专家、学者的关注，并取得了一定的成果。

目前，国内外学者对区域创新体系尚无统一定义，国内学者对区域创新体系概念的界定存在以下不同：一是对"区域"二字的认识有所不同，有的认为是经济区域，有的认为是技术区域；二是对区域创新体系的构成要素认识不同，有人认为由企业、大学、科研机构、政府等主体要素构成，但也有人认为还应包括非主体要素；三是对区域创新体系的系统性认识不同，有的人认为是一个创新系统，也有人认为是一个网络系统。但不可否认的是，国内外学者就以下两点达成了共识：一是区域创新体系具有系统性；二是企业、高校、科研机构、政府及中介机构是区域创新体系的构成要素。在区域创新体系的实证研究方面，国外研究者大多对具有某些共性，如地理位置、社会制度、经济制度等国家间形成的某种特定区域进行研究，我国则多是以国内个别省、直辖市、自治区为研究对象，当然也有以长江三角洲（简称长三角）、珠江三角洲（简称珠三角）、西部地区等为研究对象，这可能与我国各省、直辖市、自治区间经济发展水平、科技创新能力、文化环境等存在较大差异有关。总体而言，国外关于区域创新体系的研究早于国内，为我国区域创新体系的研究奠定了很好的基础，同时由于我国各地经济、文化、科技等综合实力存在差异性、复杂性和多样性，国内在区域创新体系研究上还存在很大的空间，有必要对区域创新体系中的信息资源配置和服务模式进行系统性、整体性研究，形成理论及应用成果。

从 20 世纪 90 年代开始，国外区域创新体系逐渐兴起并发展成熟，其中主要以欧、美、日等发达国家和地区为代表，其中以技术创新为中心的纽约区域创新体系是较为典型的案例。两次世界大战让美国成为唯一的超级大国，美国纽约更是成为美国乃至全世界的技术创新中心，其区域创新体系发展最为完善，主要由政府机构、大学/研究所等研究机构、私营部门（企业）、非营利组织及各种中介机构组成，在区域创新体系中这些要素之间的作用和关联异常精妙，形成了一个组织松散、协作严密的网络体系。例如，据纽约政府网站显示，2006 年，纽约有 18 个国家级研究所、65 个州立研究中心、300 多所大学，大企业均设有独立的研发机构，区域体系内有 52 个孵化器、22 个科技园区，有 380 家本国或主要国家银行、证券交易所，以及资本、信息服务、法律援助、成果转化等中介组织，各类政府机构，等等。

国内的区域创新体系建设实践起步于改革开放，在 2003 年前，有少量的局部试验，如深圳、上海浦东、北京中关村等。2003 年 4 月，科学技术部召开了全国性的区域创新体系建设研究工作研讨会，此后，各省市陆续出台了区域创新体系建设方案或规划纲要，国内较为典型的实践案例是深圳的区域创新体系建设案例[①]。2005 年 5 月，深圳率先提出了建设国家创新型城市的目标。深圳的区域创新体系建设有三个突出特点：一是以企业为技术创新主体，在深圳，90%以上的研发资金来源于企业，90% 以上的职务发明专利出自企业，其中中兴、华为最具代表。二是跨地域的产学研合作，深圳的大学和科研院所不多，但深圳1999 年设立了虚拟大学园，目前有包括清华大学、北京大学、武汉大学、哈尔滨工业大学等在内的 43 所大学，有中国工程院、中国科学院、中国社会科学院等在内的科研院所，还有 5 所中国香港院校、1 所法国院校（里昂大学）。三是政府积极推动创新，一抓政策，二抓环境，三抓服务，在高科技产业发展、企业技术中心建设、科技投入、科技园区建设、虚拟大学城建设等方面发挥了突出作用。

## 2. 信息资源配置研究现状

国内外对信息资源配置的研究侧重点有所不同，国外已有研究主要是将经济学领域的资源配置理论应用于信息资源范畴，从研究对象上可划分为宏观与微观两个层次，宏观层面上包括政府信息资源配置和网络信息资源配置等研究，微观研究则是围绕以企业、图书馆及其他信息机构为主体的信息资源配置活动所进行的研究；国内对于信息资源配置的研究主要集中在信息资源配置理论研

---

① 陈浩 . 2006. 国内外区域创新体系研究进展 . 科技与经济，19（6）：13-16.

究、信息资源配置效率评价与测度研究、信息资源配置模式与模型研究。从现有的国内外相关资料来看，主要涉及区域创新体系的基本理论研究、区域创新体系的运行机制研究及区域创新体系的实证研究。

同样，作为支撑区域创新体系及其活动的信息资源及其配置已成为区域发展中非常重要的内容。从文献调研分析，美籍奥地利经济学家熊彼特指出创新就是建立一种新的生产函数，即实现生产要素新的组合。英国卡迪夫大学的库克（Cooke）首次提出了区域创新体系的概念，后来库克等学者指出，任何起作用的区域创新体系都有两个子系统：一是信息和知识应用与开采子系统；二是信息和知识生产与扩散子系统[①]。戴维等指出创新体系中的知识分配力指的是创新者及时获得相关知识的能力或通过增进对现有知识的转移、转化和获取，提高扩散及使用知识的运行效率的系统能力。经济合作与发展组织（Organization for Economic Co-operation and Development，OECD）界定：系统的知识配置能力，是指一个系统及时向创新者提供信息渠道，使其获得有关知识储备的能力。国内的相关研究开始于20世纪90年代中后期，付立宏指出信息资源区际配置的实质是信息资源在一国内不同地区之间的交流和信息资源的国际交流[②]；柳卸林认为区域创新体系建设的关键因素之一是建设一个有区域特色的产业创新体系等[③]；李兴江和赵光德从价格与供求机制的相互作用上，分析了区域创新信息资源的市场整合机制[④]；李正风和张成岗指出我国创新系统中的"知识分配力"薄弱，导致创新者难以及时地获得创新所需要的知识，创新资源整合要努力消除制约知识传播、扩散和有效利用的制度性、结构性障碍[⑤]；王缉慈特别指出在区域创新体系的组织结构研究中，信息机构的作用和信息资源的建设没有得到充分重视，定量方面研究相对不足[⑥]。

目前国内外对信息资源配置的定义尚无统一定论，我们认为信息资源配置就是要根据不同地区、不同行业、不同部门、不同用户和不同时间的需求，对信息及信息资源有关的信息人员、信息设备、信息设施和信息网络等资源，根据用户的需要，从时间、空间和数量等多个维度进行分类、重组、匹配和共享，以实现信息资源高效配置和利用，促进区域或企业创新。

① Cooke P. 1992. Regional innovation systems: competitive regulation in the New Europe. Geoforum，23（3）：365-382.
② 付立宏.1994.信息资源区际配置的经济分析.情报理论与实践，（4）：8-11.
③ 柳卸林.2003.区域创新体系成立的条件和建设的关键因素.中国科技论坛，（1）：1-22.
④ 李兴江，赵光德.2009.区域创新资源整合的机制设计研究.科技管理研究，（3）：66-69.
⑤ 李正风，张成岗.2005.我国创新体系特点与创新资源整合.科学学研究，（5）：704-707.
⑥ 王缉慈.2002.创新及其相关概念的跟踪观察——返朴归真、认识进化和前沿发现.中国软科学，（12）：30-34.

　　在信息资源配置效率评价与测度研究方面，关于信息资源配置效率衡量标准问题主要有如下几种不同的观点：有专家认为可用"帕累托最优准则"来衡量信息资源配置效率。也有专家对以"帕累托最优准则"来衡量信息资源配置效率提出异议，认为由于公共物品外部效应的存在，依靠市场得到的供需均衡常常是无效率的。还有专家持比较折中的观点，认为在完善的知识产权法律制度保障和规范的知识产权运行的环境下，理论上可以近似地运用"帕累托最优准则"考察信息资源的配置。

　　在信息资源配置模式与模型研究方面，信息资源市场配置模式、政府配置模式和产权配置模式得到广大学者的认可。然而针对市场配置与政府配置在信息资源配置中的主辅地位存在争议。

　　总体而言，国内外在信息资源配置方面研究的侧重点虽有所不同，但都取得了丰富的研究成果。国外针对不同层次的信息资源配置的理论研究相对成熟，与国外不同，国内着眼于信息资源配置问题中更为细微的方面。虽各具特色，但目前关于衡量信息资源配置效率的标准大部分学者都以"帕累托最优准则"为标准，然而"帕累托最优准则"是一个理想状态并不是在任何条件下都适用。因此，一套综合、全面的评价标准尤为重要。另外，我国国情决定着我国信息资源配置模式具有特殊性，因此，要根据我国经济发展状况、市场环境、政府职能强度等具体情况分析市场配置与政府配置在信息资源配置中的比重。

### 3. 区域创新体系中信息资源配置研究现状

　　国外部分学者结合创新体系理论，尝试将信息资源配置也纳入到创新资源配置的范畴和概念中。Isaksen 认为创新主体的角色很重要，特别是创新主体之间的信任与彼此之间的有效协作，会很大程度上影响创新资源配置的利用效率，如果创新主体之间缺乏交互式学习和知识转移，这将给创新带来阻力和障碍[①]。Courvisanos 认为，创新资源的聚集和知识扩散，不能完全依靠市场的力量，政府必须在公共政策、法律法规等方面营造良好的外部环境，并在创新主体中扮演中立的角色，这样才能通过公共政策的完善来推动知识在创新体系之间流动和共享[②]。Adam Holbrook 和 Wolfe 共同指出不同于资金、原材料等生产性资源，

---

① Isaksen A. 2001. Building regional innovation systems: is endogenous industrial development possible in the global economy. Canadian Journal of Regional Science, (1): 101-120.

② Courvisanos J. 2003. Investment cycles in capitalist economies: a kaleckian behavioural contribution. Journal of Innovation Economics & Management, 45 (6): 119-143.

信息资源是一种结构性的创新资源，区域科研基础、创新主体的学习能力、劳动者的素质及创新区域的法律法规建设等因素，都会影响到区域创新体系中信息资源的配置和利用效率[①]。Baptists提出信息资源配置与区域创新体系运行之间存在互动关系[②]。

从收集到的文献资料看，国内外的研究有一定的交叉和互相借鉴，国外研究以信息资源的配置为基点，主要侧重分析信息资源配置与区域创新体系功能、体系运行状态的相互关系；国内大部分学者借鉴了国外的研究思路，将区域创新体系中的信息资源纳入创新资源或科技资源的范畴，以中观层次的创新体系中创新资源配置，即区域创新资源、区域科技资源、区域人力资源等的配置为切入点进行研究，对区域创新体系中信息资源配置的研究具有一定的借鉴价值。

## 1.1.2　研究意义

知识经济时代已经到来，信息和知识资源业已成为促进产业转型升级、经济发展与社会进步的重要战略资源，信息与能源、材料并列为当今世界三大资源。因此可以说研究信息资源的配置、利用和服务具有重大的理论和现实意义。

第一，在理论层面侧重构建相对完整的区域创新信息资源配置体系，这对于改变区域创新体系内信息服务的分散状态和资源的重复建设具有重要作用。另外，针对信息资源配置和基于配置整合的信息服务模式研究，对于推动网络环境下的区域信息服务发展和主体创新都具有重要意义。

第二，创新信息资源的配置能力，特别是知识资源的配置能力和效率，已经成为评价区域创新运行效率的重要指标。在实践方面，具有可操作性的面向区域创新发展的信息资源配置和服务重组实现方案，已为政府、科研机构、信息服务提供商所应用。

第三，传统经济体制在配置信息资源和提供信息服务、组织和激励信息与知识的生产方面，难以满足现代信息服务业的发展。区域创新体系理论中信息服务的研究就是解决信息和知识在区域间的高效生产与配置问题，这将有力支撑现代信息服务业在区域内的发展。

① Holbrook J A D, Wolfe D A. 2005. Innovation and Entrepreneurship in Western Canada：From Family Businesses to Multinationals. Canada：University of Calgary Press.
② Baptists R. 2010.Kenya AI policy issues beyond rehabilitation and breeding program consolidation. Journal of Law & Economics，15(5)：89-98.

# 1.2　研究目标与方法

## 1.2.1　研究目标

区域创新体系必须立足于区域信息资源的总量与分布现状：一方面，通过资源优化和利用，提升区域创新信息资源的总体数量与质量；另一方面，通过线下和线上的创新资源和创新网络，提升区域创新信息资源的配置效率，将有限的创新信息资源运用在区域的重点领域和优势行业中，最大程度地发挥已有信息资源的作用，促进信息和知识的生产和传播，进行知识创新和技术创新，培育和形成能够支撑区域内社会经济持续快速发展的创新能力。

遵循理论研究—机制与模型研究—实证分析研究—对策研究的思路展开分析。以区域创新体系的构建为视角，以实现区域创新信息资源的合理配置和利用为目标，以提升区域创新能力为根本原则，探讨创新信息资源及其配置，分析区域创新信息资源优化配置在区域创新体系中的作用，研究区域创新系统组织与运行机制，探讨区域创新和现代信息服务业体系下信息资源的共享共建，形成一套切合我国区域创新与信息化发展和信息资源建设实际需要的策略，提出对区域整体资源规划和政策制定有参考价值的信息资源配置模型和服务模式。

## 1.2.2　研究方法

综合利用情报学、信息管理学、区域经济学、系统科学等相关学科的知识，并结合实证分析法展开研究。利用"帕累托最优准则"和博弈模型分析信息资源配置中的不确定因素和行为；利用系统动力学方法对区域信息资源配置进行仿真研究；利用系统辨识建模、优化理论选型等方法，研究区域信息服务组织机构重组；同时，进行国内外比较研究，如将美国硅谷、德国巴登－符腾堡、中国台湾新竹等地区与我国北京中关村、上海张江等区域进行比较，探索适合我国国情的区域信息资源配置和服务的相关理论及方法。

本书将在理论研究的基础之上，采用实证研究的方法，对区域创新体系的创新主体要素、各区域创新活动的差异性进行研究。

针对区域创新体系的研究采用理论研究（文献调研）和实证调查（案例分析）的研究方法。在理论研究阶段，首先在界定区域创新主体的基础之上，对影响区域创新体系的主要因素进行详细分析，同时，对创新体系中影响创新主体的社会环境、制度环境、经济环境和技术环境等进行文献调研，用研发投入强度、科技产出（GDP、专利数等）、技术基础等指标来突出区域创新的基本轮廓；其次通过案例分析和实例调研，对区域之间创新活动或区域竞争力的差异开展研究，特别是对各地园区、创新企业、孵化器、研究机构和高校的具体情况进行摸底，这将有利于地方政府或管理部门加强对区域创新的理解和建设。

从已有创新体系的研究来看，针对区域创新体系的研究，一般采用两种实证研究方法：一种是比较分析法；另一种是典型个案分析法。比较分析法是一种横向的比较方法，该方法可以选取经济水平或规模相当的地区，通过对比彼此之间的差别，来讨论区域范围内实现系统创新的标准，该方法能够很好地把握不同区域的普遍性和特殊性。一方面，利用比较分析法进行研究，可以了解已有区域，特别是成熟区域创新体系的运作模式或运作方法；另一方面，通过对不同国家或不同类型区域创新体系的对比研究，可以发现或借鉴先进地区的做法或经验为落后地区参考和使用。

典型个案分析法是针对一个或单个区域进行全面分析和描述。因为尽管区域创新体系或系统具有多方面的共性特征，但每一个特定的区域创新体系又各具自身特点或特质，通过典型个案分析法，可以充分辨识和挖掘单个区域创新体系的区域发展属性和动力要素，而且还可同时分析成功区域创新体系能够持续发展的主要因素，如制度环境或政策激励因素，特别是同一创新体系内不同主体的类型、功能及相互之间的关系，以及在整个区域创新体系内产生的社会作用。

# 1.3　研究内容概述

本书立足于信息化环境中区域创新发展的信息资源需求，研究以区域创新发展需求为导向、以数字化技术为依托、以网络为支撑的信息资源配置和基于配置的区域信息服务的推进，在实证基础上，形成理论与应用成果，主要内容如下。

（1）区域创新体系与信息资源配置关系的理论研究。梳理国内外已有区域创新体系和信息资源配置研究的相关或相近理论；对国内外有关区域创新体系和信息资源及其配置的定义、特征、分类、范式及二者之间的关系和机理等进行研究分析；探讨区域创新体系环境中创新主体的信息需求特征，以及区域创新体系中信息和知识资源的转移机制；结合我国国情和区域经济发展实际情况，汲取国外的先进理论和方法，为信息资源配置和服务在区域创新体系中的引入奠定理论基础。

（2）区域创新体系中的信息资源配置和服务机制研究。基于区域创新体系解析各类信息资源配置模式，包括相关制度变革、资源组织、业务体系重构的研究；研究区域创新体系的信息资源组织与运行机制，探索信息资源的集成重组方式；研究新技术给信息服务带来的影响及其转变模式；构建区域创新体系内相应信息资源配置和服务整合平台。

（3）区域创新体系中的信息资源配置模型及实证研究。比较国内外不同地区在区域创新体系环境下信息资源投入和配置的产出效率，探索优化信息资源配置的有效途径和策略，研究信息资源的利用和分布规律，充分提高信息资源的利用率；建立基于博弈论的区域信息资源配置模型，通过实证方法，以广佛同城为研究对象，构建纳什均衡模型和重复博弈论模型；利用系统动力学方法和原理，构建基于系统动力学的区域创新体系资源配置仿真模式，并对仿真数据和结论进行分析，提出可行的区域创新体系优化的路径。

（4）面向区域创新体系的信息资源配置与服务战略和对策研究。通过上述信息资源配置模型和实证的研究，优化区域创新体系与信息资源利用的服务模式与机制，找出区域创新体系发展中信息资源建设的制约因素，同时找到制约创新体系内信息资源配置和共享的主要障碍，分别从创新主体、创新资源、创新环境、创新平台（园区）、创新机构等多个维度，提出发展区域创新体系中信息资源利用和配置效率的具体对策和措施，特别是在信息化环境下，"互联网+"的时代，针对区域创新体系内创新主体的再次提升寻求对策，同时为政府和有关管理部门提供决策依据。

## 第 2 章

# 区域创新与信息资源相关理论

## 2.1　相关概念和要素

创新是近年最为热点和关注的话题，无论是国家创新，还是区域创新，也无论是企业技术创新，还是政府管理创新，总之，关于创新的话题，已成为政府部门多年来一直共同关注的话题，而且学术界也一直在进行相关研究，成果颇多，这些研究成果不仅对我们理解国家和区域创新的内涵有所帮助，同时对指导国家尤其是地区的区域创新建设也有很大的帮助。特别是随着国家将"自主创新"列为国家战略，如何将创新体系的研究和实践相结合，是学术界面临的一个重要问题。笔者认为，以区域创新为主题，是国家创新体系整体建设的战略需要，同时也是中国经济进一步发展和地方转型升级的现实需要。

### 2.1.1　创新及其影响要素

按照熊彼特和其他一些学者提出的观点，创新是一种"研发—生产—投入"的线性生产和设计创新过程，它是通过创新主体的研发投入获得相应的成果，并将该成果在生产实践中及时转化为生产力的过程。

但是，随着市场竞争的加剧，社会商品普遍进入消费者市场，卖方市场逐渐转变为买方市场，这时生产企业或商家只有真正面对市场、应用户需要生产，才能在竞争中生存下来，因此现代企业生产已不再是简单的"生产—消费"模式，而是处于不断的循环研发、生产的创新过程之中，也就是说对于任何一个市场的主体而言，没有永远的市场霸主地位，市场唯一遵循的法则就是唯有"变才是不变"，创新没有停止，它是一个循环往复的递进过程。而在当今网络环境下，大多创新都已离不开网络，无论是传统的线下社会化网络，还是当前线上虚拟社交网络，创新已相应变成在网络环境中产生，并不断与用户进行交互的持续过程。创新是"一种社会的、非线性的过程、环境行为主体通过相互协同作用而创造技术的过程，也是学习知识的过程"[①]。另外，蓝德沃尔（Lundvall）将创新定义为"一个社会性的、地域性的、嵌入的互动过程，一个不考虑其制度和文化背景就无法理解的过程"，该概念特别强调创新的地域特性，即创新是和特定区域、特定资源、特定环境、特定文化和特定人群等相关的一种实践活动，不同区域有不同创新活动。

### 1. 创新中心——增长极

区域创新体系首先在物理空间上具有集聚特性，一般是从创新中心或生产力促进中心开始，即增长极开始的。所谓增长极是指在一定的物理空间地理位置上，创新主体围绕某一领域细分市场在该区域空间内聚集的一组产业综合体，该增长极能够通过该主导产业带动一批上下游市场，形成具有专业镇特色的产业链，这种支配效应和创新的特征，能对周围地区产生支配作用，并可通过持续不断地创新，包括管理创新、技术创新和制度创新，对产业链中的其他主体施加影响，促使区域内多个主体发生相应的变化。增长极具有扩散效应和极化效应，这会导致区域经济发展的不平衡，其作用机制一般分为四个方面。

第一，形成一个地区经济综合体，并产生"集聚经济"（economies of agglomeration）效应。

第二，通过产业集聚形成规模经济，带动区域或相邻地区的经济和技术发展。

第三，技术和管理创新的扩散。

第四，资本的聚集和输出。

增长极分为两种形式：产业增长极和空间增长极。产业增长极是位于经济

---

① 刘毅 . 2005. 高科技园区创新平台的运行机制研究 . 科技进步与对策，（6）：75-77.

空间极点上的一个或一组起支配和推进作用的产业，具有较强的创新能力，其规模大、增长快速、发展潜力大、关联效应大，往往是区域的主导产业[①]。空间增长极是主导推进型产业的空间集聚体，是具有较强的创新能力、较高的增长率，并能够促进周围区域经济增长的中心区位，即增长中心[②]。

创新是产生极化效应的动力。创新行为一般会先从单个企业开始，之后形成产业规模，通过带头或示范作用经过扩散，再对当地和周边区域产生重要影响。创新不仅会使单个企业获得技术优势和市场地位，而且更为重要的是，通过创新可以带动区域相关产业和经济的发展。例如，典型的创新成功企业——杭州的阿里巴巴，其电子商务的成功，给整个杭州乃至于浙江电子商务的发展都带来了巨大的创新创业效应，在行业内已是有目共睹，已成为杭州和浙江的重要产业支柱。

首先，在增长极内，技术创新可以让企业提升产品竞争力，产品创新可以提升企业产出增长率，产品竞争力的提升最终会提高企业投入产出效率，获得平均利润和超额利润，这样容易引起本地企业的学习和模仿；其次，创新行为的影响不仅局限于技术和管理的变革，同时会影响区域原有的社会价值观、组织结构、社区文化和已有行为方式，这种转变的积累，会让后续持续创新朝着更易变革的方向转变，并为下一次的变革创新打下坚实的基础；最后，创新可以改变原有社会群体的思想意识，强化创新进取意识，同时推动区域创新主体为改变在增长级中心的比较劣势而努力提高自身素质。所以，从创新主体的维度来看，创新活动对企业组织架构的变革、管理体制的转变、业务流程的优化、员工素质的提升及企业利润的增长都有深刻的影响，并使得暂时落后的企业可以围绕增长极进行二次创新和转型，使企业间的联系变得紧密，企业的真正空间集群变为现实[③]。

## 2. 创新梯度与创新梯度推移

创新存在梯度阶差，从创新的程度分为创新梯度高和创新梯度低两个层次，创新活动在空间上存在明显的梯度变化，这就是创新梯度。在创新梯度高的区域或部门，一般由研发中心或创新中心等成长部门所组成，这些部门往往在技

---

① 苗青，白玲，曲鹏飞 .2004. 符合区域经济增长模式的现代物流经济的研究 . 物流技术，（3）：25-26.
② 江兵，杨蕾，杨善林 .2005. 区域创新系统理论与结构模型 . 合肥工业大学学报（社会科学版），19（1）：33-39.
③ 傅兆君 .2003. 知识流动与产业空间集聚现象分析 . 地域研究与开发，22（3）：5-8.

术、资金或人才等方面积聚了最为活跃的创新资源，而且积聚的各种资源其创新能力较强，各资源要素间相互作用大，因而系统的创新能力强，创新产出效率高。在创新梯度低的区域或部门，其研发或创新中心能力较弱，一般属于企业发展的成熟后期或衰退阶段，这种创新体系的要素聚集能力差，且各要素的创新能力弱，尤其是各要素间的相互关系和作用小，因此整体系统或体系的创新能力与创新效率都很低。由于区域经济实力的强弱主要由区域的产业结构所决定，而产业结构在经济发展的一定阶段有相对稳定或固有的形式，而产业结构的升级与调整与创新的投入和程度息息相关，特别是与区域中主导产业部门在产业生命周期中所处的阶段相一致。所以，一般经济较发达的地区或区域，其创新梯度就高，而经济较落后的地区或区域，其创新梯度就低。

由于创新梯度存在势差，所以创新资源或经验会从创新梯度高的主题流向创新梯度低的主题，形成所谓的创新梯度推移，其运行机理如下。

第一，高梯度的地区或区域其创新活动相对更为活跃，随着经济发展和技术的演进，在区域创新体系中，高梯度的区域会持续产生活跃的创新部门，而低创新梯度的地区或部门会接受和消化来自高梯度部门的资源转移。

第二，创新梯度推移分为就近推移、跳跃推移和反梯度推移三种形式。按照就近最省力原则，创新梯度推移中的就近推移会选择在空间上最短的对象进行创新资源转移，由活跃的发源地向邻近区域进行创新资源转移。创新大多来自区域集聚的中心地带，当企业处于卖方市场环境下，而其产品或服务无法满足用户的巨大需求时，临近区域的相关企业就可与创新发源企业通过协作来进行弥补。跳跃推移是指创新按照梯度递减，从梯度较高的发源地，跳跃式地向周边梯度较低地区扩散的过程，一般只有处于较低或第二梯度的区域才有能力消化和吸收来自第一梯度的创新资源，按照资源递减的规律，创新资源还会从第二梯度向更低层次转移。反梯度推移是指经济或技术相对落后的低梯度区域，可通过直接引进原创技术或经验，实现跨越式创新发展，通过后发优势反向对高梯度地区进行反梯度资源推移，如我国在整体科研和技术实力上要落后于美国，但在航空航天等领域，我国通过与俄罗斯的战略合作，在该领域实现了跨越式发展，反而在某些尖端领域超越了俄罗斯或美国。

创新梯度及创新梯度推移，说明了创新高梯度与创新低梯度之间的关系，创新活动由高创新梯度区域向低创新梯度区域之间的空间推移机制，反映了区域创新体系由低级向高级演变的规律。

### 3. 创新域——核心区与边缘区

社会的发展和进步离不开创新，而持续不断、长期累积的创新是推动社会转型升级、获得企业竞争优势的重要因素。从国内外已有的实践来看，技术的进步主要来源于区域内影响力最大的"创新中心"的推动，大多创新体系最初都是通过这些"创新中心"向周边创新潜力较小区域的扩散而获得发展。

创新变革的区域可以分为"核心区"（core regions）和"边缘区"（peripheral regions），二者共同构成一个完整创新体系，缺一不可。核心区在创新体系中是创新活动最为活跃的部分，是区域创新发展的源头，在区域内相对权威和具有影响力，能够对周边非核心区域施加影响。核心区和边缘区在本地经济、技术的发展过程中也存在不平衡的现象，二者处于矛盾统一过程中，因为核心区可能会在发展过程中与边缘区的经济距离进一步被拉大，导致与边缘区在依附、支配之间的关系变得更为微妙，具体到区域创新体系的环境下，核心区与边缘区之间的相互作用表现有以下五个方面。

第一，核心区可以通过行政管理、市场管理来支配对边缘区的影响。核心区可以作为决策权力中心，对其边缘区行使行政管理权力。

第二，区域创新体系内，创新主体不是传统企业内部各要素的整合，体系内没有严格的企业或组织管理制度或体系，大多还是一种较为松散的组织形式。在区域创新体系内，可能同时存在多个核心区、边缘区，不同的核心区或边缘区可以根据其在创新体系内所表现的不同职能而加以区分。在创新能力上大致处于同一等级水平的两个核心区或边缘区之间，往往会存在强关系或较为均衡的相互作用，而核心区与边缘区之间的相互作用会较弱。

第三，核心区在发展的过程中，会不断强化其竞争优势地位，这会推动区域创新体系的发展，但核心区的这种自我强化有可能使体系功能失调。若要规避马太效应中强者更强、弱者更弱的现象，只有通过加速形成核心区对边缘区的扩散效应，而减弱边缘区对核心区的依附性这一过程来实现。

第四，核心区会分层次、分步骤地向边缘区传播创新资源和创新成果。由于创新资源存在势差，核心区会聚集更多优质创新资源，这些资源倾向于从势差高的核心区向创新体系内的低级核心区转移，或向体系内同一层次的核心区转移。在这一转移过程中，创新资源的转移效率不仅和资源提供方有密切关系，同时还和接受该创新资源客体的层次、文化水平和发展程度息息相关，往往易于成功的创新区域，二者在各要素方面具有较高的相似度。

第五，随着信息技术的广泛应用，创新信息资源的转移和交流日益增加，创新可超越特定区域空间体系的限制，在区域空间上得到拓展。通过核心区的不断拓展和延伸，边缘区的能力也逐步得到增强，导致新的核心区在边缘区出现。这种核心区带动边缘区提升的现象，通常表现为整体区域创新能力的提高。例如，经济落后的区域可以弥补原有核心区受限制没有发展起来的领域或行业。随着核心区的不断扩展和边缘区功能的提升，区域创新主体的活动空间范围逐步扩大，区域创新体系实现了空间推移和拓展。

创新扩散是指创新资源或成果运用到社会、经济和生产活动的各个过程中的一种描述。影响创新及其扩散的因素很多，包括社会、政治、经济和文化等要素。首先，经济发展过程中，不同团体对创新可能带来的变革预期不一样，同时，创新从本质上来讲就是资源的重新分配，创新的实施必然会导致既有利益的重新调整或分配，这可能会让部分原有利益集团或个人采取某些行动延迟或阻挠创新的实施，因此，创新的成功与否及其扩散速度，受制于不同利益集团的价值评判及力量对比。其次，市场态势和环境不同，企业对创新的需求程度也不同，从而影响企业进行创新的积极性。竞争激烈的市场经济时期，企业为了争夺市场份额，常常对产品、技术、服务等进行改进，创新活动频繁，反之亦然。同时，不同的经济结构（主要是产业结构）对创新的影响也不一样，一般说来，在第一产业比重较大且生产现代化程度不高的国家（或地区），由于其原有生产方式相对已固化，而且社会生产效率整体不高，人员知识水平普遍偏低，创新资源缺乏，创新不易发生，即使在部分领域或环节出现创新，但由于落后思维方式的限制，创新的接受程度低，创新扩散所需的时间周期长。而在第二、第三产业比重较大的区域，由于产品的设计、生产和销售方式不断变化，创新主体之间的联系较为密切，会有力促进创新的发生。最后，不同创新主体由于其所处的环境迥异及受长期历史发展中形成的独特地域文化的影响，各个不同的创新主体间会形成不同的"企业创新文化"，且各自对创新的接受程度也不一样。例如，日本在第二次世界大战结束后通过短短几十年的时间，国力迅速恢复和崛起，除受惠于"明治之治"所形成的良好教育氛围外，还归功于其善于立足自身实际，采用"拿来主义"，充分借鉴、引进西方先进技术和管理经验，并结合中国传统儒家思想的影响，对各种外部资源进行消化、吸收、改良和创新，使之为己所用。与西方不同，日本企业治理没有完全照搬西方的现代企业管理制度，而是结合中西方文化的特点，创新性地采用"家族式"的管理方法，结果大获成功。同时，创新主体规模不同，创新能力也不同，企业联系紧密程度也影响创新的扩散速度。

## 2.1.2 区域边界的界定

创新是一个复杂的社会经济现象，但一般来说，创新首先源于一定的自然、地理空间，并与此空间的人文、社会、经济和技术等多因素密切相关。信息和知识的产生、存储、传播和利用首先是在一定的空间区域内完成，即地理空间因素对于知识的生产和利用起着重要的影响。创新不是单个人或单个企业独立完成的，而是企业与其他个人、企业或机构之间相互协作、共同影响的结果。一个区域内，由于地理上的接近，长期演化形成的特定制度环境（包括文化、风俗、习惯、行为规范等非正式制度和特定的法律、政策等正式制度）会激励和促进这种合作和相互影响的过程。有研究表明，无论是显性科学知识，还是隐性经验知识，要想产生最好的交流效果，就必须在一定的空间区域或范围内，通过人与人之间的直接交流得以实现，因此，在创新中地理空间的边界具有重要的作用。

创新体系是一个地理区域内促进创新的制度组织网络，根据这个地理区域边界的不同，创新可以分以下几个层次。

### 1. 跨国家创新体系

早期以克鲁格曼等为代表的一批西方经济学家认为在全球化的背景下，国家之间并不存在相互竞争，其理由是企业以盈利为首要目的，并以追求利润最大化作为其最终目标，而国家不同于企业，国家必须综合考虑社会、政治、经济、文化及制度等多方面要素，同时，在全球化的进程中，国与国之间的界限将逐渐趋向于模糊，最终可能导致民族国家的消亡。克鲁格曼等的这一观点有一定的合理性，但在当今世界政治和经济格局的环境下，民族国家作为独立利益和需求的个体，在短时间内不仅不会消失，而且会长期存在并得到加强，这一点从中东伊斯兰国家的现状就可看出。因此，我们认为全球化环境下的国家创新系统，跨国家创新体系可能不失为一种更好的方式或形式，在该领域的研究中表现比较活跃的是 OECD。20 世纪 90 年代末，OECD 在全球部分成员国内，开展了大规模的有关国家创新体系的调查和研究，并发表了一系列报告和研究成果，提出国家之间创新系统交流的主要因素来自"国家间的知识流动"，国家之间知识的流动可以带来技术、管理等多方面的创新。另外，随着全球化的进一步发展，跨国公司正在全球部署它们的创新资源，其创新模式是在跨国界的范围内完成的，如设计在美国、研发在欧洲、生产在中国、销售在全球，这种模式被称为"全球创新体系"。欧盟一体化是跨国家创新体系最为成功的例子，欧盟跨国创新体系的形成具有历史和现实的原因。欧洲文明在历史上具有深厚的同源性和同一性，但各国之间又存在着相互的差异和利益的不同，在这种同一但又随时存在矛盾和冲突中，欧洲各国之间更多是趋向于合作和共赢。欧洲各国有着地理上的比邻、交往上的便利，且占尽近代科学技术兴起和产业革命发生之先机，尤其第二次世界大战以后，大多欧洲国家，如英、法、德等在各自发展的过程中，面临来自两个方面的压力，其中之一就是美国作为全球超级大国的"控制"，另一个是亚洲国家日本经济的崛起，如此等等，促进了欧洲多个国家要建立一体化联盟的共识和行动，欧盟这一跨国家的创新体系也就应运而生了。另外，一些自由贸易区，如以美国、加拿大、墨西哥等国组成的北美自由贸易区，以中国、泰国、马来西亚等国组成的中国－东盟自由贸易区等也在逐渐发展成为区域性的跨国家创新体系。

### 2. 国家创新体系

创新体系的研究最早是从国家这一层面上开始的，后来才扩展到区域与企业。目前，国家或区域创新体系已经成为各国政府部门和专家学者分析、评价本国创新能力的研究对象。

国家的区位优势、资源条件、历史因素及消费需求的差异，会造成不同国家产业比较优势的不同，导致各个国家的创新战略与重点的不同。

另外，不同国家的社会政治制度和哲学的不同，促使创新的制度体系也不同，从而创新体系的特点也不同。即使是西方欧美发达国家有相同的体制，但国家之间的差别也较大，以最典型的美国和日本为例分别进行分析。美国创新体系制度的特点是：①特别重视大学的基础研究，大学在国家创新体系中有着重要的作用和地位。美国政府对基础研究的重视和美国独特的大学体制，使得美国的大学在基础研究领域成为一流科学技术成果不断涌现的摇篮。②完善的市场经济和法律体制。美国政府并不直接干预企业的运管和管理，企业是创新的主体。政府主要扮演"裁判员"的角色，政府主要通过对知识产权的保护，对一定的市场竞争进行法律保护。③完备的金融市场。美国是世界上风险资本注入最多的国家，也是科技型创业公司发展最多最好的国家，如微软、苹果、Facebook、Google 等。④推进产学研合作。美国大学不仅在基础科学研究领域独树一帜，其科研成果的转换和创新在全球也处于领先地位，特别是科技公司聚集的硅谷其周边就是众多美国顶尖大学的聚集地。日本作为从第二次世界大战废墟上迅速发展起来的国家，其创新能力和体系对推动日本经济的快速增长起到了重大推动作用，其一定程度上借鉴了西方欧美的先进经验和体系，但同时又与欧美有较大的差异，日本的创新体系强调：①政府的重要干预和引导作用，政府充当桥梁，尤其是日本通产省在引进西方先进技术、促进企业创新中起到重要的引导左右。②企业研发的作用，尤其是在引进技术基础上的消化、吸收和创新。日本企业强调以生产线为研究实验室，进行大量的渐进式创新，其中，工程师与生产一线的工人、营销人员密切合作，形成了日本独特的企业创新体系。③一系列的社会创新，如日本企业非常强调教育和培训的重要作用，强调终身就业，以及对工人的培训、教育等。

与现实的需要相对应，国家为"竞争单元"的国家创新体系自然也成为人们从理论和政策方面进行研究的主要聚焦点。仅靠创新体系内部中各要素独自的力量还是难与全球竞争大潮相抗衡的，国家如果不能在创新活动中占有优势（可以在某个领域或某项技术上有优势），就不能在创新活动中跻身于世界竞争之列。全球竞争环境的变化迫使各国政府重构国家创新体系，发展和强化国家的整体创新实力，制定促进创新的政策，创造创新环境，以最大限度地挖掘并融合各要素的创新潜能，形成国家整体的创新优势。然而，值得人们注意的是，在全球化日益加深的同时，世界经济发展也呈现出强烈的区域化特征，创新系统理论的运用不仅要关注国家层次的创新系统，而且还必须要关注跨国家创新系统的问题。尽管国家层次的研究具有突出的重要性，但并不意味着这一层次是创新体系理论应用的唯一对象，跨国家界限及国家界限内的区域都是创新体系的研究对象。

### 3. 区域创新体系

在本书中，我们把区域定义为比国家小的空间范畴，因此把区域创新体系研究作为国家创新体系研究的延伸和拓展，国家创新体系是宏观层次的研究，而区域创新体系是中观层次的研究。区域创新体系也成为许多学者和专家研究的关注对象，如波特（Porter）认为，在全球化条件下，区域是竞争优势一个重要来源。不同于欧洲国家，中国作为一个大国，无论从人口绝对数量，还是地域面积和文化，差异巨大，尤其东西部地区的经济发展水平严重不均衡，因地制宜地提出区域创新体系建设在我国显得更有现实意义。区域具有空间特性，区域创新体系是从空间的范围来划分的。空间具有相对性，所以区域可以是跨国家的，如欧盟、东盟；可以是一个国家，如美国、日本；可以是国家内跨省市的区域，如长三角，也可以是省内跨行政区的区域，如广东的珠三角。与国家主要以单一行政体系作为划分标准不同，区域的划分，既可以是一个行政区，也可以是一个特定的地理区域，而且该地理区域可大可小，如几个洲、几个国家、几个省份、几个市区、沿一条河的流域，或是一种语言区域，如长江流域或儒家文化等，总之，它们都具有某种共同属性——边界、语言、风俗或文化等。区域体系内的重要创新主体要素有政府、企业、大学、研究机构、中介及与创新相关的企业机构和部门。而区域创新体系建设的关键是通过促进政府、企业、高校、研究机构、中介和协会等的有效联系，促进区域体系内知识的生成、存储、传播和利用。在区域体系内，由于不同地区要素的不同，要素间相互作用模式的不同，创新文化和创新体系也不同。区域创新体系的建设主要有如下几方面的作用。

（1）一般来讲，区域创新体系是国家创新体系的一个分支，是国家创新体系的重要组成部分，国家创新体系的各种战略设计，首先需要通过区域创新体系得以分解，并最终得以实现。

（2）强调区域创新体系可以发挥不同地区的创新积极性。国家创新体系一般作为最高层面的设计，具有通盘的整体考虑，战略性和指导性意义更强，而区域创新体系可以更好地利用各地不同的自身要素或资源，因地制宜地制定更多自下而上而各具特色的创新模式或方法。创新的一个基点来自差异性，我国地区的差异性、多样性，为集成创新、区域化的创新提供了广阔的舞台和发挥空间。而在不同地区，发挥地方的积极性，可为我国的技术创新、管理创新提供更多的空间，这种自下而上的创新，是我国创新资源的重要组成部分。

（3）产业的创新效率与地理位置密切相关。高新技术产业或传统产业都需要一个有效的地理载体才能实现，因此，有些地区的创新能力要强于其他地区，如长三角、珠三角的创新能力明显高于内地或西部地区。

区域创新体系的研究和实践一般会从两个基本维度展开：一是从行政经济区域的层面来加以设计和实施；二是从地理自然经济区域的层面加以考虑。不过有时二者也是相互结合或叠加，没有严格区分，并非简单非黑即白的划分，不可简单地等同看待。因此，开展区域创新体系的具体研究时，对于"区域"的选取，则往往与文化、国情、国家创新体系的状况相联系。无论是从行政经济区域的层次，还是从地理自然经济区域的层面来划分区域创新系统并进行研究时，对于层次的理解都不能简单地当成"1+1=2"的层次来进行理解。也就是说，区域创新体系中的子系统既有纵向的层次，也有横向的诸如产业群、价值链这样的"根植性层次"。

区域创新体系理论认为，区域是企业的"群"，这些区域由通过合作和竞争规则的企业网构成，并且形成全球竞争力，区域创新体系理论致力于解释地区经济布局及区域高新技术产业、科技园、创新网络和创新项目政策的影响。

### 4. 城市创新体系

相对于区域或国家创新系统，我们可以把城市创新体系视为微观定义，其中学者赵黎明和李振华在其论文中以创新理论、区域经济学及系统论等为基础，提出了城市创新系统理论，并试图从系统动力学的角度来探讨城市经济增长的过程[①]。所谓城市创新系统是以行政范畴的城市为边界，囊括与创新有关的各种要素，如政府、大学、科研机构、企业和中介等创新机构和组织，同时整合和优化创新所需的各种物质、资源，以及有效协调各要素在创新过程中的作用和功能，使得创新真正有效和高效。赵黎明和李振华的城市创新体系理论，特别强调人在创新体系中的作用，认为人是创新体系的主体，强调人主观意识的复杂性、随意性导致了城市创新系统的多变性、非线性和复杂性。也有不同学者评价，尽管完全将人作为城市创新系统的主体，有不同的观点还有待商榷，但是其理论从城市的维度提出，这从微观的层面对创新系统进行了一定的补充。特别是在研究过程中如果使用系统论方法，由于城市相对于国家其涵盖范围较小，模型的建构较为简单和容易。

需要指出的是，自力更生在封闭状态或无法获取外部资源的限制下不失为一种发展策略，但在经济全球化和区域经济一体化的背景下，区域外部知识的流动对区域创新体系内的知识生产和知识利用会产生重要的作用与影响。在全球化经济中，区域创新体系完全靠自身力量不足以获得并长期维持优势竞争力。往往成功的区域创新体系既能充分利用内生力量和资源，更要能充分利用外部可获得的知识来增强自身的优势和维持竞争力。因此，城市创新体系内的本地企业不仅需要加入到由本地企业构建的创新体系中，还需要加入到区域、国家或跨国家的创新体系中，这一思路意味着区域创新体系需要在参与经济一体化和全球化的过程中扩张自身的边界。

---

① 赵黎明，李振华.2003.城市创新系统的动力学机制研究.科学学研究，（2）：21.

尽管从空间大小范畴上，有城市、区域、国家和跨国家的各类创新体系的概念，但从实际发展和应用来看，创新空间可能会是本地的、国家的或者全球性的多种维度的融合，更进一步讲，创新不会是固守在某个空间内，而更多是来自包括本地、国家和全球等不同层次资源综合作用的产物。成功创新主体会充分联系和融合不同创新体系的资源，因此从政策的设计上，各类区域创新体系可以通过经济一体化和全球化过程来扩展自身的边界。无疑，构建区域创新系统知识来源的本地渠道和全球渠道对于区域竞争力和企业的创新显得十分重要。

总之，对于区域创新体系，无论是城市创新体系、国家创新体系还是跨国创新体系，它们明显的区别就是系统的界限或边界不同。从知识流的角度看，系统的界限则发挥着知识连接和过滤器的作用，从而在创新过程中带来不同的交流、学习和合作的方式。也就是意味着，不同范畴创新体系都会有着自己的独特性，因此在具体实践过程中，各类创新体系的建设会具有更多的不确定性，不但其边界往往是变化的，而且由于缺乏强制约束力，其内部构成要素也更加多变，系统对外界干扰的反应存在更多的随机性。

### 2.1.3　区域创新体系的内容

区域创新体系构建的理论基础是系统论。无论是从宇宙到地球，从自然界到人类社会，从国家到企业，还是从组织到个人，可以说系统论无处不在，与其他学科和理论相比，系统论对区域创新系统构建的贡献最大。系统论的基本思想方法，就是把所研究和处理的对象，当成一个系统，分析系统的结构和功能，研究系统、要素、环境三者的相互关系和变动的规律性，并优化系统观点看问题，世界上任何事物都可以看成是一个系统，系统是普遍存在的。大至渺茫的宇宙，小至微观的原子，一粒种子、一群蜜蜂、一台机器、一个工厂、一个学会团体……都是系统，整个世界就是系统的集合。

系统论不仅提供了一个从系统到要素、从结构到功能，观察、分析、研究区域创新的最佳视角，而且还提供了一个从系统建设与完善到要素整合与集聚、从结构优化升级到功能逐步完善的过程。从系统的整体出发，系统论使得客观存在的区域创新活动能够以有机整体形式存在，并以系统论为坚实的理论基础，从而使得区域创新实践或区域创新体系的建设真正成为一项系统工程。

从相对主义看，系统会是相对存在，任何一个体系，其内部可能包括多个系统，但同时其自身也可成为别的系统的单个要素，系统与系统之间是环环相扣的关系。区域创新体系不是孤立的个体，它会与外部环境之间进行物质、能量和信息的输入与输出，一般会与区域的经济、政治、文化和教育等要素或环境之间相互融合、相互联系或相互作用，另外在区域创新体系内部，创新主体、创新资源和各种创新环境之间也会相互影响、相互作用，这样，内外部各种资源和要素的交互与融合，形成了区域创新复杂的体系结构。在具体变化动态的创新环境中，整合集聚体系内外的各种创新资源，开展高效的创新活动，以提升区域的整体竞争优势和综合竞争力，大力促进区域政治、科技、经济、社会、自然的协调发展是区域创新体系的主要目标。

具体到区域创新体系的概念应包括以下内容。

（1）地理边界的明显性和开放性。区域创新体系从范畴上是以地理边界来划分，但同时又跨越边界的"束缚"，信息、要素都可以跨越边界，在体系内外得到交互和融合。

（2）创新体系包括多个创新主体，如政府、企业、高校、科研院所及中介服务机构，各主体之间通过知识和信息的交流构成创新网络。

（3）区域创新体系中各主体之间共享和互换显性知识和隐性知识。

（4）区域创新体系与区域内的政治、社会、经济、文化和生态环境之间相互作用、相互影响，共同构建、维护和推动创新的运行和发展。

区域创新体系的发展和完善一般是逐步渐进的复杂过程，这一演进过程是从低级到高级、简单到复杂的运行过程，一般表现为三个递进过程：企业创新、产业创新到区域创新。

第一，纵观区域创新体系中的各个创新主体或要素，可以说，企业创新是区域创新体系运行过程中最为核心的过程，因为一切创新的根本最终都要落实到企业的市场行为中来，企业是区域创新体系最重要的创新主体，是创新效果的最终体现者。企业创新是企业利用新的生产要素或新的生产工艺，在与外部环境相互作用的基础上，利用生产要素与生产条件的重新组合，重新组织生产流程、开辟新市场，或形成新商业模式的一系列生产、营销活动的综合过程，因此，企业创新是区域创新体系的核心内容和关键指标，也是区域创新体系运行的重要表现。从某种意义上来说，区域创新体系运行发展的最终目标，就是能够拥有一大批不断开展创新活动的创新型企业，并能吸引和集聚大批极具创新能力的企业家和创新人才。

第二，产业创新是指在全球化和经济一体化背景下，通过企业创新的深化和推动，由地缘优势、产业分工和技术创新而引起的企业集聚、产业转型和经济结构调整，其实质是产业结构的升级和转型。面对激烈的市场竞争和内外部的挑战，不断提高区域产业或产业链的知识含量、技术含量，促进区域产业结构的调整和升级是区域创新体系的主要功能之一。提供高新技术服务，推动知识产权保护和维权，促进区域内的主要产业成为知识或技术含量较高的产业，是区域创新体系运行发展的重要目标。因此，区域创新体系运行过程也表现为区域产业创新的过程，即不断提高产业创新能力的过程。

第三，区域创新体系的运行过程本身也表现为一种创新，即不断设计、创造、落实适宜区域创新条件的过程。区域创新的主要内容包括建立和完善区域创新主体之间协同创新的网络资源、积极提供创新主体需要的各类资源（如物质资源、人才资源、金融资源、信息资源、基础设施等）及优化创新环境（如创新文化环境、创新市场环境）等。区域创新的实质是建立和完善区域条件，推动区域技术创新、企业创新和产业创新。

以上三大过程是层层递进的关系，首先是企业创新推动或带动产业创新，产业创新再推动区域创新，但同时反过来，区域创新又会服务于产业创新和企业创新，可以认为，区域创新体系是企业创新、产业创新和区域创新三大子系统相互关联、相互交融而形成的一个大的集成体系。

## 2.2　区域创新体系

前面从多个不同范畴提出了企业创新、产业创新、区域创新、国家创新和跨国家创新，同时又分析了创新的微观、中观和宏观的维度，我们这里主要把研究对象锁定为中观层面的"区域创新"，或者主要定义为狭义区域创新体系或系统，它所指的是介于国家创新与产业创新之间的中观区域范围。同时，从我国政治和经济体制的现实情况来看，政府在区域创新体系的建设和运行过程中，虽不是核心创新主体，但政府的作用确是举足轻重，在各种配套资源、激励机制、区域差异等方面，政府还是市场那支"无形的手"之外的最为有力的调节力量。

区域创新一般强调在特定的经济区域范围内，因此，在我们研究的过程中，潜在未加说明的意思，就是选择以行政区域，如省或市一级区域作为研究的区域空间，并按照省、自治区和直辖市等行政区划作为区域划分的依据。同时，区域创新体系不单包括与创新相关联的行为主体、物质条件和知识信息资源，而且更强调协调与之相关联的体制、制度、政策和文化环境所构成的创新网络体系和系统。

### 2.2.1  区域创新体系范式分析

自"创新"概念由经济学家熊彼特提出以来，不同领域的研究人员已从不同角度开展研究，就区域创新而言，从已有理论来看，已经形成了多种不同范式，以下范式基本上代表了当前区域创新体系研究的主要发展方向。

#### 1. 演化经济学研究范式

演化经济学研究范式主要从历史发展的角度对区域创新展开研究，它侧重于研究区域制度的变迁对技术创新的影响[①]。该范式的研究范畴从单个创新主体的局部区域扩大到多个创新主体参与的更大范围，因为区域内的多个主体之间的互动和信息交流会超越单个主体内部的互动，形成区域的总体资源和信息互动。例如，在政府的影响下，相互分工与关联的企业、高校、科研机构和中介服务机构等共同构成了区域性的组织与网络体系。

以英国卡迪夫大学的库克为代表的演化经济学研究范式是区域创新研究的典型代表之一。该研究范式以制度与演化经济的观点对区域问题进行分析，对区域的发展与变迁、区域创新与区域相关的各方面的演化进行了深入研究，从历史和发展的角度深刻解释了区域创新的相关问题。库克认为，区域内处于制度变化环境中的企业会进行频繁互动，在互动中通过彼此之间的不断学习、借鉴、变革而超越自身，这样导致整个区域内部的不同主体处于动态的变化过程之中，从而形成能够正常运行并不断演变进化的区域创新体系。库克在对欧洲多个国家如德国、法国、英国等区域创新的实践进行研究和理论分析之后强调，企业在面临竞争、危机问题时，通过不断学习和变革而做出转型或调整，形成了企业的发展道路，由于这种互动超越了单个企业本身，涉及政府、高校、研究所、金融部门、中介结构等，所以，当在某一个区域内形成了这些部门或机构之间的频繁互动时，就可以认定该区域形成了一定的区域创新体系。

---

① 李青，李文军，郭金龙.2004.区域创新视角下的产业发展.北京：商务印书馆.

## 2. 网络组织理论研究范式

网络组织理论兴起于 20 世纪 80 年代中后期，特别是经济全球化的影响，导致它逐渐形成并迅速发展，且成为经济学家在分析经济全球化现象和区域创新现象时经常运用的理论工具。网络组织理论对区域创新的研究侧重于区域内各主体之间如何形成网络并使其高效运行，力求从总体上把握区域发展和创新的过程与机制，并尤为强调创新的空间、环境、人文等要素，从而把对区域创新的研究提升到了更深的层次和高度。

网络组织理论中最具代表的是萨克森妮，她撰写的《地区优势》《硅谷的技术移民企业家》等专著和文章，深刻而独到地剖析了硅谷崛起和持续繁荣之谜[①]。她认为，硅谷企业之间的竞合所形成的产业集群、大学与企业之间的紧密互动、知识和信息的快速流动、强烈的个人创业欲望、包容失败的创业文化、自由高频的人才流动，还有高素质的外来移民群体等形成的网络化体系是硅谷成功的重要因素。萨克森妮对硅谷和马萨诸塞州 128 号公路的发展历程和绩效进行比较研究后指出，硅谷之所以获得成功并保持持续繁荣，正是由于在硅谷地区形成了一种根植于本地的社会网络，在这个网络中，各种不同的创新活动和非正式的交流使得各个相关主体之间既相互竞争又不断在新技术方面互相学习和合作，使得企业内外水平横向的沟通异常频繁，从而营造了有利于企业与供应商、客户、大学等进行交流的良好创新氛围。

所以，以不损害个体利益为前提的信息共享可以使区域的智力资源发挥出合力，企业家与其伙伴之间的密切交流、信任、合作等形成的无形网络成为区域发展的核心与关键。演化经济学的研究范式过于注重历史的发展和制度制约下的路径依赖，但在现实中，区域内部的不同主体之间是通过相互作用形成的社会网络而使区域创新正常运行的。基于此，以美国加利福尼亚大学伯克利分校萨克森妮教授为代表，从社会网络的角度对区域创新体系进行研究，形成了网络组织理论研究范式。

## 3. 集聚经济理论研究范式

德国经济学家韦伯在其著名的《工业区位论》中，认为各企业为了追求成本节约等利益而形成集聚[②]；马歇尔（Mashall）对集聚经济的外部性问题进行了

---

① 张景安，亨利·罗文 . 2002. 创业精神与创新集群——硅谷的启示 . 上海：复旦大学出版社：2.
② 阿尔弗雷德·韦伯 . 2010. 工业区位论 . 李刚剑，等译 . 北京：商务印书馆 .

研究，强调协同创新环境是工业集聚的重要原因，集聚有利于知识、信息、技能和新思想在集群内企业之间的传播和应用，从而有利于协同创新环境的形成；另外，克鲁格曼认为，为了获得规模收益，产业必然出现空间集聚，因为不同企业或众多产业的集聚可以带来单位成本的急剧下降，而区域本地化产业的形成则是由于专业化劳动力集中、辅助工业聚集，以及知识和信息交流频繁等三个原因造成的①，在上面的基础上，哈佛大学商学院的波特教授发展了马歇尔、克鲁格曼等关于区域集聚效应的理论，形成了关于区域创新的集聚经济理论研究范式。

产业集聚的优势在于工厂在地理空间上的集聚有利于产生本地的专业化供应商，进而形成外部规模经济效应。厂商在地理上的集聚有利于产生专业技能，有利于信息的溢出，有利于降低厂商之间的交易成本，促进创新。在集聚经济理论的基础上，波特提出了解释国家竞争优势和区域竞争优势获得的产业集群理论，即"钻石"理论②，这一理论关注于产业集聚所形成的区域生产体系，并将其置于全球生产系统和国家乃至区域生产系统之下，不论在理论上还是在实践上都拓宽和深化了区域创新体系的研究。

### 4. 新产业区理论研究范式

简单地说，新产业区是产业或生产体系的一部分在地理空间上的聚集，是由服务于外部市场（国内市场或国际市场）的中小微企业组成的，这种中小微企业综合体或产业链之间既竞争又合作，它为竞争优势产业提供了区域创新环境，在经济全球化环境下，这些具有竞争优势的区域甚至比国家更具有经济意义。国际经济地理学界较早把新产业区理论作为较为重要的前沿研究课题。20世纪七八十年代，西方发达国家由于周期性金融危机，部分地区出现经济衰退与停滞不前的现象，伴之而来的是企业破产、大批失业和社会劳动条件严重恶化的局面，但同时，美国硅谷、"第三意大利"等少数几个地区的经济却呈现复苏甚至逆势增长的势头，成功战胜经济衰退。研究发现，这些地区的产业具有多样性，不仅包括技术研发部门，还包括大量传统劳动密集型产业。尤其是意大利艾米利亚－罗马涅区等是从传统乡村、手工作坊、家庭基础上发展起来的发达区域，很难将其与美国硅谷等高技术区域相提并论，但研究发现，在经济运作模式上二者有惊人的相似性，这些地区同19世纪美国经济学家马歇尔研究的具有创新环境的小企业聚集产业区也有不谋而合之处，经济学家们将它们称

---

① 王辑慈.2001.创新的空间.北京：北京大学出版社：70.
② 迈克尔·波特.2002.国家竞争优势.李明轩，邱如美译.北京：华夏出版社：65-121.

为新产业区（new industrial district，NID）。

这些所谓的新产业区具有一些共同的特征。

（1）本地联盟。这是新产业区的核心内容，在一定的区域内，行为主体（工厂）之间结成正式或非正式的较为稳定的关系，并形成长期合作联盟，以此减少合作的不确定性，降低生产成本和交易成本等。

（2）柔性化生产。柔性化生产强调的是小批量、个性化、定制生产产品，是与传统大批量生产标准化产品的刚性生产相对应的另一种生产方式，它与企业规模的小型化、企业之间分工与协作、企业之间的密切结网有关，是专业化分工的中小企业的动态集成。

（3）企业本地化。经济地理学家认为企业本地化或根植性是新产业区运营的关键，企业的发展和任何经济活动都离不开当地的社会文化环境，只有通过企业的本地化或本地企业才能更好地理解当地背景下的实际生产网络，只有企业文化与当地的政治、经济乃至于文化融为一体时，才能提高企业的综合竞争力。

（4）并存平等。各行为主体之间不论规模太小都是独立的、平等的，没有支配与被支配、依附与被依附的关系，行为主体之间是并存平等的关系，传统的等级制度被以合同为基础的平等网络所取代，大企业与小企业并存，贸易联系与非贸易联系并存。

（5）工厂或企业是核心。新产业区的核心单元是工厂或企业，可以通过对新产业区内企业的生产、服务和信息的调查，了解新产业区内的产业网络状况，进而对新产业区发展理论和过程作实证分析。

总之，新产业区理论的核心就是依靠创新主体之间的自身力量来发展区域经济。区内各创新主体通过共同战略或目标结成一种合作网络，并建立起长期的协作关系，促使创新主体，尤其是企业实现协同创新，从而营造一种独特的区域创新环境和文化，使区域经济、社会、文化三者协调并持续发展。在我国大部分地区出现的高新技术开发区、较发达的专业镇企业区和外向型工业开发区，都可以在新产业区理论的指导下发展，从而为区域创新体系理论提供坚实的实证支持。

## 5. 学习型区域研究范式

1995 年，Rchard Florida 在《未来》杂志发表了《迈向学习型区域》一文，首次提出了学习型区域的概念，认为区域正在成为知识创造和学习的焦点，学习型区域的功能是进行知识和信息的收集和储存，提供促进技能、经验、观念和学习流动的根本环境和基础。此后，Asheim 及 Morgan 等学者都对学习型区域理论做出了较大贡献，学习型区域理论综合了创新体系理论、制度演化理论，尤其是区域制度的动态演进理论、学习过程理论等。知识在演化经济学里具有明确的地位，并强调两个主要的命题：一是创新是一个互动的过程；二是创新受到各种制度规则和社会规范的影响，这两点都催生了学术界对于"资本主义的本质是学习型经济"的强烈的讨论兴趣，并有"知识是最重要的战略资源，学习是最重要的过程"的论断。在经济地理学领域，已有大量研究运用演化经济理论工具，尤其重视学习、创新及制度在区域发展中的作用。

研究成果表明，区域创新与知识及学习存在着内在的、密切的关系，知识与劳动、资本及技术一样成为经济增长的重要来源。学习是源源不断汲取和传播知识的过程，创新是学习的过程和结果，是把新知识或综合不同旧知识使之出新，并将其引入到经济中的活动，知识、学习、创新是个连续不断、互相作用的一体化过程。波兰尼（Polany）是知识理论最有影响力的学者，其著作 *Personal Knowledge*、*The Tacit Dimension* 被认为是研究知识的经典著作。波兰尼以存在方式的不同将知识划分为显性知识（explicit knowledge）和隐性知识（tacit knowledge）两类。显性知识很容易用符号来表达、传播，而隐性知识是只可意会不可言传的技术、诀窍、技能等，并且在个人、企业、区域的整个知识存量中，隐性知识占有很大一部分。

区域内集群形成的原因之一正是通过一定的区域社会网络寻求隐性知识，如特定个人或群体拥有的地方性知识、技能和诀窍等。区域创新理论继承了这种对知识的划分，把知识放在内生变量的分析框架中，特别地强调隐性知识的作用，认为隐性知识可以在整个区域内进行生产、存储和流传，是区域主体之间互动学习的核心内容，对区域竞争力和可持续发展起重大支撑作用。由于隐性知识具有空间黏性（spatially sticky），其不易流动，这在很大程度上决定了创新活动的空间分布，并促使区域内的创新主体建立信任关系，进行直接的面对面的交流，以获取对企业核心竞争力有关键意义的隐性知识。因此，隐性知识与邻近性（proximity）成为知识活动与区域经济关系的重要表现，这种邻近性体现在地理的邻近、制度层面的邻近、组织层面的邻近及关系层面的邻近，隐性知识的传播成为区域创新体系的内在黏合剂。

在区域创新网络中，互动学习是获取、传播及创造知识，推动区域创新的重要途径。创新在本质上可以理解为一种交互作用和持续学习的过程。而技术竞争日趋激烈，以及知识创新复杂程度和风险的加深，使得学习过程不再是单个企业的行为，也不是行为主体之间简单的合作关系，更不是一种短期的急功近利行为，更多的是一种长期的、共同的集体行为的结果。这是因为，学习具有两个典型的特征：一是学习的累积性。新知识从创造者转移到接受者（即知识、信息的转移过程），需要双方不断地相互作用、协同合作，从而导致了知识累积过程的产生。学习是区域内成员在交流中实现知识创造与共享的过程，新旧知识的更替随着技术和应用的发展变得更快，这必然使得学习在整个生命周期内成为长期的过程。二是学习的互动性。区域创新知识、技术和经验的转移和扩散，仅靠企业在市场中进行交换是远远不够的，知识和技术的扩散和利用更多地要依赖于创新主体之间的交流与合作，依赖于区域内创新主体的共同学习和相互交流的过程。而且，以创新网络为基础的区域创新体系的形成，企业之间的交互及在信任基础上实现的非契约形式的合作，不但有效降低了学习的社会成本，同时加速了隐性经验类知识的扩散和转移。

企业间学习优于企业内学习，当几个企业合并在一起时，企业间学习所具有的一些不能替代的优势就会失去[1]。因为单纯的企业内部学习，将导致企业内部能力与企业外部能力兼容性的下降，致使企业内部能力本身的价值下降。但在区域体系中，随着分工的深化，企业间学习既突出了企业能力的异质性，又促使了企业之间能力的互补，从而可以有效降低协调成本，即使单个企业增值创新影响不大，但是通过网络连接和传递，企业之间可以产生知识和信息的"累积效应"，而累积的效果就可以使产品的设计和生产率的提高更为有效。增值创新正是在干中学、用中学、通过相互作用而学习的过程中出现的。

总之，对于拓宽区域创新理论的研究视野，深入分析区域创新的过程与运行，以上范式无疑提供了良好的研究角度和分析工具。作为理论渊源，它们启发了我们对区域创新的理解，但同时，由于理论兴起的社会背景具有很强的复杂性，以上理论只是区域创新体系研究的几种典型范式，随着区域创新问题研究的深入开展，其他视角和方法的研究也不断地参与进来，这些理论和方法一起推动了关于区域创新体系研究的进步和发展，对于我们深刻理解区域创新体系的各种相关问题提供了非常重要的启发。

---

[1] Maskell P. 2001. The firm in economic geography. Economic Geography，77（4）：329-344.

### 2.2.2 区域创新体系要素分析

一个系统或体系的组成必然包含多种要素，如组成要素、条件要素、环境要素、制度要素等。区域创新体系在基于一定区域空间的条件下，也由基本要素组成，下面主要分析其基本和关键要素组成。

**1. 区域创新体系的基本要素**

构成区域创新体系的基本要素可以分为如下几个方面：主体要素、机制要素、条件要素和环境要素。

（1）主体要素即创新主体要素，主要有地方政府、公司企业、高校科研院所、中介服务机构（行业协会）四大创新主体。有些研究观点提出，区域创新体系的主体要素具体到单个区域，部分可以有缺失。例如，有的区域可以没有研究机构，但不一定会影响到区域创新体系的良性运转，构建良好的区域创新体系也不一定首先要把主体要素补充完整[①]。

（2）机制要素即创新主体之间联系与运行的方式，如市场为主导的管理机制、政府为主导的管理机制等。

（3）条件要素即创新主体赖以进行创新投入、研发和生产的客观物质条件与活动平台的硬件条件，如创业园区与公共服务平台的建设，以及区域园区的各种物质条件的配备和提供等。

（4）环境要素即创新活动的软环境，主要有制度政策环境和社会文化环境。

上述区域创新体系中的四要素共同组成一个网络系统，其直接功能是提高区域综合创新能力，最终增强区域竞争力，加快区域经济社会的发展。特别是各创新主体具有不同的职能，公司企业是技术创新的主体，是创新产品生产和区域经济发展的载体；高校和科研院所是知识创新的主体，在创新体系中担负着创新知识和技术供给、创新人才培养和为企业技术开发提供支撑的职能，是企业技术创新的重要依托；中介服务机构是技术创新供求双方的桥梁与纽带，是实现创新要素互动的重要媒介，同时是有效联系政府机构和公司企业的行动者，可以有效屏蔽政策和执行过程中的障碍；地方政府在创新体系中主要履行宏观管理和综合协调职能，是制度创新的主体，是基础和公益类研究的支持者，是公共服务平台和创新环境的建设者。

---

① 周元，王海燕 . 2006. 关于我国创新体系研究的几个问题 . 中国软科学，（10）：16-18.

### 2. 以知识要素为支撑核心的区域创新体系

21 世纪是知识经济迅速发展的时代，知识创新方式发生了巨大变化，知识创新在产业发展中的巨大价值日益显露出来。与此同时，以区域创新体系为基础的产业竞争格局在全球逐步确立，而知识成为区域竞争中最重要的战略要素，以知识为基础的区域创新竞争已日益白热化，区域内及区域间知识资源的占有、配置、生产和利用被赋予了重要的战略意义和创新价值，成为区域经济发展的动力源泉。熊彼特指出创新的过程是不断超越旧知识、创造新知识的过程，创新主体之间不再是上下游生产环节的线性关联，而是基于知识分工、知识的共享与合作的知识关联。可见，在知识经济时代，区域创新体系的形成需要建立在合理的知识分工、知识共享、知识交易、知识互换及知识转移的基础之上，只有将这一系列过程有机结合成完整的知识供应链才能构建更具发展和竞争力的区域创新体系。

库克以生产企业、研究机构和高等教育机构所构成的区域组织为基础来阐述区域创新体系如何支持产业创新，库克等指出，任何起作用的区域创新体系都有两个子系统：一是信息和知识应用与开采子系统；二是信息和知识生产与扩散子系统[1]。Autio 则在库克区域创新体系的两个子系统基础之上加入了国家创新系统组织、国家创新系统政策机构、其他区域创新系统、国际组织、国际政策机构作为创新体系的构成要素[2]。Andersson 和 Karlesson 构建了以集群为中心的区域创新体系结构，该结构以区域内的互补企业和支撑企业共同形成"集群核心知识及企业的专门化和集中"的创新中心，外围主体包括基础设施、技术基础、知识基础、风险投资、公共财政支持、社会资本、鼓动者和法律规则[3]。Trippl 等从系统观出发，认为一个区域创新体系包含五个核心子系统：①知识创造和扩散子系统，该子系统反映了区域的知识基础设施，包括研发机构、教育机构、技术中介和其他创新支持机构；②知识应用和开发子系统，该子系统是指区域内的商业部门，包括制造和服务型企业及它们的客户、供应商、竞争对手与合作伙伴；③区域政策子系统，包括区域政府组织和区域发展机构；④区域知识流和技能；⑤区域社会经济制度因素，包括共同的习惯、程序、惯例和规则，即社会体制和文

① Cooke P. 1996. Regional Innovation Systems：The Role of Governance in the Globalized World. London：UCL Press.

② Autio E. 1998. Evaluation of RTD in regional systems of innovation. European Planning Studies，6（2）：131-140.

③ Andersson M，Karlesson C. 2002. Regional innovation systems in small & medium-sized regions：a critical review & assessment. JIBS Working Paper Series.

化环境[①]。Jay Lee 等在《关于未来制造业的战略思考》一文中阐明知识供应链
（knowledge supply chain）是整合工业界和艺术界核心价值的机制，其目的是提
供获取利润、持续教育及训练员工和企业伙伴所需的信息与智慧。

在国内，柳卸林认为国家创新体系是以国立公共研究所、国家重点实验室
和高校为主体的基础研究和应用研究为体系，而知识供应链是这一体系的重要
构成要素[②]。张曙和李爱平认为知识供应链是将工业企业、大学和科研机构的各
自知识优势加以继承和系统化，以便为企业提供能提高经营效益和创新能力的
信息和方法，他们认为企业是知识供应链的最终用户，大学和科研机构是知识
的生产者，他们通过产学研的联合，实现共同的市场目标[③]。王缉慈特别指出在
区域创新体系的组织结构研究中，信息机构的作用和信息资源的建设没有得到
充分重视[④]。陈志祥和赵建军认为知识联盟的建立是构建国家知识创新主体的关
键工程，知识联盟可以通过大学—科研院所—高科技企业形成[⑤]。知识联盟的中
心在大学，大学具有知识创新、知识再生功能，高科技企业是知识的传播者，
科研院所负责知识的转化功能。温有奎和徐国华提出知识供应链扩展到宏观层
次便是国家创新体系，是国家配置各种科技资源寻求知识经济化的过程，可用
以提高国家核心竞争力与国际竞争地位[⑥]。李正风和张成岗指出我国创新系统中
的"知识分配力"薄弱，导致创新者难以及时地获得创新所需要的知识，创新
资源整合要努力消除制约知识传播、扩散和有效利用的制度性、结构性障碍[⑦]。
李兴江和赵光德从价格与供求机制的相互作用上，分析了区域创新信息资源的
市场整合机制[⑧]。

### 2.2.3  区域创新体系模式分析

从 20 世纪 80 年代开始，欧美和日韩等国家和地区就争相把国家和区域创
新体系的建立作为提升其国际竞争力的国家战略。由于各国在政治、经济、科
技、教育、文化及参与创新的核心要素之间存在着差异，各国在推进区域创新

① 转引自：吴海燕，杨武等.2009.国外区域创新体系最新研究现状与展望.科技管理研究，（5）：2-4.
② 柳卸林.1999.什么是中国未来的比较优势.科学学与科学技术管理，20（1）：15-17.
③ 张曙，李爱平.1999.技术创新和知识供应链.中国机械工程，10（2）：224-227.
④ 王缉慈.2002.创新及其相关概念的跟踪观察.中国软科学，（12）：30-34.
⑤ 陈志祥，赵建军.2003.中国企业供需协作绩效调查分析.工业工程，7（2）：39-41.
⑥ 温有奎，徐国华.2004.信息与知识变换.情报学报，21（5）：613-617.
⑦ 李正风，张成岗.2005.我国创新体系特点与创新资源整合.科学学研究，（5）：704-707.
⑧ 李兴江，赵光德.2008.区域创新资源整合的实现机制和路径选择.求实，（9）：32-35.

的方式和重点上形成了各具不同的特色，进而形成了区域创新体系的不同模式。

## 1. 市场拉动型：美国

美国是市场经济国家，具有完善的市场经济体制，其区域创新体系是完全以市场为主导。由于市场主导，其创新主体依据市场导向分工清晰，角色明确，各类创新资源配置合理，配套功能完善，创新链中的各个主体在各个不同环节进行各自分工明确的自主创新。在区域创新体系中政府只发挥辅助、协调、监管和裁判的间接作用，不直接参与市场的任何运作，其中美国的硅谷地区是这一区域创新模式的成功典范。

硅谷的成功是美国政府的扶持和引导，并按市场规律运作的结果。硅谷知识、技术和人才的密集度居美国和全球之首，其拥有众多世界一流大学、研发机构和实验室。硅谷的创新网络系统，由包括创新机构、创新基础设施、创新资源、创新环境在内的四个相互作用、相互协调和相互联络的要素有机组合而成。每一个要素又各自包含不同的内容和对象，其中创新机构主要包括企业、高校、科研院所、孵化器及其他中介服务机构，政府功能在创新机构中的作用仅体现为辅助和监管；创新基础设施包括各类公共基础设施、知识和信息网络（信息高速公路）、图书馆等基本条件；创新资源指知识、信息、技术、专利、资金和人才等；创新环境是政策与法规、管理体制、市场与服务的统称，是维系与促进区域创新的外部保障因素，正是以上四大要素的存在与积极作用，推动了硅谷区域创新体系的发展和完善。

美国拥有全球最完善的资本市场，拥有主板市场、NASDAQ 市场、二板市场和地方性证券市场四个层次。其中，以高科技公司为主的 NASDAQ 市场，其以技术性、成长性为导向的投资理念，为美国硅谷初创型创业公司获得融资和快速成长提供了有利条件和途径，同时也为美国的风险投资者提供了良好的获利退出通道。近年来，美国资本市场促进了大批高科技，尤其是互联网企业的成长和发展，苹果、英特尔、微软、雅虎、Facebook、Uber 等一些世界知名和高市值的科技型公司最初都是借助其发展起来的，其中近年来也吸引了大批中国互联网企业赴美上市。

硅谷风险投资的形成与发展，离不开美国政府的扶植和引导，但市场机制的作用也十分重要。美国政府对风险投资的支持，首先体现在税收优惠方面。1978 年美国国会通过的税收法案《国内收入法》使资本利得税率大幅下降，直接从 49.5% 降至 28%，后来，1981 年国会通过的《经济复兴法案》将该税率继续降低至 20%，大大激发了风险投资的积极性。其次是通过政策改革，允许社会养老基金投资于风险投资，给风险投资提供了足够的资金支持。再次是改革风险投资公司组织形式，允许多种形式、多种主体的参与。最后是特别推行中小企业投资公司（Small Business Investment Corporation，SBIC）发展计划，大力推动中小企业的投资融资，1987 ～ 1993 年，美国联邦政府共为该计划提供了大约 25 亿美元的资助，同时还向风险投资者和风险企业提供无偿资金支持，又对高技术风险企业提供亏损补贴。

从硅谷的成功和美国政府在资本市场的做法可以发现，完善的市场体系决定了美国区域创新体系的成功，它优化了各类经济资源和社会资源的配置，成为推动美国区域科技创新和经济发展的主要动力，也可总结为一种"美国特色"。

### 2. 研发推动型：日本

尽管日本是市场经济体制比较完备的国家，但作为东亚国家的日本，在文化传统上受到传统儒家思想的影响，其整体社会、政治、经济兼容东西方特色，因此在经济等多个行为领域都可以看到市场和政府的双重角色。在建立区域创新体系的过程中，日本是利用政府政策和市场机制双重导向的机制来对各类资源进行有效配置，日本政府对资金、科技和人力投入的有关数据显示，在市场和政府的双重作用下，日本在区域创新体系的建设中，对科技创新资源向科技研发方向倾斜，科技投入结构趋于优化。日本政府根据企业和市场需要在不同创新阶断、不同创新主体之间对研发资源进行不同的配置，这既是市场发展和科技发展的需要，也反映了政府对创新效率的评估。

日本许多高新技术产业是在引进国外成果的基础上发展起来的，日本区域创新体制也十分注重聚变基础上的增量性创新，将传统技术与引进技术进行综合、改造，形成一个广泛的技术体系，并用这些技术体系改造出一个新的产业，在短期内促进技术体系的普遍升级，达到技术聚变的结果。例如，自 20 世纪 70 年代以来在机电一体化方面处于全球领先地位的日本 Fance 公司，早在 20 世纪 50 年代便致力于聚变电子、机械和材料等技术研究，开发了计算机数控机床、微型工业机器人。

筑波是日本最早发展的科学园区。1963 年日本首相同意把筑波建设成一个大规模的科学城，最初参与建设筑波科技城的主要参与者有日本文部省、财政部及地方政府。其中文部省负责一些新研究机构的建设与大学的迁址，财政部负责相关的资金筹措来建设住宅区，当地政府则负责一部分空间的设计与规划，如商业区和郊区公园等。1973 年，东京教育大学迁址到此地并改名为筑波大学，对当地的研究机构有很大的帮助。随后有一些日本政府单位及国家层级的研究机构也迁移到此新城市。至 1980 年，已有 43 个研究、教育机构在筑波运作。但计划一开始没多久时，就不断有人批评筑波的发展并没有达到预期的成效，因为当地的公司和研究机构都没有带来充分的衍生效益，且大多数的企业组织都很少和外界进行合作。为了解决前述的问题，日本的政府官员和规划人员建立了一些促进彼此沟通与合作的桥梁机构，如筑波研究交流中心、筑波研究支持中心，以及更多的新科学园区等，以增加筑波对外部的联结性并形塑网络。另外，日本也修订了《强化私部门法案》，以加强对私部门企业开放实验室、企业育成中心（孵化器）、先进的教育和训练，以及信息交流活动等方面的协助。因为，筑波研究支持中心的协助，促成了很多的产学合作，至 2000 年，研究人员增加到约 3 万名，科技园数目也增加到 7 个。

### 3. 政府主导型：韩国

韩国采取的是典型的政府主导型的科技发展模式，韩国各级政府鼓励吸引外资和引进技术来发展高新技术产业，通过官产学研协同技术开发行为，提高企业技术研发的水平和效率，这使韩国的区域创新体系突飞猛进，取得了令世界瞩目的业绩。

长期以来，韩国的重大科研开发项目都由政府确定，并大多由官办科研机构进行开发。韩国官产学研合作研究的类型如下。

（1）建立以大学为中心的官产学研合作研究园区，促进产学合作研究的开展。

（2）设立科学研究中心、工程研究中心和地区合作研究中心，促进基础研究与应用开发研究之间、地区之间、学科之间合作研究的开展。

（3）建立地区合作开发支援团，加速地方的高新技术产业化。目前，韩国已建成或在建的大学合作科学园区有十几个，较具代表性的有：汉城大学基础科学合作支援团、浦项工业大学的产业科学研究所、大宇高等技术研究院、延世大学的工学研究中心及位于大田的大德科学城（又称大德科学技术园）等。

韩国在 20 世纪 60 年代就已开始制定区域成长政策，并通过相关法案的制定来选择与建设区域工业区。韩国政府为企业提供相当优惠的政策条件，并重点发展重工业及促进产业区域群聚，如韩国有名的财阀三星、大宇和现代等就是这样起家的。但因为这些财阀的总部及研发部门都位于首都首尔，因此与各偏远区域之间的联结关系很弱，导致其他区域的科技创新能力很低。在20世纪七八十年代，韩国基本是靠低成本的生产优势取胜，后来成本优势逐渐消失，大多厂商转型从事研发以强化其科技创新能力。1978年韩国政府成立第一个大田科学园区，到2000年在园区内共计成立了25所研发机构、1所教育机构和1所国立大学。20世纪80年代，韩国政府为促进区域内合作创新，成立了以产、学、官三边合作的区域研究中心（regional research centers，RRCs），设立的目的之一在于提升区域发展与其组织的科技能力，到2001年，韩国共计设立了37个RRCs，它们因各区域不同科技重点而有不同的专精领域。例如，在京畿道的RRCs就包括：安山市RRC——以电子材料与零件为主、水原市RRC——以环境与清洁科技为主、龙仁市RRC——以陶瓷工程为主，这些RRCs服务中小企业的项目主要包括科技顾问、合作研发、员工训练、研讨会及使用仪器作初步实验与测试。另外韩国政府于1996年成立中小企业管理处（Small and Medium Business Administration，SMBA），此单位除了提出各种计划之外，也进行跨政府部门之间有关中小企业政策方面的协调。SMBA主要目的是为中小企业提供有关申请韩国政府研发补助计划及分析仪器使用上的经费，另外，韩国政府又成立了非营利组织——中小企业促进法人组织（Small and Medium Industry Promotion Corporation，SMIPC），SMIPC的运作经费主要由韩国政府提供。在1996年SMBA成立之后，SMIPC就纳入SMBA下，其包括一个中小企业员工训练机构和一个先进制造科技中心，这些单位内的大多数工程师都有实务经验。韩国能源部1993年设立了产官学联合研究机构（Industry University Government Research Institute Consortium Initiative），不过在1996年之后转由SMBA来管理，此计划目的在于鼓励中小企业透过研发合作项目，充分利用大学和公共部门研究机关的仪器与人力资本。至1998年，SMBA就资助了全韩国的85个研发合作项目，其中SMBA负担大约50%的费用，各省政府负担25%～30%，而参与的中小企业则承担剩下的20%～25%，简言之，产官学联合研究机构计划促进了各地方的产官学研发合作[①]。

4. 行业扩散型：印度

20世纪80年代以来，印度根据现代信息技术的发展趋势，确定了重点开发

---

① 吴丰祥，蔡青蓉. 2007. 台湾、日本与南韩的区域创新系统之比较研究. 管理评论，19（8）：17-24.

计算机软件业的长远战略，并在印度著名科技中心班加罗尔建立了全国第一个计算机软件园区，为了扶持这个重点产业，印度政府进行了大量系统的制度创新。2004 年印度的软件出口值已达 120 亿美元，软件出口额占全球市场份额的20%，世界 500 强的跨国公司中，有 203 家向印度的公司订购它们的软件。这一骄人的成果，得益于印度采取的以软件业为重点突破口的区域创新体系。印度把软件业作为高新技术产业的突破口，将科技资源配置重点向软件产业倾斜，并颁布了配套的政策措施、制度安排和人才工程，发展了软件产业集群，这种模式的典型区域就是印度班加罗尔地区。

第一，良好的区域创新硬环境的建设。卡纳塔克邦政府艰苦创业，不遗余力地为发展 IT 业搞基础设施建设，筹资兴建发电厂、供水系统，扩建电信设施。尤其是投入大量资金用于数据通信等基础设施建设，如中央计算机数据处理系统、卫星高速数据通信系统。一方面，这样可以为区内企业提供专项数据通信服务和增值服务；另一方面，软件公司可利用数据系统进行传输，通过卫星地面站与国际用户联系，从而在软件园区内为软件研制人员和企业提供可与任何发达国家相比的一流工作环境和生活环境。

第二，良好的区域创新软环境的建设，包括以下几个方面。一是政策环境。尽管印度政府不断更迭，但历届政府都一如既往地支持发展信息技术产业，特别是把软件产业置于优先发展的地位，对软件园区内企业提供发展信息业的种种优惠政策。同时，政府在吸引外资和向世界宣传班加罗尔方面也做了大量的工作，放宽外资软件企业进入印度的壁垒，外方控股可达 75% ～ 100%，这使班加罗尔成为世界企业界的进军目标。另外，印度政府对当地除软件业以外的其他高科技企业也给予特别支持。二是科研环境。高新技术产业离不开一个开放的科研环境。印度政府花巨资建立了一批重点试验室，包括与国防工业有关的试验室，其都最大限度地向民间开放。

班加罗尔成功的秘诀在于，无论是创建人、经营管理者，还是技术人员和熟练工人，都源于该地产业集群的原有企业，他们通过学习和实践，具备本产业发展的相关知识和技能，因而不断衍生出新的企业。在印度，这个发展模式正在从南到北渐次推进，产生了很强的集群效应。这说明，印度在软件产业集群的发展过程中形成了良好的内在机理：一方面，通过学习和创新不断衍生新的企业，通过创新链和产业链的协作，获得企业之间的良性竞争和共同发展，使产业集群的链条不断延长；另一方面，政府通过制定法律法规，组建行业协会，严格规范各企业的市场行为，打击欺行霸市、市场欺诈、侵犯知识产权等不当竞争行为，在不利于集群发展的柠檬问题上获得很强的规避能力，使产业集群沿着良性的轨道发展。

印度作为一个发展中的国家，在知识产权保护上与国际接轨，并坚持不懈地加以落实，从而为本国的软件产业的发展提供了一个好的平台和背景。

### 2.2.4　区域创新体系特征分析

从科学与技术的互动关系上来看，区域创新包括区域的技术创新和区域的科学创新。所谓区域创新一般是指依托区域科学技术创新实力，有效地利用区域创新体系资源，协调区域间的科技合作与竞争，实现区域内科技创新资源（人力、物力、财力）的高效配置与结构优化，促进区域创新体系活动的广泛开展和创新成果的应用、推广及普及，从而创造和发展区域的竞争优势，其目的是为推动区域经济与社会发展服务。区域创新体系是区域政府、高校、科研机构、企业和中介共同相互作用，并且共同发展的网络，这种创新体系不仅具有系统的主要特征，而且是开放的，它既有与国家科技创新体系对应的结构与功能，又有区域体系自身的特点与特色，承担着把高新科学与技术内化为区域经济发展的自变量、促进区域产业结构的调整与优化、从而保证区域经济与社会的可持续发展的任务。

根据已有的论述，区域创新体系具有以下基本特征。

#### 1. 中观层次性

中观层次性是从系统层次关系上来界定区域创新体系的特征。区域创新体系对上是一个局部，对下则是一个全局，承上国家，启下企业。它的创新决策从属于国家宏观创新职能与政策的控制，对其下属众多的部门与企业具有因地制宜的全局导向作用，所以，在一个国家的创新纵向链条中，它是承上启下的中间媒介和中端调控系统，发挥居间的中间联系与协调作用。我们不能笼统地强调区域创新体系的宏观和战略调控，就中观而言，它既有对国家的局部服从性，又有区域的相对独立性和特殊性。它一方面必须按照国家创新体系的战略、目标、政策、方法、法规等信息来调整区域创新体系；另一方面又要输入区域内外的各类创新资源以激活区域创新体系。如果与国家的宏观调控相混淆，就很难发挥区域的个性特色，就会加重"一刀切"、重复建设、产业结构趋同的弊病，这不仅会影响国家宏观经济社会的创新发展，同时也会影响区域优势的发挥。

## 2. 空间邻近性

区域创新体系是某一特定地理空间范围内（范围可大可小）的社会经济现象。有别于国家创新体系（宏观）和企业创新体系（微观），区域创新体系属中观层次范畴，无论是从体系的边界范畴，还是从其运行目标与系统功能来看，三者都有明显的区域特征。受区域政治、文化、经济和资源等条件与水平的影响和制约，不同区域的经济发展要素各具特色，其创新活动在动力、起点、内容和实现的路径上也有所不同，而且创新能力的差异，也导致不同区域创新体系的创新效率有很大差异。所以，区域创新体系的区域性特征——空间临近性——决定了其形成、建设与运行必须立足于区域的基本经济、自然与人文社会条件，与区域发展的现状与未来目标相适应，并为区域经济与社会的发展服务。

## 3. 主体多元性

区域创新体系是一定区域内与创新全过程相关的各种创新主体组成的系统，公司企业、高校科研院所、中介服务机构（行业协会）和地方政府等诸多创新主体在创新体系中相互交融。在区域创新体系中，多种主体之间密切联系和流动，需要塑造一种互信互惠、可靠合作的社会文化环境，包括正式的契约关系和非正式的人际关系，创新活动就根植于这种文化环境的土壤之中。

## 4. 整体集成性

在区域创新体系中，创新绝非是单个创新主体的活动，而是各类创新主体交互学习、合作分享的群体性活动，是集群性创造活动。区域创新体系由区域范围内的产业体系、科技体系、教育体系、社会服务体系、政府宏观管理体系等子系统构成，共同推动区域经济的整体发展。

区域创新体系具备系统的基本特征，它不是系统要素的简单相加和偶然堆积，而是各要素或子系统通过线性和非线性相互作用构成的有机整体。区域创新体系各要素之间通过相互作用，形成网络关系。在区域创新体系运行过程中，要素与系统之间、要素与环境之间及各要素之间进行着知识、信息、资金与人员的交换，存在着有机的相互联系和相互作用，使系统呈现出单个组成要素所不具备的功能。另外，从区域创新体系的运行来看，创新是一个互动的学习过程，成功的创新不仅来源于企业内部不同形式的能力和技能之间多角度交流的反馈，同时也是创新主体与系统外部竞争对手、合作伙伴等互动的结果。区域创新体系的整体集成性，不仅可以提高创新主体自身的创新能力，还可以加强各创新主体在创新过程中的相互联系和互动。

### 5. 动态开放性

区域创新体系中的各创新主体及其相互之间的联系是处在一个动态变化的开放状态下的，而其中的创新资源要素，如人力、知识、信息等也在不断更新中，因此可以说区域创新体系的构建与运行，其本质即是一个发展变化的过程，呈现出动态开放性的特征。硅谷的成功除宜居的气候、集聚的大学科研机构、宽容多元的市场、发达的风险投资等，对于硅谷来说，其内部企业界、学界、风险投资联系紧密，其外部则通过各国相对的"人才流动"将网络延伸至中国台湾和大陆，以及印度、欧洲等地。治理结构的内外网络化——动态开放性——使得硅谷凭借丰富的社会资本构建起全球最为先进的创新体系，取得非凡成功。硅谷就像一只巨大的章鱼，内部有复杂的系统，又将其众多触角延伸至世界各处。

一方面，区域创新体系的动态性体现在系统内部主体的动态性变化上，区域内部的企业、大学、研究机构和中介机构等是处在不断变化的过程中的，如企业的破产与兼并、区域内外企业的迁入迁出等，同时企业间的各种联系也在随时发生着变化；另一方面，区域创新体系的动态性还表现在外部环境的变化影响上[①]。由于区域发展的外部技术与市场环境所具有的不确定性和不可预测性特点，区域创新体系运行的外部环境不可避免地会发生变化，从而引起创新体系内部环境及创新主体之间互动关系的变化。成功的区域创新体系能够充分挖掘利用区域内外创新要素，并最大限度地吸收利用域外的创新资源，使创新体系始终处于动态的发展过程中，而避免盲目封闭和保守。

辩证唯物主义强调运动过程中有相对静止，动态开放的区域创新体系兼具相对稳定性。由于区域自然资源的条件、特定区域制度及社会形态和文化传统等因素，一个地区的区域创新体系往往表现为相对稳定。例如，知识产生和扩散系统作为区域创新体系的子系统，虽然其产生和扩散常发生改变，但其知识组织和积累能力却往往随着时间的推移而趋于相对稳定。从长远来看，科研机构实力的改变只能通过雇用和培养创新领军人才，或是进入新的科学领域等，

---

① 杨继明. 2010. 省级区域创新体系构建与资源配置优化研究——以内蒙古为例. 南京：南京理工大学.

因此，区域内的研究成果和产出具有相对稳定性。而在由企业、产业和区域主导集群集合而成的知识开发和应用子系统中，虽然个体企业和行业常受到市场波动和技术变化而导致产出的扩大或减少，但整体经济结构和产业在一定时期内往往相对固定。随着时间的推移，这些都对地区生产力、人均收入水平和创新绩效等的稳定性具有一定的帮助。

除了上面的"硬"事实，还存在着一些"软"制度因素。非正式制度，如共同的思维习惯、常规、惯例、社会规范和价值观念等因素会影响参与者的行为和他们之间的关系。"软"制度的关键特征就是惯性，传统的、常规的、陈旧的行为和思维模式往往是根深蒂固的，难以短期改变，因此，制度的持久性对区域创新体系有一定的稳定作用。当然，总体来说区域创新体系具有高度的稳定性和连续性，但我们仍可以观测到某些地区的巨大变化。例如，东亚或南美的一些新兴经济体（如新加坡、中国台湾、中国香港、印度班加罗尔、巴西圣保罗），伴随着地区的经济发展，创新和技术转换的发生也相当迅速；在东欧的一些国家和地区，由于受到外来直接投资的影响，区域创新体系也发生了转变，而在西欧的一些地区，区域创新体系变化没有那么显著，是一种渐进的转变，如老旧工业区转型等。

### 6. 自组织性

系统的自组织性是指系统具有能动地适应环境，并通过反馈来调控自身结构与活动，从而保持系统的稳定、平衡及其与环境一致性的自我调节能力。一个系统的要素按彼此的相关性、协同性或某种默契形成特定结构与功能的过程称为自组织，它是复杂的、自身演化发展的系统。在给定的环境中，自组织机制能够使诸要素接近振荡点，具有使要素自我发展、自我扩张的功能，能够通过要素间的相互作用而形成有序结构，也有学者将自组织系统称为耗散结构。

耗散结构理论指出，一个远离平衡的开放系统可以通过不断地与外界交换物质、能量和信息，在外界条件变化达到一定熵值时，从原有的无序状态，转变为一种时空上或功能上的有序状态。耗散结构就是指这种在远离平衡条件下所形成的新的有序结构。耗散结构理论揭示出，只要具备一定的条件，远离平衡的开放系统出现耗散结构即发生自组织是必然的，而不是偶然的。区域创新体系的形成，一开始就是处于不断变化的市场需求、不确定性的技术创新主体与创新手段等组成的外界环境之中，外界环境必然对创新体系内部诸要素施加影响，迫使技术创新体系不得不与外界环境不断地进行交流，促使其处于远离平衡状态。此外，创新体系内部各主体能动性的不断发挥，也将不断地打破已经形成的平衡状态而使之处于远离平衡状态 [1]。

区域创新体系／系统就具有这种自组织性和自组织能力。区域创新体系的自组织行为通过创新主体在系统环境的刺激和约束下，不断调整要素构成和结构来优化创新体系。环境因素是促使区域创新体系自组织的外部动力。区域创新体系内部各要素之间的对立与统一是促使系统自组织的内部动力。只有充分调动起创新体系中各创新主体的主观能动性，通过系统的自组织，才能在创新体系内部自发、持续地产生出推动创新的动力，从而更好地实现创新系统的整体功能 [2]。

### 2.2.5 区域创新体系功能分析

区域创新体系的地域性是其首要特征，因此其功能首要体现的是地域性。区域创新体系可以将区域创新发展的要素进行新的组配，产生一种更为有效的资源配置和生产方式，使区域内资源（信息、人力等）得到更有效的利用，推动产业结构升级，提高区域创新和竞争能力，形成区域竞争优势，其功能具体包括以下几个方面。

#### 1. 优化区域资源配置

区域创新体系是在一定空间距离范围内，利用相应的管理机制，整合各类创新主体资源，将区域人、财、物及信息、知识等创新资源进行组织、分配、使用和管理的整合过程。区域创新体系立足于区域创新资源总量与分布的现状，充分考虑创新主体的现实需求，把各创新主体有机地结合起来，一方面，不断提升区域创新资源的质量与数量；另一方面，通过其高效的创新网络，将有限的创新资源运用在区域的重点领域和优势行业中去，这有利于提升区域创新资源的配置效率，同时也利于区域创新资源的再生产和再创造。

#### 2. 驱动区域创新活动

从区域创新体系的本质出发，区域创新体系能够从区域经济现实发展的情况和需要出发，进行有目的的创新行为和实践，从而有效地促进区域经济的发

---

① 李兆友 . 2006. 技术创新的系统性研究 . 系统科学学报，14（1）：23-28.
② 张少杰，曲然 . 2005. 林省区域创新系统建设存在的主要问题与对策 . 经济纵横，（6）：47-48.

展。例如，从我国已有的区域创新发展的实践来看，北京的中关村依托北京地区雄厚的高校和科技资源，实施以信息 IT 技术为主的产业创新活动，涌现了如联想、爱国者等大批著名的信息科技企业；而广东东莞、中山、佛山等地，则依托其珠三角资金（外资）、人力、土地、原材料等多方面的优势，进行产业的集群创新与发展，涌现了大批具有规模的专业镇或专业市场，如佛山的陶瓷、东莞的服装、中山的灯饰等。

### 3. 带动区域产业升级

区域创新体系可以通过各创新主体的互动，持续地产生激励创新的动力，形成连锁反应机制，加快创新扩散，推动从理论创新扩散到应用实践创新，从科研创新扩散到技术创新，从产业创新扩散到企业创新，从单个产业创新扩散到产业集群创新，从而推动整个区域经济、产业结构的升级、换代，提升区域整体的创新能力和管理水平。

首先，在区域创新体系下，创新及其产业化应用与扩散联系较为紧密，从创新到应用的转化效率也更高，因此，创新成果通过其产生与产业应用的过程，打破了技术系统的内在平衡及技术个体间的原有关系，使原有产业和产业部门分解，形成了新的产业和产业部门。另外，新产品、新工艺、新能源、新材料的发明和应用，扩大了社会分工的范围，拓宽了生产活动空间，形成了新的生产门类和部门。

其次，在区域创新主体中，产业之间存在着前向或后向的关联关系，即产业链关系。区域创新体系可以使得上下游产品和上下游产业之间互为产品创新和过程创新，进而促进产业间的联合与扩散。

最后，在区域创新体系中，新技术在促进新兴产业产生与发展的同时，使传统产业部门有可能采用新工艺和新装备，提高其技术水平，促进原有产品的更新换代，甚至创造出全新的产品，推动传统产业的改造，这些新技术已成为某些新兴产业依托的重要条件。[①]

不同区域之间创新能力和创新效率必然存在差异，也必然导致区域经济发展不平衡。尽管后进区域可以学习和借鉴发达先进地区的成功经验，具体而言，可选择更开放的发展政策、可学习更科学的管理经验、可引进更先进的技术，形成一定的比较优势，但后进区域并不必然具有后发优势，同时，后发优势也

---

① 包纪平，吴勇 . 2008. 基于产业集群的企业创新系统分析 . 现代经济探讨，（12）：61-64.

并不必然成为比较优势。

后进区域能够引进的技术要么是即将或正在被更先进的技术所取代的成熟技术，或相对发达地区即将淘汰的技术，要么就是还处于创新和实验期、离产业化尚有较长距离的技术，如果后进区域不对引进的技术进行再创新，就只能跟在先进国家和地区的后面，亦步亦趋，走入"引进—落后—再引进—再落后"的循环怪圈。例如，我国的汽车工业就是一个典型案例，"市场换技术"得到的结果是，市场已被欧美日韩占领，但我们的汽车工业技术和国产品牌却没有得到本质的提升，其主要原因在于我们的持续创新能力不够。而区域创新体系的构建可以使后进区域在引进、模仿创新的基础上，将引进的先进技术吸收、消化、创新，以提高区域自主创新能力，发挥后发优势，实现区域经济的跨越式发展，赶上或超越先进区域。

### 4. 提升区域竞争优势

区域创新发展的目的之一是获得区域竞争优势。任何区域想要获得持久的竞争优势，就必须准确把握未来技术和市场的发展趋势，不断创新，努力建立和发展区域竞争力。对那些已经拥有较强区域竞争力并取得显著竞争优势的区域来说，随着外部环境的发展、需求状况的变化、技术进步和其他区域的发展，已有的竞争优势会被逐渐削弱，甚至消失。例如，传统珠三角地区通过改革开放30多年的发展，在多个制造业领域获得了很强的竞争优势，这种制造业优势不仅在区域，而且在全国乃至全球都具有相对比较优势，但随着原有优惠政策的消失、人工原材料等资源价格成本的提升、环保成本的提高等多种因素，原有产业发展模式和区域竞争优势基本不复存在，而苦于通过创新寻找新的发展模式。而对于缺乏竞争优势的区域来说，如何通过后发优势，利用区域创新能力的提升，尽快建立区域创新体系是获得区域竞争优势的有效途径。如果区域创新体系能够得到科学构建，则可充分发挥抱团作战的优势，优化区域创新资源配置，加强区域创新主体之间的互动，提高整个区域的创新能力和创新水平，使区域主导产业、支柱产业在国内和国际大市场上保持相对持久的竞争优势，以适应日益激烈的国内和国际竞争。

综上所述，区域创新体系主要通过发展有潜力的创新活动，提高区域自主创新能力，跨越技术发展阶段，推动区域产业结构的演化与升级，从而实现区域经济的跨越式发展。区域创新体系是在特定区域内由知识和技术的生产、流动、扩散、应用等若干环节与体系组成的创新支撑系统，对区域协调发展来说，构建区域创新体系不可能一蹴而就，需要做出长期不懈的努力。

### 2.2.6　区域创新体系问题分析

目前我国各省市均已建或在建包含政府、大学、科研机构、企业和中介机构的各类区域创新体系。然而，在现阶段各省市建立起的区域创新体系中，网络体系结构大多不稳定，且较为松散，真正发挥整体效应的不多。各个主体看似在一定的区域内得到集中，如进入创业园区或经济开发区内或通过网络资源共建共享，但各个主体由于原有体制或部门利益的问题，创新主体之间的相互合作与交流仍比较封闭和相对匮乏，特别是创新主体之间在信息或知识资源的配置和共享共建上壁垒还是很多，信息孤岛现象严重。

政府职能部分缺失，大多仍停留在计划经济思维观念中，缺乏市场推动力，官僚作风浓厚，没有起到政策创新主体的作用；广大科研机构和大专院校的创新知识，新专利和新技术不能迅速与市场、企业相结合，科技成果转化效率低，大多束之高阁；企业由于受到自身经济、科研实力的限制，尚未完全真正成为技术创新的主体；中介机构发展滞后，大多中介机构功能停留在政府项目申报、企业项目策划和运作的阶段，远未实现组织网络化、服务社会化、功能系统化，因而不能有效发挥纽带作用。

以西部甘肃省在 2005 年为例进行说明，全省科研单位、大专院校、中介机构和大中型企业等科技活动单位约有 1600 个，但大多数均属于单位独立的研究行为，受"肥水不流外人田"的思想约束，各单位之间缺乏必要的合作研究和联合攻关。虽然近几年，科技行政管理部门加强了专项课题在多个研究单位之间建立联合攻关的分工合作，但是，一项技术或一个新产品的科技研发、成果转化、工程化应用、市场化运作等方面都还没有形成一个良性、有效的分工合作网络。在整个科技活动中，部门分割、地区封闭、体制改革滞后，政府及其科技行政管理部门的宏观协调职能，企业的主体和核心作用都尚未得到充分发挥。再如，中部地区湖北省的高等院校、科研院所总数在全国名列三甲，是湖北创新资源的重要聚集地，也是湖北技术创新的主要依托力量。但是，高等院校、科研机构科技活动多以出成果为导向，以争取政府奖励、发表论文和著作为目标，同时由于湖北所处中部地区，与沿海地区相比经济活力欠发达，大量科研成果离商业化应用有较大距离，而企业真正所需要的工程化成熟的创新技术成果不足。

我国当前区域创新体系中存在的问题主要包括创新人才缺乏流动、创新投入不足、创新产出缺乏效率、创新合作缺乏机制、创新扩散系统缺乏五个方面。

## 1. 创新人才缺乏流动

我国区域创新体系中，政府部门、国有企业及外资企业占据明显优势地位，吸引了大量的优秀人才；但民营企业特别是创业型中小企业难以获得急需人才。这种科研创新人才大量集中在少数部门和企业、人才极少流动的创新模式并不能产生足够的创新动力来推动创新型社会的建设。从硅谷的发展不难看出，创新人才不断从高校或企业流出，形成新的创新团队并再次发展壮大，如此往复才形成今天的硅谷。人才流动的本质是知识溢出，只有通过不断的知识溢出才能推动"创新面"（创新型社会）的形成，而非将区域内的创新能力集中于少数大企业或政府手中。

## 2. 创新投入不足

虽然我国企业研发投入增长迅速，但与发达国家企业研发投入水平相距甚远。2009 年全球企业行业研发投入前 20 位企业中，仅有东风汽车一家中国车企，其研发投入占销售额比重仅为 2.3%，与国际巨头 4.5% 左右的研发占销售额比重尚有较大差距。2009 年，中关村 R&D 经费支出 235.4 亿元（约合 39 亿美元），研发投入强度仅为 1.8%。

## 3. 创新产出缺乏效率

2009 年，硅谷专利占到美国专利总数的 7.9%，占加利福尼亚州专利总数的 69%；中关村企业同期发明专利授权量占全国和北京市的比重分别为 3.92% 和 28.03%，从专利在区域的比重来看，中关村与发达国家的创新基地存在不小差距。此外，中关村还在研发投入产出比、专利申请的绝对数量等方面与硅谷存在明显差距。从数据对比中发现，我国创新区域的知识竞争力与国际高科技创新区之间仍有较大差距，虽然研发人员数量与素质逐年提高，但知识产出不足、研发效率偏低。

## 4. 创新合作缺乏机制

企业与企业间缺乏技术合作机制、恶性竞争对我国产业的发展造成了不利影响，华为、中兴专利纠纷无疑是我国区域内知识产权过度竞争的具体表现，虽然事件发生后工业和信息化部通过行政手段对两家企业进行了调停，但显然个别的行政干预无益于合作机制与合作创新环境的形成。

### 5. 创新扩散系统缺乏

从国内外创新实践看，创新成果扩散系统是区域创新体系的一个重要组成部分。创新取决于主体的努力，依赖于市场的驱动，同时需要良好的服务，而我们现有状况普遍缺少科技与应用的高效服务纽带。所谓创新体系内部各主体的创新活动或行为不可能不与系统外的主体有能量或资源的流动，作为创新主体其自身的成果只有进行扩散才能发挥其价值的最大化，同样创新体系本身也需吸收体系之外的能量或资源。而现有的科技创新服务环境，诸如高新技术创业服务中心、生产力促进中心、人才市场、技术交易市场、创业投资服务等科技中介机构的建设需要加强。同时中介服务机构，如管理咨询、法律顾问、专利代理等，要为各类创新主体和广大中小企业搭建坚实的技术信息和服务平台。

## 2.3 信息资源及其配置

在知识经济时代，决定竞争的关键优势不再是传统的资金优势、劳动力优势。现代商品价值中（或成本中）已越来越减少自然资源或原材料的比重，而物化的知识含量的比重将越来越增加。正是因为现代产品中科技、知识的含量越大，其附加价值就越高。所以一个企业、一个区域和一国家通过不断研究开发和应用新科技、新知识来达到追求高额附加值的目的。

假若资本和劳动力是工业经济时代的核心战略资源，那么，信息和知识就成为知识经济时代的核心战略资源。从广义上来讲，信息和知识包括专利权、版权、软件设计、管理技能、技术、诀窍、情报信息及以往的经验等。假若在工业经济时代里凝结在传统商品里的信息知识资源较少的话，那么，在知识经济时代里凝结在现代商品中信息知识资源就会较多。因此，在未来的知识经济社会里，要实现商品的价值（附加值）的不断增进，其途径主要通过对商品的知识的增加而不是通过体力劳动增加来实现。上述分析表明，整个社会经济都将建立在一种不仅可以再生，而且可以自生的重要资源——知识之上。21世纪，区域创新出现了新的特点，区域创新的基础逐渐从自然资源的密集性消耗向信息和知识资源的创新性应用转变，信息和知识资源的有效配置和利用成为关系区域创新能否顺利实现的关键因素。信息资源配置，即在整个社会资源有效配置条件下对信息业投入与产出的安排，是以人们的信息资源需求为依据、以信息资源配置的效率和效果为指针、调整当前的信息资源分布和分配预期的过程[①]。在区域经济的发展过程中，如何有效地建立适合区域创新的信息资源配置模式是非常重要和紧迫的任务。

### 2.3.1　信息资源的定义与特征

#### 1. 信息资源的定义

信息资源是指被开发和组织的、能够为人们所利用的、直接或间接地投入到创新活动中的信息和知识的集合，它是可供利用并产生效益，与社会生产和生活有关的各种文字、数字、音像、图表、语言等一切信息的总称。

信息同能源、材料并列为当今世界三大资源。信息资源广泛存在于经济、社会各个领域和部门，是各种事物形态、内在规律和其他事物联系等各种条件、关系的反映。随着社会的不断发展，信息资源对国家和民族的发展，对人们工作、生活至关重要，成为国民经济和社会发展的重要战略资源。它的开发和利用是整个信息化体系的核心内容。

狭义的信息资源，指的是信息本身或信息内容，即经过加工处理、对决策有用的数据。开发利用信息资源的目的就是充分发挥信息的效用，实现信息的价值。广义信息资源，指的是信息活动中各种要素的总称，"要素"包括信息、信息技术及相应的设备、资金和人等。

创新信息资源是人们通过一系列的认识和创造过程之后，以符号形式，存储在一定载体（包括人的大脑）上可供利用的全部信息和知识。进一步来看，创新信息资源是由核心信息、人、符号和载体四种最基本的要素构成的：核心信息是蕴藏在载体中的信息本身；人作为认识主体是信息资源的生产者、利用者和携带者；符号是人们生产和利用信息资源的媒介和手段；载体则是存储和利用信息资源的工具，包括物质工具和人。

---

① 陆萍.2011.信息资源配置模式及其优化设想.现代情报，（6）：9-11.

2. 信息资源的特征

一般来说，信息或信息资源具有如下特征。

（1）信息的不可逆性，信息一经产生就不可逆转。信息资源不同于物质资源，只要信息产生和流通形成，任何想消灭信息的行为都将是难以做到的。

（2）信息的占有非排他性，所有的物质产品都具有排他性，只能由特定的对象一次性使用。但信息产品则可以由不同对象多次使用，即拥有一种信息并不能排除他人也拥有同样的信息。

（3）信息的无损耗性，物质产品在流通和使用的过程中会出现明显的损耗，但信息不像其他物品那样随着消费行为而损耗，信息可以在不同时间、不同空间内多次反复使用，而且不会发生损耗，客观信息只有陈旧的问题，没有损耗的问题。

（4）信息的不可替代性，一般说来，物质产品是可以找到替代品的，信息的积累性、信息生产的连续性和创新性，使得不同的信息之间是难以替代的，这种特性正是信息交易和信息资源得以产生的原因。

（5）信息使用的创新性，信息的使用，必须经过一个学习、消化、吸收、掌握的过程，同时在运用知识改造世界的过程中，又往往要加入个人对信息和知识的理解和认识。

## 2.3.2 信息资源的属性与分类

1. 信息资源的属性

信息资源是双重属性的共同体，它既有公共产品属性的特征，同时又具备私有产品属性的特征。

信息资源的公共属性指的是信息的公共物品性质。一般而言，公共物品有两个重要的特征：消费的非竞争性，即增加消费者对该产品的消费，不会引起产品成本的任何增加，消费者人数的增加所引起的产品边际成本几乎为零；受益的非排他性，指某个人消费某种公共物品，不排除他人同时也能消费这种物品，如渔民都可获取天气预报信息，从中获得免受恶劣天气带来的出海打鱼的风险。

信息资源中的信息也具有上述公共物品的特点：①由于边际成本几乎为零，信息就具有为大多数人共享的可能性，而且不会增加成本。理论上，软件产品可以无限制复制，而且边际成本几乎就是零（光盘成本相对于软件开发成本）。对于私人物品来说，物品的价值相当于所有消费者支付价格的平均值；对于公共物品来说，物品的价值相当于每个消费者支付价格的累加，这意味着消费者越多、信息共享的范围越大，其公共物品所实现的社会价值越大。②作为公共物品的信息在共享时，受让方可以获得使用价值，但信息的持有者并不失去使用价值，且每个消费者得到的使用价值和效果会因其水平不同而相差悬殊。

　　信息资源的共享是信息公共属性的要求，从创新信息资源的分类来看，大部分的基础信息都具有较强的公共属性，可以成为以共享为主要配置方式的公共物品。

　　信息资源的私有与共享是相对的，这是由信息本身的性质决定的。一方面，作为公共物品的信息资源其共享性总是与组织相联系的，即公共物品总是某个组织的公共物品。任何一种公共物品都与国家、区域或者企业等具体的社会、经济组织相联系，信息公共物品正是存在于国家社会和企业等各个层次的组织形式之中，信息资源的共享一方面发生在由政府支持下的公益性信息共享，另一方面发生在企业层次的组织内部。同时，任何组织都有内部和外部之分，这使得信息资源的共享呈现出相对性的特征：一方面在组织内部具有资源使用的非对抗性和非排他性；另一方面在组织与组织之间具有资源使用的对抗性和排他性。其中，信息产品的生产者可能是企业也可能是科研院所、大专院校或个人信息生产者。不同的生产者由于其自身利益要求、能力及信息产品特点的差异会选择不同的传播方式。信息的生产者在传播中起着主导性的作用，他们选择传播的内容和方式、决定信息传播的时间和传播范围、控制信息传播的进程。

　　在可私有化的信息产品中，只要一经公开销售，虽然不可抄袭和复制销售，但任何人都可购买使用，而且信息的接受者越多，信息对社会的效用就越大。随着信息的传播与扩散范围不断扩大，接受者不断增多，信息的私有性不断降低，最终成为公共物品，从长期来看，一种信息资源从私有物品向公共物品的发展是必然的趋势。

　　信息资源与其他社会资源（资金资源、人力资源等）一样，不仅具有一定的财富功能，更具有创造财富的功能。一方面，信息资源本身作为一种社会资源，它自身就是一种社会财富的表现；另一方面，信息资源通过不断地优化与配置，在技术创新的过程中能够以"嵌入式"方式让社会财富加倍产生或劳动生产率极大提高，从而体现其创造财富的功能。

### 2. 信息资源的分类

按信息的内涵与外延可将信息资源划分为狭义信息资源（指人类社会经济活动中经过加工处理有序化并大量积累后的有用信息）和广义信息资源（指信息本身及与信息活动有关的一系列过程）[①]。也有学者将信息资源分为私人信息资源和公共信息资源[②]。私人信息资源一般是指由私人生产和提供的信息资源，其生产成本由私人承担，采用等价交换的市场供给方式；公共信息资源一般是指政府为了维护公共利益和社会公平而向社会提供的信息资源[③]。一般而言，私人信息资源具有消费上的排他性和竞争性特征，这些特征决定了私人信息资源的生产和消费是可分的，可界定其产权并参与市场竞争；公共信息资源具有消费上的非排他性和非竞争性特点，难以界定产权，市场提供缺少动力。

## 2.3.3　信息资源配置的定义与特征

信息资源配置一般是根据创新活动信息资源需求的变化，以信息资源分配与使用的社会公平和信息资源配置效益的提高为目标，运用政策与法规、市场机制和相关的技术手段，调整信息资源的分布与分配的过程。

### 1. 信息资源配置的定义

信息资源配置是以信息需求主体为对象，根据创新活动信息资源需求的变化，以信息资源配置效益的提高或最大化为目标，运用行政、市场或相关的技术手段，实现信息资源分配与利用的过程。而区域创新体系下的信息资源配置，强调在一定区域范围内，一定创新主体为对象的信息资源分配和利用。

具体来讲，信息资源的配置一般包括三个方面。

（1）对象的划分。信息资源的配置要以用户需求为依据。在区域创新体系内，对信息资源的需求有两个层次的区分：一个层次是微观层面的解释，个人或创新主体的创新信息资源消费需求，这主要是出于提高个体信息资源利用率的考虑；另一个层次是宏观层次上的考虑，从存量、增量及质量上对区域的信息资源进行把握，从经济和社会的长远发展出发，提高区域整体信息资源的利用效率。

---

① 刘志刚 . 2009. 公共信息资源共享分析 . 情报探索，（4）：12-14.
② 张广钦 . 2005. 信息资源管理 . 北京：北京大学出版社：14.
③ 蒋永福 . 2006. 论公共信息资源管理——概念、配置效率及政府规制 . 图书情报知识，（3）：12-15.

（2）目标的定位。信息资源配置的基本目标是信息资源分配与使用的社会公平和信息资源配置效益的提高，只有兼顾效益（主要是指经济效益）与公平的配置才是合理化与理想状态的信息资源配置。

（3）手段的使用。信息资源配置的实现必须综合运用政策与法规、市场和政府相关的技术手段。由于社会信息资源需求和信息资源分布状态在发生着经常性的变化，所以，只有将政策法规的宏观调控措施与市场运行的微观调节手段相结合，并运用一定的技术手段，信息资源配置的基本目标才有可能实现。

依照信息所依附的载体，信息资源的配置可以分成两部分，即以人为载体的信息资源的配置和以物为载体的信息资源的配置，前者所指的即是创新人力资源的配置，后者特指以物为载体的创新信息资源的配置。

## 2. 信息资源配置的特征

### 1）层次性

信息资源的配置根据其分配和使用的范围，可以划分为宏观、中观和微观配置三个层次。

宏观层次的信息资源配置是一种战略性的信息资源配置，是指信息资源在一个国家或地区的总体配置情况，一般是由国家管理部门运用经济、法律和必要的行政手段对信息资源进行配置。这种宏观层次上的信息资源配置一般是通过国家有关政策、法规、管理条例等来实现对信息资源的组织、协调和开发利用。

中观层次的信息资源配置是指信息资源在一个地区或产业内部的配置。一般是由各地区、各行业的相关部门通过制定地区或行业性政策、法规和管理条例来实现对本地区、本行业内部的信息资源的组织、协调和开发利用活动，以及组织、协调本地区、本行业与其他地区、行业间的信息资源交流，使本地区、本行业的信息资源开发利用活动在总体上与宏观层次的信息资源配置活动相互协调，以便更好地利用和开发本地区、本行业的信息资源。中观层次的信息资源配置活动介于宏观和微观之间，具有承上启下的功能。因此，该层次的信息资源配置原则上既要符合宏观层次的信息资源配置的需要，又要有利于指导、规划微观层次的信息资源配置活动。中观层次的信息资源配置的主要任务是在本地区、本行业范围内组织、协调创新知识资源的开发利用活动，因而由此引发的一切信息资源配置效果都是针对以本地区、本行业的信息资源开发利用而言的，具有明显的区域或行业性质。

微观层次的信息资源配置是最基层的信息资源配置，是指信息资源在创新活动主体内的配置情况，一般是由企业和科研机构等创新活动主体负责实施。其主要任务是了解创新活动主体组织内部对于信息资源的需求，合理组织、协调信息资源的开发利用活动[①]。

本书以区域创新体系为范畴的信息资源配置与服务研究，主要是以中观层次为对象的研究，但同时兼顾微观层次的部分信息需求。

2）区域性

尽管从上面的层次性分析，可将信息资源的配置分为宏观、中观和微观三种形式，但就一般信息资源的配置而言，更多是以跨区域（局部）、跨部门为研究范畴，因此体现出区域性的特点。同时信息资源配置，尤其是中观层次的信息资源配置，具有显著的地域性特点。由于我国各地区经济发展水平、科技发展水平、科技发展条件不同，逐步形成了具有不同主导产业的区域经济。一方面，由于区域经济社会基础不同，不同区域信息资源的总量有所差异；另一方面，区域经济发展的需求对创新起到了促进和导向的作用，使得不同区域信息资源配置的方向与模式不同。因此，信息资源的配置一定要从本地实际出发，突出重点，体现特色，为本地域内尽快形成与发展支柱产业、主导产业和优势产业，培育新的经济增长点提供基础和储备。同时也要考虑信息资源配置中的某些薄弱环节，对其进行调整和改善，减少信息资源流动与运作的障碍，扩大信息创新资源的规模，完善信息资源管理，促进区域内科技、经济与社会发展的良性循环。

3）动态性

信息和信息资源二者本身就处于不断动态变化的过程中，其配置自然也是动态变化的。信息资源配置的动态性是由多个因素共同决定的。

（1）创新主体信息资源需求的动态性。信息资源的配置受创新主体，即信息用户需求的引导，信息用户信息需求的动态变化决定了信息资源必须以动态的配置方式来适应用户的动态需求。

（2）信息资源本身的折旧或损耗性。随着时间推移和技术条件的变化，信息资源要素都经历着有形或无形损耗，信息资源可能会因其所附着的载体的有形磨损而进行载体转换，信息本身也会因为时效性变化而价值递减。

① 杨世木.2010.我国体育信息资源配置研究.上海：上海体育学院.

（3）信息资源供给能力和供给内容的动态性。由于经济、社会、科技等多种因素的共同作用，社会创新信息资源供给能力与供给种类总是不断变化的，这要求信息资源的配置应该随之做出相应的调整[①]。

创新体系是开放的系统，创新信息资源的流动和变化不可避免，区域创新体系的资源配置也必须适应资源动态发展的实际。因此，创新概念是一个相对的概念，创新在概念上要与时事相一致，或者说是与时俱进。

### 2.3.4  信息资源配置的模式与原则

#### 1. 信息资源配置的模式

##### 1）市场配置模式

信息资源市场配置模式是在"帕累托最优准则"的基础上进行的。帕累托最优是资源分配的一种理想状态，即假定固有的一群人和可分配的资源，从一种分配状态到另一种状态的变化中，在没有使任何人境况变坏的前提下，也不可能再使某些人的处境变好。信息市场资源配置与其他物质产品市场一样均要遵循市场价值规律，即供求规律、竞争规律等。通过信息市场机制的自发调节作用，使得信息需求和信息供给形成一种动态平衡，从而有效地提高信息配置效率，促进社会和经济发展，其典型代表为美国模式。

##### 2）政府配置模式

信息市场相对于物质产品市场更容易出现市场失灵，因此对于信息资源配置，政府参与必不可少的。政府信息资源配置模式一般以信息法律法规、配置管理制度为基础，通过信息文化建设、公民信息素养和信息能力的提高，为社会其他资源配置提供参考，为管理决策提供依据[②]。日本模式为典型代表，即政府直接投资公共信息事业为私人投资创造条件，并通过各种优惠政策来引导个体的信息资源配置。

政府配置模式在解决市场失灵的同时，本身也会出现政府失灵的现象。所谓政府失灵是指政府由于对非公共物品市场的不当干预而最终导致市场价格扭曲、市场秩序紊乱，或由于对公共物品配置的非公开、非公平和非公正行为，而最终导致资源配置的低效和不合理。

---

① 杨世木 .2010. 我国体育信息资源配置研究 . 上海：上海体育学院 .
② 郑路，勒中坚 . 2011. 基于系统动力学的政府公共信息资源配置系统的模型研究 . 中国软科学，（8）：178-180.

3）产权配置模式

信息资源产权配置模式是基于罗纳德·哈里·科斯所提出的科斯定理。科斯认为：如果交易成本大于零，不同的权利界定会带来不同效率的资源配置，为了优化资源配置，产权制度的选择是必要的。信息资源的产权配置又具有两种理论：一种是公共物品理论。根据信息商品属于公共物品的观点，市场机制会造成信息商品的生产不足，即私人市场提供的信息商品数量将小于最优值，从资源配置的帕累托效率观点来看，公共物品理论认为，信息商品的公共产权安排更为有效。另一种是波斯纳理论。著名的产权经济学家波斯纳指出，关于私人市场会导致信息商品生产不足或停止生产的结论并不完全正确，只要具备一定的条件，私人市场完全可生产出帕累托效率条件所要求的信息商品的数量。

## 2. 信息资源配置的原则

1）满足需求原则

满足需求原则即进行信息资源配置时，应以满足社会需求作为出发点和归宿。信息资源合理布局和配置的目的就是有效地利用信息资源，因此从社会需要出发，适应和满足经济、社会、科技发展和建设的需要是信息资源布局时应遵循的最基本的原则。

信息资源的配置要充分考虑到创新活动主体的软硬件条件、资源条件和实际创新需求，努力使配置结果便于创新主体对信息资源的利用，要考虑创新主体对信息资源在地理上的易获取性、在获取手段上的方便性、在形式上的可接受性和在内容上的可理解性。

2）系统性、完整性原则

系统性、完整性原则即从时间、空间和数量三方面尽可能保持整个网络中信息资源的全面性、系统性，以保证能充分满足创新主体多方面的需求。

3）分工协作原则

分工协作原则即分立的各信息系统能够进行合理分工与合作，在信息资源布局中能立足整体，放眼全局，互相配合，调剂余缺，避免不必要的重复和浪费，从而发挥出整体效益。

4）一致性原则

一致性原则即信息资源的标识等要统一，实行标准化，这样才有利于信息资源配置效率的提高。

5）动态性原则

信息资源的布局在一定时期内是相对稳定的，但不是一成不变的，它随着创新活动主体需求的变化，以及科学技术、社会生产等社会环境的变化而变化，这要求我们经常关注信息资源的产生、发展和变化，并随之做出相应的调整。

### 3. 传统信息资源配置存在的问题

我国传统信息资源配置模式主要是政府集中管理下的分布式配置结构。目前，这种信息资源配置模式存在的问题主要体现在以下几点。

1）信息资源配置部门封闭，行业间配置差距明显

首先，在区域体系中各行业信息资源配置隶属于不同的政府管理部门，其配置目标、运行标准都难以统一，导致配置效率较高的行业能够不断利用信息资源提高自己的创新实力，配置效率较低的行业则始终处于落后状态，使得行业间的创新绩效差距不断扩大；其次，各行业配置系统处于封闭、独立的运行状态，系统间缺乏有效的信息资源传递与共享，信息资源难以在各行业间实现均衡分布，导致不同行业出现信息冗余或信息匮乏现象。而在区域创新体系中，跨行业、部门的信息资源配置和共享是区域创新发展的必要元素，而现有的区域信息资源配置体系中，尚未建立有效的利益协调机制和公共信息资源分配方案[①]。

2）信息资源配置的地域分布不均

信息资源配置存在地域的不均，经济和科技发达的沿海区域，其信息资源配置的总量和质量均优于内陆。以网络信息资源配置为例，2011年7月中国互联网络信息中心发布的《第28次中国互联网发展状况统计报告》显示，北京、广东、浙江、上海和福建是中国互联网基础资源发展较好的5个省（直辖市），这5个省（直辖市）的IP地址、域名、网站拥有量占到全国的一半以上。以域名为例，这5个省（直辖市）的一级域名总量占全国59.6%，二级CN域名占全国总量的63.5%；新疆、甘肃、宁夏、青海、西藏为中国互联网基础资源发展比较落后的5个省（自治区），这5个省（自治区）的一级域名仅占全国总量的1%，二级CN域名仅占全国总量的0.9%，以上这些数据表明，在我国，区域间在网络信息资源配置方面的差距还是很大的。

3）信息资源配置内容重复，发展规划缺乏

公共信息中心购置的信息资源，很多内容有重复现象，导致信息冗余和信

---

① 赵杨，胡潜，张耀坤 . 2010. 创新型国家的信息服务体制与信息保障体系构建——国家创新发展中的行业信息资源配置体系重构 . 图书情报工作，（3）：18-22.

息稀缺同时存在。以高校图书馆电子馆藏为例，在高校引进的电子期刊中，有相当部分高校存在重复订购电子期刊的现象。例如，中国期刊网几乎包括万方数字化期刊子系统中的绝大多数期刊，我国内地有 3000 多种期刊同时出现在万方、维普和中国期刊网中。同样有人对外文期刊数据库做了同样的比较，结果表明，数据库之间收录期刊的雷同已经到了不可轻视的程度[①]。另外一种重复就是相同的信息通过一些不同的信息提供商销售，如由不同的信息提供商提供 Inspec 数据库的网络版，如 Silver Platter、Ovid、OCLC First Search，每个提供商提供不同的界面、不同的检索功能、不同的全文内容层次、不同的价格，这样图书馆引进的数据库存在重复[②]，造成信息资源的重复建设和资源的浪费。

## 2.4　区域创新体系中信息资源配置障碍要素

### 2.4.1　区域创新体系的系统失灵

从区域创新体系的结构特征来看，创新体系的整体创新效率与其构成要素之间的协同程度紧密相关。若构成要素多样，如创新主体数量巨大且要素之间互动程度频繁（包括各行为主体之间及行为主体与制度环境之间的互动），则通过要素间频繁的交互作用，可促进知识在创新体系内各主体之间快速流动，从而提升区域创新体系的整体创新能力，增强其创新功能；相反，若构成要素数量较少，要素间的互动程度又不足，则知识资源、人力资本等难以在各创新主体间流动与交换，则创新体系的创新功能受阻，整体化创新能力被削弱，区域创新体系就会失灵。

关于区域创新体系失灵或潜在缺陷，国内外学者对此进行了有益的探讨。根据他们的观点，区域创新体系的缺陷可能表现为以下几方面：①基础设施失灵（infrastructural failures），包括物质基础设施和科学技术基础设施。②锁定或路径依赖失灵（lock-in path dependency），包括两层含义：一是指整个区域社会系统不能适应新的技术范式的变化；二是指企业尤其是小企业因缺乏快速有效的学习能力被锁定在现有的旧的技术轨迹而不能吸纳新的技术。③制度失灵（institutional failure），包括由立法系统和规制框架等构成的正式制度，或称为硬

---

① 谢泽贵．2006. 现阶段大学图书馆印刷型与电子型外文期刊订购现状分析及建议．大学图书馆学报，（1）：84-87.
② 梅海燕．2004. 电子资源联盟——资源采购的新型模式研究．情报杂志，（2）：100-102.

制度（hard institutions），以及由地方文化、价值观念、社会习俗等构成的非正式制度或称之为软制度（soft institutions）。④强（或弱）式网络失灵（strong or weak network failures），强式网络失灵是指具有相同价值观念、相似知识结构的相关行为主体之间形成对外封闭的紧密关系网络，而难以获取甚至排斥外部新的知识与新的创意；弱式网络失灵是指相关行为主体之间因缺乏交互作用而不能充分利用彼此的互补知识资源与能力。

## 2.4.2  区域创新体系中的信息配置障碍

传统经济学认为，在充分自由竞争条件下通过市场价格机制可以实现资源的最优配置，但其隐含假设前提条件是市场交易无摩擦或是完全充分竞争状态。在一般产品交易中，由于买卖双方拥有的产品品质信息的不对称，市场机制在配置产品时会出现"失灵"现象。在区域创新体系中，信息资源利用和配置障碍程度会更加明显，因为大多创新体系内主要以高新技术、IT 信息技术类、互联网等创新主体（企业、高校科研机构）为主，其创新初期、中期和最终成果大多都以信息、知识或脑力资源为投入和产出要素，这类创新主体之间的障碍，除了有一般产品贸易中通常存在的主观、人为机会主义行为所致的信息障碍外，还存在两个方面的障碍：一是政府不重视市场作为信息和知识资源配置的重要手段所导致的信息障碍；二是技术、知识含量较高的创新过程自身引起的交易费用过高所存在的信息障碍。

区域创新体系中信息资源配置和利用存在的障碍，具体表现如下。

### 1. 知识含量较高的创新引起的交易费用过高带来的信息障碍

这主要是由技术和知识产品存在如下的特殊属性所导致的。

（1）产品成本的特殊性。技术创新的成果往往来之不易，具有初始投入大、风险高、耗时长和费用高等特点。

（2）效益的不确定性（uncertainty）。即研发产品的卖方只有在该产品投入到生产中进入市场后，才能较确切地了解该产品的功能和价值，研发产品的卖方虽然拥有对产品的信息优势，尽管有专利、知识产权等相关法律的保护，但在交易中研发方一定要对有关细节予以保密，否则就有可能使自己在研发阶段的巨额投资难以回收，这样一来卖方难以使买方相信其所报价格的合理性。这种在交易过程中遇到的信息不对称问题使得仅具有有限理性的买卖双方很难成交。

（3）研发产品市场的局限性。许多特殊技术的应用范围很窄，尤其是新技术和产品在刚推入市场的前期，买方和卖方数量都无法形成一个竞争比较充分的市场。此外，无形知识产品的多样性和难以度量测定的特点也使其很难像一般有形的商品那样向外部提供其明确的信息。这些特殊性表明，技术、知识产品及其市场具有很强的、潜在的外部性，其信息扭曲程度高，导致交易成本较高，这就是信息产品技术市场"失灵"更显著的根本原因。

2. 不重视市场作为信息资源配置重要手段的行政规划所致的信息障碍

无论大小，一个国家（区域）的振兴发展，都需要一个科学合理的规划。随着现代社会的不断发展，行政规划成为现代国家实现政府职能的一种重要手段，其所要完成的任务就是紧紧围绕既定的行政目标，综合运用现代先进管理手段和专业化的行政知识，协调行政规划范围内的各种社会利益关系，对多元利益进行合理衡量以实现多元利益间的总体平衡。科学有效的行政规划是提升政府效能必不可少的途径，其涉及范围十分广泛，有经济规划、社会规划、教育发展规划、科技发展规划等。

就区域创新体系而言，也存在规划的问题。在这里，我们重点考察区域创新和信息资源发展规划。区域创新和信息资源发展规划是一个区域未来特定时期科技及其与社会协调发展的总体设计，是指导区域科技发展的战略方针，对一个区域科技和信息资源分配、调整等具有重要影响。从区域和信息经济学来讲，一个科学合理的规划，是政府事前的"发信号机制"，它具有权威性、可靠性和真实性。但是，各政府忽视市场作为创新资源配置的重要手段，可能导致各主体间利益有所扭曲，致使各地的科技发展规划所面临的信息障碍较多，从而可导致科技发展规划畸形。另外各地区域发展规划一般会考虑各地资源禀赋的特点，但大部分在发展过程中缺乏创新、求全求大、产业趋同现象普遍存在，如 20 世纪 90 年代后期兴起的"经济开发区"建设热潮，有国家级、地市级，还有地方各个区县，真是"忽如一夜春风来"，一夜之间全国各地各类名目开发区遍地开花，结果导致资源投入重复浪费、产业结构扭曲和市场秩序混乱等种种乱象。而近年来各地又兴起"新城"建设运动，有统计数据显示，全国有 200多个地级市都在大规模上马搞新城房地产开发运动，各地已出现多处"鬼城"现象。各地方政府区域创新发展规划决策所面临的客观和主观两方面的种种困境，具体表现为以下几点。

（1）"信息孤岛"效应。政府决策者无从了解别的决策人在同一时间里所做出的决策和计划；此外，政府对研发项目拥有的信息要比研发者少得多，更为严重的是研发者的"逆向选择"，致使政府能够识别出好的研发项目难度加大。

（2）因政府不懂得市场运行机制，导致科技创新规划不顺应市场规律。

（3）地区本位主义和政府追求政绩而导致人为研发投资过度、重复等现象。

（4）因跨行政区域引致部分信息在上下逐级传递时损失，导致研发决策失误。

（5）财政分权改变了对地方政府的激励方式，这种激励方式会产生扭曲的地方政府行为，典型的情况就是鼓励地方政府短视，导致地方政府以运动式的方式增加科技投入等。

由此可见，在区域创新体系构建中由于不重视市场作为创新资源配置的重要手段，致使政府面临规划时信息障碍较多，其核心的问题是在区域层次上，致使各省级或省级以下的地方政府行为发生扭曲，也促使区域间利益有所扭曲，引致的激励弱化与冲突强化可能会导致区域创新协同难以可持续发展。因此，有效化解此类信息障碍的关键是地方政府及官员的激励，它触及政府治理的一个核心方面，即要理性设计一个合适的激励结构。

## 2.5  区域创新体系与信息资源服务关系研究

一般性区域创新体系指出，在一定的经济、社会、文化环境下，人、财、物等各种创新资源在各创新活动主体之间的有效分配与使用，产生新的创新成果并付诸应用从而影响区域经济的发展。可以看出，一般性区域创新体系侧重对广义创新要素进行研究，而广义创新要素包括人力资源要素、物力资源要素、资金资源要素和知识资源要素等。笔者认为以上多种要素关联所形成的区域创新体系或系统，其最主要的特征不是创新成果或创新产品的外在表现形式，而是彼此之间信息或知识的内在流动，也就是说，在区域创新体系中跨部门、跨主体的信息/知识资源的配置（流动和利用），是区域创新体系得以发展和成功的最为关键的因素。在区域创新网络建构的过程中，信息（知识）资源是创新得以产生的基础，换句话说，信息（知识）资源的合理配置和高效利用，既是降低创新成本、提高创新效率的基本要素，也是创新体系中创新网络得以建构的基石。因此，此问题的提出是本书的研究起点，此问题的解决是本书力图实现的目标。

对于任何一个经济组织来说，信息是一种稀缺资源。区域创新体系实质是一种知识网络体系,这种知识网络体系需要经常性地进行有规律的信息交流,信息交流机制在于保证信息流动和信息共享,为原有网络中的创新主体分散化的行动提供一种协调机制。区域创新体系中创新网络的信息交流机制通过影响和改变创新主体获取信息的方式和所获取的信息而影响其创新行为。

## 2.5.1  区域创新体系演进过程

区域创新体系是随着工业经济向知识经济的发展而发展起来的,在这个过程中其主体、对象、方式、手段等都在动态的演变过程中,可以表现为网络组织、创新模式和学习模式三个方面。

### 1. 网络组织的演变:从产品联盟到知识联盟

网络组织作为介于市场和层级组织之间的第三种组织形态,其自身也经历了一个演变过程,突出地表现为联盟形式从产品联盟到知识联盟的发展。战略联盟是企业为了突破自身资源与能力的缺陷,通过一定形式的契约建立协作网络,以实现优势互补、风险共担、利益共享和扩展新市场、研发新产品、增长新知识等战略的网络组织。战略联盟的演进形态如下。

#### 1)价格联盟

在工业化初期,由于产品之间的强替代性,导致产品的竞争在市场上体现为产品价格之间的竞争。因此,控制价格成为企业取胜的关键。在不完全竞争市场中尤其是寡头市场中,寡头企业发现,如果相互联合控制价格,而不是一味地打价格战,会给自己带来超额利润。于是在 19 世纪末,企业战略联盟以卡特尔的形式出现,卡特尔及其以后的经济联合组织辛迪加、托拉斯,基本上都是以控制销售价格及采购成本为目标的联盟形式。一般认为,这是战略联盟的初级形式,其特点是目标单一、合作比较简单。在产品差异度小、市场集中度相对较高的产业中,价格联盟很容易被采用[①]。

#### 2)产品联盟

随着竞争的日益加剧和科学技术进步,以合谋来获取垄断、违背市场竞争的公平原则,以明显的价格联合为目标的联盟已不合时宜,在此情况下,现代意义的企业联盟应运而生。对于现代战略联盟,美国战略管理家迈克尔·波特

---

① 马雪芹 . 2005. 战略联盟与企业竞争力 . 科技创业月刊, 18(7): 52-53.

的定义是：企业间达成的既超出正常交易，可是又达不到合并程度的长期协议。在这里，战略联盟涵盖产品价值创造的全过程，即在产品的设计、生产、销售等各个环节，均有创造联盟的机会。

然而，在产品联盟中，产品是中心，协作的目的是为了生产或销售该产品，为了扩大生产规模、增加销售渠道，至于新产品的开发、知识的创新则被置于次要位置。企业进行联盟多数是由于在运营某一环节比较弱，而需要借助其他组织的力量实现企业价值。因此，这种合作一般是基于有形资源的互补建立的。比如，有的企业在生产方面比较强，而销售力量比较弱，企业就可以寻求与销售比较强的企业合作，取得互补效应。联盟的双方通常是资本、技术、市场和生产等方面的合作。合作双方大多处于同一行业，在同一产业展开竞争。由于产品联盟中的合作大多是建立在有形资源的互补基础上，伴随资源共享的是显性知识的转移，难以提高、培养企业的持续发展能力和长期竞争优势。

但随着知识经济的临近，产品联盟的弊端就日益明显。这种只重视现有技术推广，而忽视创新的联盟，是用大量自然资源凝结少量知识来获取产品的，其实质是一种数量型、粗放型发展模式，是难以持续发展的。

在知识经济时代，知识是资源，知识在企业塑造竞争优势和创造利润中的作用越来越重要。Prahalad 和 Hamel 提出的核心能力就是"组织中的积累知识，特别是关于如何协调不同的生产技能和有机结合各种技术流派"的能力，强调核心能力就是一种知识[①]。在这个时代里，产品的生产与扩大再生产，已不是至关重要的，紧要的是生产技术的提高，是丰富而廉价的替代产品的开发，是管理体制的完善，归根到底，是知识资源的开发与利用。这种发展模式是利用少量自然资源凝结大量知识来获取产品的，因而是内涵型的、可持续发展的，这就从根本上动摇了产品联盟的基础，于是出现了一种新的联盟形态——知识联盟[②]。

3）知识联盟

随着知识经济时代的到来，知识已取代资本成为最重要的资源。因此，新兴的企业战略联盟便是知识联盟及相似的联盟形式。与前两种战略联盟相比，知识联盟具有以下特征：学习和创造知识是知识联盟中的中心目标；知识联盟伙伴间更倾向于无形资产（隐性知识）互补；知识联盟的参与者范围较广；等等。

知识联盟概念的产生源于贝克尔（Becker）和墨菲（Murphy）对知识分工

---

① Prahalad C K，Hamel A.1990.The core competence of the corporation.Harvard Business Review，（3）：79-93.
② 徐立军 . 1999. 知识经济对企业合作方式的影响 . 经济论坛，（14）：18-19.

模型的研究[①]，基于此，他们将知识生产的累积效应引入劳动分工与经济增长的分析中，并提出了知识联盟的概念。知识联盟是指企业为共享知识资源、促进知识流动和创新，与其他企业或机构通过契约或股权结成的优势互补、风险共担的网络组织。它是战略联盟的一种高级形式，强调通过具有互补性知识的双方合作而达到共同学习、提高企业能力的战略目标。知识联盟的合作目标使得合作双方着眼于长期战略，双方在共同学习过程中，不仅可以获取市场交易等方式无法获取的经验、能力等隐性知识，而且，通过知识的互补，还可以创造出单个企业无法创造的新知识，进而改善竞争优势，有利于企业更新和创造新的核心能力，形成持续发展。因此，知识联盟是伴随竞争要素的改变而产生的一种长期发展的战略联盟形式。从知识管理的角度来看，价格联盟、产品联盟和知识联盟代表了不同的范式。战略联盟作为企业战略的一种形式，由价格联盟、产品联盟向知识联盟转变，是新的竞争形势的根本要求，是企业能力、知识等资源核心作用越来越明显的表现，也反映了企业竞争优势由外生论向内生论转变的历史必然性。

### 2. 创新模式的演变：封闭式创新到开放式创新

开放式创新概念是由美国学者亨利·切斯布洛（Henry W. Chesbrough）在其专著《开放式创新：从技术中获利的新策略》（2003 年）一书中首次提出的。在这本专著里，他指出，过去的观点认为成功的创新需要控制，企业必须依赖自己的资源进行创新，从创新思想的提出，到技术研发，再到产品生产制造及市场化营销推广等活动，都是企业自己承担。这种模式要求企业具有较强的自我依赖性和较丰厚的资源，是过去旧式经济下企业取得创新成功的典型的垂直一体化创新模式，被称之为"封闭式创新"（closed innovation）。在封闭式创新模式中，创新进一步被大多数组织区分为各个复杂的过程。研究过程被认为是成本中心，开发是利润中心，如果做出了一项发明，而开发部门不能将其转化为可销售的产品，那么这些发明就会被冷落或被"束之高阁"。

20 世纪 90 年代以来的知识和资本的全球化、信息技术的发展，正促使企业从"封闭式创新"向"开放式创新"（open innovation）模式转变。所谓"开放式创新"是均衡协调企业内部和外部的资源来产生创新思想，不仅把创新的目标寄托在传统的产品经营上，还积极寻找外部的技术特许、技术合伙、战略联盟

---

① 转引自：王良、杨乃定，姜继娇 .2005. 知识联盟与知识型企业的知识创新战略 . 软科学，19（3）：79-81.

或者风险投资等合适的商业模式来把创新思想变为现实。其主要的促进因素包括在信息化和全球化背景下拥有熟练技能的人力资源变得易获得和具有流动性、风险投资市场的兴起、外部思想的可用性及不断增强的外部供应商的能力等。此外，技术市场交易成本和技术内部研发成本过高也是开放式创新的原因之一。

交易成本理论认为组织替代市场的根本原因在于存在交易成本，而交易成本的高低取决于商品的属性。威廉姆森（Williamson）认为 R&D 成果等技术商品的特殊性决定了它是那种存在高额交易成本的商品，因此纯市场的方式并不是技术交易的最佳途径，但是在现代技术与市场条件下，以组织替代市场的内化式创新同样面临着较高的成本，甚至高出了技术的市场交易成本[①]。因此，以组织内化的方式进行创新并非是一种最优的途径。正如拜多特（Bidauh）和费舍尔（Fischer）的研究所指出的那样，技术交易既不适合于市场的方式也不适合用内化来替代，需要采用第三种方式，即利用外部资源进行开放式创新，这就需要设计一种特殊的组织形式来实现技术创新。这种组织形式要求建立一种特殊的组织间关系，它既不同于市场机理中纯粹的"买卖关系"，也不同于企业内部的"层级关系"，而是一种建立在信任基石之上，长期合作、相互沟通、彼此信任、共担风险、合理划分收益的介于纯组织和纯市场之间的合作创新网络，它是解决市场环境下技术创新问题的一个最佳模式。

开放式创新的运作特征体现为向全球搜寻技术创新资源、扩大技术收益、并购与转移技术、强化研发联盟、推动产学合作、运用政府资源、鼓励内部创业等。因此，开放式创新可以使企业拥有更多的创新资源、掌握更新的技术，也有利于分散创新风险、降低创新成本、提高创新速度，以及提升企业知识识别、知识获取和知识应用的能力，具体见表 2-1。

**表 2-1　封闭式创新与开放式创新比较**

| 封闭式创新 | 开放式创新 |
| --- | --- |
| 尽量将最优秀的研发人员招聘到公司 | 尽量与市场上优秀的研发人员或队伍建立合作关系 |
| 研发创新成果必须一切依赖自己的投入 | 充分结合内部和外部的研发资源，实现有效的创新 |
| 唯有靠自我创新才能领先进入市场 | 创造利润不一定需要依赖自我创新 |
| 领先创新才是市场的赢家 | 有效率的创新比领先创新更能为企业带来利润 |
| 掌握关键技术或专利，才能拥有市场竞争优势 | 知道更有效的利用内外部技术资源，将更具有竞争优势 |
| 以控制专利的方式来排除市场竞争 | 充分运用技术授权，积极从市场转移所需要的技术专利 |

目前全球科技产业中的领导厂商几乎都采用开放式创新策略，以全球化运

① 转引自：沙恩水 .2002. 对交易成本的某些观点的分析 . 天津市财贸管理干部学院学报，（1）：24-26.

作的观点来看待研发活动，将传统总部实验室的中央控制观念转变为全球研发网络的分散架构，在全球最适合的地点设置许多研发单位，并形成有效管理的网络组织，将知识创新、技术创新、产品创新、市场创新等均纳入于全球研发网络的活动之中，从而创造竞争优势与维持市场上的领导地位。例如，英特尔在 20 世纪 50 年代以后，积极发展三大研究中心（组件研究实验室、微处理器研究实验室、英特尔架构实验室），推动产学研结合，整合全球资源，提升竞争优势。英特尔的 CRL 研究中心除了与主要设备制造厂紧密合作，同时也积极搜寻外部知识来源，从大学、研究机构、半导体产业研发联盟（Sematech Research Consortium）等处设法取得先进知识，并将外部知识与其内部研究项目相互结合，目的是为强化英特尔自身的制造技术创新与生产制造能力；MRL 研究中心主要研究英特尔的核心产品技术微处理器，是英特尔研发资源主要投入之处，因此在运作上比较接近一般企业的中央实验室。不过英特尔仍然很重视外部知识的取得与运用，如 Itanium64 位微处理器的架构技术是源自于惠普公司，并且运用所并购的 DEC 公司的制造技术设备来进行生产；IAL 研究中心主要研究与设计产品系统架构，这个实验室采取战略联盟，大量引进外部知识与创新成果。此外，英特尔也成立研究委员会（Intel Research Council），成员包括高级主管、资深科学家、各研究部门的代表人。这个组织制定许多有关如何运用外部研究资源的政策，它除了负责英特尔对外合作项目的重要决策，同时更将重点放在如何将外部研发资源与内部研究活动加以结合，以有效扩大英特尔的研究产出。比如，英特尔为了结合英特尔不同部门、不同地区的知识成果，经常举办技术交流会议，邀请业界与学术机构共同参与，促进彼此间的交流与合作研发机制，利用知识库平台来分享研究成果；为了更有效地取得大学研发成果与基础研究知识，在美国微电子科技领域居于领先地位的三个大学里边（华盛顿大学、加州大学伯克利分校、卡内基梅隆大学），设置小型研究中心（lablet），有利于与大学发展紧密关系，更充分地掌握大学的研究信息，并且凭借委托研究、产学合作研究、师生交流等手段，及时取得一流的基础研究成果。英特尔可谓是开放式创新的典范，因为它不只是从内部来看待创新，而是善于与外部互动，从整体内外部环境来规划它的创新活动，当英特尔每推动一项创新，都会先扫描外部环境和资源，发掘其中的机会与可用资源，并设法将创新结合于内部的研发创新，做到内外部研发资源与研发活动的最佳结合。

### 3. 学习模式的演变：从组织内学习到组织间学习

在研究组织学习问题时，企业经常被当成一个有着固定边界的相对独立的系统。但今天，市场和竞争形势的变化、合作网络的出现、价值链的解构及企业变革的多种因素，已经使组织边界变得模糊，组织之间的合作和互动日益频繁而深入。20 世纪 90 年代以来，战略联盟和兼并收购已经成为全球企业界一道波澜壮阔的风景线。随着企业之间合作、并购、重组等调整的进一步发展，合作已经和竞争一样成为企业关注的重要问题。同时，学习已经成为很多联盟的目的或副产品，越来越多的组织正在日益结成以获取新知识和实际技能为目的的联盟。甚至当他们是为了别的原因，而不是为了获取知识结成联盟时，知识的获取也成为他们合作所带来的称心如意的副产品。然而，企业间的成功合作需要合作者之间有一个学习过程，因此，组织间学习对于不同企业间的合作具有重要意义。

自从组织学习理论兴起以来，先后存在着两种研究模式：一种是侧重于诸如公司、政府机构、大学、医院类正式组织如何从经验中学习，这种学习着眼于组织内，目前是最常见的形式；而另一种侧重于如何通过组织间正式合作来彼此学习，这种学习在文献中被称之为组织间学习。在目前全球竞争、技术分工和专业化程度提高与全球化市场快速成长等环境趋势下，个别企业实在难以单独生存与成长，企业间或组织间的"依赖关系"已日趋重要，于是出现了技术知识交换、联合产品研发、共同研究、合作营销等合作模式，随之，组织学习理论已经从以往着重组织内学习的研究扩充到组织间的层次。Simonin 也指出："对组织如何通过战略联盟从合作伙伴那里学习和拓展新的竞争力的兴趣业已导致一股独特的研究潮流。这种研究探索如何在国际合作企业中进行知识管理，如何在伙伴间实现知识转移，如何通过合作企业本身从伙伴那里取得知识，甚至有关合作本身的知识。"

从上述文献分析可见，组织间学习正在成为组织学习理论研究的热点，代表一种新的研究范式，组织间学习的基本类型如下。

1）跨国公司、合资企业中的组织学习

Gupta 和 Govindarajan 研究了多国企业内子公司间知识流动现象，指出子公司若认识到其他子公司所拥有的知识价值越高，两者间越可能会发生知识的转移[①]。Inkpen将母公司通过合资联盟进行学习分为两个阶段[②]：第一阶段是合资形成及伙伴间的互动，在这个阶段母公司的人员接触到合作伙伴的知识与技能，了解到知识或技能的差距，同时通过双方的互动，学习新的知识或技能。第二阶段则是母公司将取得的新知识，整合进入母公司的知识基础的过程。Lyles 和 Salk 认为，合资企业的学习能力很大程度上取决于他们的活力与意图、获取和吸收知识的本领及外国母公司的参与和业务联系[③]。Hamel 也指出，通过战略联盟、合资经营、内部授权及外包等形式，公司可以获得外界的资源与技能，并将这些技术消化吸收，据为己有[④]。长期合作关系往往是企业能够深入接触合作对象的"压箱绝活"。

2）网络组织中的学习

网络被认为比等级制度体系更有助于学习，而用户与供应商之间日益紧密的联系，如业务流程同步、技术联系等使得迅速的、深层次的信息交换成为供应商网络的一个显著特征并对组织学习产生强烈影响。

Hedbeg 与 Holmqvist 分析了虚拟组织中的学习，虚拟组织是通过共享使命、远景，特别是共享信息、技术平台来协调活动的网络伙伴体系[⑤]。两位作者给出了虚拟组织中学习和知识创新的框架，并讨论了知识创新过程中的知识管理问题。他们将虚拟组织与传统组织进行了对比，认为有三个因素可能决定虚拟组织的知识创新、学习和知识共享的能力：①为知识创新建立多种领域；②由合伙人之间的多样性激发出持续推动力和创新；③在交换机制中建立信任和透明度。Franke 以虚拟企业合作网络为例进行研究后指出，在虚拟企业中，公司应注意将合作伙伴的互补资源、核心知识与以往合作经验所产生的知识，与公司存在的知识加以整合吸收[⑥]。Lane对与网络有关的文献做了评述，并据此区别了组织间学习不同于组织内学习的特性，以英、德、日三国传统工业中制造业网络的学习经历为例，他探讨了组织学习是如何发生的及知识在供应商网络中是如何传递的，

---

[①] Gupta A K，Govindarajan V.，2000.Knowledge flows and the structure of control within multinational corporations. Academy of Management Review，（16）：179-193.

[②] Inkpen A C.1995.The Management of International Joint Ventures：An Organizational Learning Perspective. London：Rutledge.

[③] Lyles M A，Salk J E.1996.Knowledge acquisition from foreign parents in international joint ventures.Journal of Business Studies，（27）：877-904.

[④] Hamel G.1991.Competition for competence and inter-partner learning within international strategic alliances.Strategic Management Journal，（12）：83-103.

[⑤] Hedlberg B，Holmqvist M.2001.Learning in Virtual Organization，In Organizational Learning and Knowledge Creation（中译本）.上海：上海人民出版社.

[⑥] Frankeu.2000.The Knowledge-Based View（KBV）of the Virtual Web，the Virtual Corporation，and the Net-broker.America：Idea Group Publishing：20-43.

特别集中研究了知识的获取及其制度化，以及网络之间的协调机制 ①。

3）战略联盟学习

Child 对与战略联盟学习有关的突出问题进行了综合讨论。作者利用合资企业、合作公司及联合体和非正式合作等一系列案例，着重阐述了战略联盟学习的本质，以及合作伙伴间的合作性与竞争性的学习动机，强调了这些动机对学习过程和战略联盟研究所产生的影响 ②。Inkpen 从知识角度来分析学习联盟的动机和内容，指出学习联盟是企业与企业或其他机构通过结盟方式，共同创建新的知识和进行知识转移 ③。事实上，组织之间的知识转移是一个复杂的学习过程，有学者认为，通过战略联盟和对方企业建立合作关系，在日常接触中，"干中学"是获得隐性知识的最佳途径。战略联盟的建立，可促使不同企业核心技能专长的互补和融合，提升产品和市场的竞争力。

4）产业集群学习

金麟株对 1960 ～ 1995 年韩国汽车、电子与半导体等行业如何进行有选择的技术学习，从而实现了从模仿到创新的转化过程进行了分析，指出了新工业化国家技术学习的来源及五种影响因素：市场和技术环境、政府、正规教育的结构和质量、社会文化环境及组织与管理 ④。

近年来，产业集群中知识与学习的本质也成为新兴的研究主题，其文献主流强调在集群化的过程中，知识与学习所扮演的角色，并论述新知识的共同产生与传递会更有效率地发生在邻近的经济行动者之间（区域性），知识会通过个人之间的接触或企业、公司技术员工的流动而有效率地传递。Breschi 等认为成功集群的主要特征是当地企业高度镶嵌于知识分享的网络上，而此网络是由行动者间的紧密社会互动、信任与非正式关系所维系着 ⑤。

## 2.5.2　区域创新体系知识维度分析

### 1. 区域创新体系中知识要素分析

尽管我国仍处在工业经济和知识经济的二元化阶段，但在全球化知识经济

---

① 转引自：赵林捷 .2007. 企业创新网络中组织间学习研究 . 安徽：中国科学技术大学 .
② Child J.1984.Organization：A Guide to Problems and Practice.London：Harper & Row.
③ 转引自：范晓春，孔令艳 .2008. 吉林省经济管理干部学院学报，22（6）：13-15.
④ 转引自：张琳 .2008. 知识密集型服务与产业区际转移 . 天津：天津商业大学 .
⑤ Breschi S，Malerba F，Orsenigo L.2001.Technological regimes and schumpeterian patterns of innovations. The Economic Journal，(12)：388-410.

飞速发展和全面普及的时代，知识显然已成为最为重要的创新资源。各类科技的发展和创新总是基于创新者所拥有的知识存量而做出的。尤其在现代，基础知识的积累和拥有，对于推动技术的不断创新是必不可少的，除非基础知识存量扩张，否则新技术的发展最终会陷入收益递减的境地[①]。

但值得注意的是，技术创新（产品创新）越来越强烈依赖的基础知识并不会自动地流向技术工艺和工业产品，从基础知识到技术知识不同形式的应用之间存在着创造性的转化。特别是在知识社会，技术的进步及由此引发的创新，即技术和产品创新，不但取决于该社会的知识存量和知识生产状况，而且更取决于对知识存量的利用方式和应用效率。换言之，知识的扩散（利用）与知识的生产同样重要，提高知识的配置能力或利用效率也因此成为决定区域创新绩效的重要因素，以至于人们把这种能力作为区分不同经济形态的标志之一，而且在某种程度下，知识的扩散（利用）比知识的生产更为重要，如 OECD 在《以知识为基础的经济》中明确指出，科学研究人员和研究机构在网络内和网络间转移知识的能力表现出不同等级的分配力，这就构成了不同经济的特征。前面我们分析过，知识配置力指的是确保创新者及时获得相关知识的能力或通过增进对现有知识的转移、转化和获取，从而支持提高扩散及使用知识的过程的运行效率的系统能力，它可以包括知识的转移（传播是转移的一种特殊方式）能力、知识的转化能力、知识的学习（或吸收）能力和知识的应用能力。以提高知识配置能力为目的，促进知识生产与知识扩散之间的协调，成为当前世界各国完善创新体系、整合创新资源的重要趋势[②]。

比如，英国，作为有着优秀历史传统和雄厚基础的科学强国，在基础科学研究方面有强大优势，其制度安排和创新文化比较侧重激励知识的生产。长期以来，由于认为基础科学方面知识资源的充分供给将会自然地转化为技术优势和经济实力，所以忽视了关于促进知识扩散和应用的制度设计。20 世纪 90 年代以来，英国政府充分注意到其创新体系的内在缺陷，开始强调政府在促进和鼓励知识和新技术的开发利用方面的关键性作用，并进行了一系列相应的政策调整。再如，第二次世界大战结束之后，日本充分发挥拿来主义，依赖全球科技资源解决知识资源的供给问题，制度安排和创新文化侧重于激励知识的创造性应用，技术和产品创新突飞猛进。但进入 20 世纪后期，日本越来越注意到其基础知识供给的不足对持久创新能力的制约和限制，因此，日本在 20 世纪 90

---

① 道格拉斯·诺斯. 1994. 经济史中的结构与变迁. 陈郁，罗华平译. 上海：上海人民出版社：16.
② 李正风，曾国屏. 2000. 创新系统的扩张与创新研究的系统范式. 系统科学学报，（1）：65-68.

年代之后明确了科学技术创造立国的思想，通过制定《科学技术基本法》，实施《科学技术基本计划》，提出要把日本建设成以知识创造和运用为活力的，为世界做出更大贡献的国家，并逐步调整其科技政策和 R&D 体系，以加强其知识创造能力。

就我国知识生产与知识应用而言，在知识生产方面，我国近年来科研论文数量增加很快。中国科技信息研究所统计显示，2010 年 SCI 数据库收录中国科技论文为 14.84 万篇，占世界份额的 10.4%，排在世界第 2 位，所占份额较 2009 年提升了 1.6 个百分点，位次与 2009 年持平。若不统计港澳地区的论文，则中国共计发表 12.15 万篇论文，比 2009 年略有增加，占世界总数的 8.6%。如按此论文数排序，我国也排在世界第 2 位，仅次于美国。但在显示论文质量的"论文被引用次数"上的世界排名，则比 2009 年提升了一位，列世界第 7 位。在平均每篇论文的被引用次数上，我国与 2009 年相比虽有提高，但与世界平均值还有不小的差距。但更值得我们注意的是，我国的知识分配和有效利用能力尤其落后，技术竞争力相对于科学竞争力更加薄弱，科学竞争力与技术竞争力发展严重失调，存在着结构性缺陷，这种结构性缺陷也从一个侧面反映了我国知识生产与知识应用相互脱节的问题。从我国创新体系中知识生产与知识应用的这种状况出发，我国创新资源整合应注意以下问题。

（1）要把提升知识配置力作为创新资源整合和有效利用的重要任务。科技竞争力的结构性缺陷，既是国家创新系统（系统）失效的结果，也是系统知识配置力存在严重不足的反映。我国创新系统中的知识配置力薄弱，导致创新者或是难以及时地获得创新所需要的知识，或是难以以可以接受或吸收的方式获得创新所需要的知识。创新资源整合要努力消除制约知识传播、扩散和有效利用的制度性、结构性障碍，通过推进产学研合作等多种方式，促进知识生产和知识应用之间的紧密结合，大力提高知识资源的转化和利用。

（2）在促进知识生产与知识应用紧密结合和协调发展的过程中，要把提高知识扩散、知识转移和创造性地应用知识的能力作为重点。不论是创造性地应用知识的技术创新能力不足的现实状况，还是技术创新在国家创新体系中的主体地位，都决定了我国当前要以技术创新为重点整合创新资源。

## 2. 区域创新体系中知识需求分析

区域创新体系主要由在地理上相互分工与关联的生产企业、高校研究机构、中介服务机构及政府机构等构成的区域性组织系统，该系统支持并产生创新。

区域创新体系侧重于创新活动的实施，它包括技术创新、管理创新，尤其是知识创新，而知识创新是对未知领域的探索，涉及对技术可能性及市场机会和风险的反复搜寻与验证，是一个不确定性的过程，另外，由于知识自身及其转化的复杂性，区域创新体系中的知识需求不可避免地与不确定性联系在一起。

1）知识创新的不确定性分析

就"创新"而言，创新问题自身就存在不确定性，而且随着创新过程的展开，创新问题的焦点会发生转移，问题本身也会遭到修正，甚至完全被推翻。这意味着，创新问题内在就包含着不确定性，存在多变的可能。因此，多西（Dosi）形象地说：创新的问题是一种典型的"病态结构"。从创新过程的角度看，也存在不确定性。奎恩（Quinn）曾经指出：一个新的创新的进展在不可预测的耽搁和挫折中突然来到……基本上是杂乱地发展。坎特（Kanter）引证了这一观点并对此做了延伸，认为任何创新的首要特征是创新过程的不确定性。从创新结果的角度看，更存在不确定性。曼斯菲尔德（Mansfield）等分析了三种不同的导致成功的可能性：课题技术目标达到的可能性、最终产品或工艺能够用于商业实现的可能性、项目的获利可以达到公司决策层能够满意的可能性。

承认创新不确定性的存在，并不意味着承认创新活动的不可知论和无为论，创新的不确定性是相对的。不确定性主要是由于缺乏必要的信息和知识，不确定性中存在确定性的成分。创新知识不确定性存在"递减原理"，它是指在创新过程中，随着时间的推移，企业获取和了解的内外信息和知识越来越全面、越来越准确，创新的一些潜在（隐性）因素逐步转变为显现因素，一些预期因素逐步转化为当前因素，从而，创新的信息由灰色状态逐步白化，使得创新的信息不确定性发生递减。按灰色系统原理来解释，决策伊始，创新项目对于企业来说是一只黑箱，企业通过充分的技术与市场调研，获得相关的信息和知识，可使其成为灰箱，使其白化成分增加，从而把握其中确定性的成分，所以信息是创新不可或缺的保障 [1]。

2）区域创新体系中知识创新的信息需求

从文献调研分析，1912 年，美籍奥地利经济学家熊彼特指出创新就是建立一种新的生产函数，即实现生产要素新的组合。区域创新体系内知识资源在地理上应该是高度集中的，从而使信息和知识在区域内的溢出和扩散具有"累积效应"，这使创新体系内知识存量的积累、技术的扩散和再创新都降低了成本，

---

[1] 周朴雄，颜波 . 2006. 知识联盟企业技术创新的信息保障 . 情报科学，（12）：1809-1813.

而在区域创新体系之外或非创新体系内，企业技术创新至关重要的外部知识，往往分布于相关企业、服务供应商、大学和研究机构中，它们在空间上是相对分散的，这种信息和知识的分散，使得知识的累积效应和再创新受到抑止，使得产学研合作由于技术和知识的搜寻成本过高而陷入困境。

事实上，任何创新都不可能是单个层面的孤立创新。区域创新体系中创新主体的知识结构与分布存在一个很大问题：知识来源空间复杂多样，也不存在在单一企业中集中。如果不把其中相关的知识资源系统地开发利用，就不会产生累积效应和互补效应，也不能创造出更有价值的知识。从某种角度而言，区域创新体系可以被看成围绕其知识创新不确定性所开展的信息和知识处理过程，在这一过程中始终贯穿着区域创新体系中各类创新主体知识需求与知识获取能力的矛盾运动，由此构成了区域创新体系中各类创新主体因知识创新而要求的特殊信息和知识需求。

所以区域创新体系中如何解决各个成员中信息和知识的孤岛现象，整合已有的知识资源，实现知识资源的合理开发与共享，促进知识创新和知识转移等都充满了矛盾与挑战。促进知识创新就必须重视知识创新系统的构建，而其关键在于创新知识资源、创新知识网络和创新知识机构的创立与建设，这就需要从知识资源重组、技术与标准平台构建和机构重组等方面建立跨企业、跨机构的区域知识组织体系，以及相关的知识服务体系。

### 2.5.3    区域创新体系中信息资源配置价值

信息资源的供给和共享是区域创新体系构建的必要条件，是知识创新和技术创新的基础资源，至少一点可以肯定，创新需要资源的配置整合与利用率的提高。资源配置不合理，无法实现资源的高效利用，创新的目标肯定难以实现。

#### 1. 信息资源配置是区域创新体系的重要组成部分

在全球化竞争时代，国家所面临的竞争不断加剧，国际竞争的压力使得各国都不得不重新审视自身所处的位置及所拥有的资源。长期以来人们对竞争力的分析囿于比较优势的范围，而对竞争优势没有给予足够重视[1]。但是随着知识经济的到来，在经济政策与科技政策的制定过程中，对于竞争的认识又被提高

---

[1] 迈克尔·波特 .2002. 国家竞争优势 . 李明轩，邱如美译 . 北京：华夏出版社，

到一个新的水平。在国家创新体系中，信息资源和知识资源的作用不言而喻，是国家创新能力新的体现，也是其科技竞争力的体现，对于国家发展战略具有非常重要的意义。当今世界各国都在国家战略层面对知识资源的配置和使用进行着激烈的竞争，每个国家都希望能够将自身所拥有的知识资源配置达到最优，作用发挥到最大。从国家创新体系的角度看，知识资源及其配置是国家创新体系的重要内容。

（1）知识资源分布具有不平衡性。由于各种条件的限制，特别是历史及现实的条件，与传统物质资源一样，如石油、水资源等，不可能存在一个知识资源在各个地方或者各个领域都非常均衡的国家，对于中国情况更是如此。我国大部分的知识或信息资源富集在东部沿海发达地区，而中西部地区除了个别地方科技信息资源呈现出小范围的集聚之外（如武汉、西安），大部分地区非常缺乏甚至匮乏。这种不均衡性就要求在制定国家整体战略的过程中，特别是在构建国家创新体系的过程中应该综合考虑多种因素。信息或知识资源的有效配置是提高国家科技竞争力的一个重要内容。不仅是美国、日本等这样的国家，甚至于欧盟这样的跨国组织也在协调成员的科技政策中更加注重科技竞争力的提高，其主要的途径就是将科技创新资源进行新的配置与协调，让资源的作用能够得到更大的发挥。

（2）创新资源作用的发挥需要一定的内外部条件。这种内外部条件是由科技和技术创新的特殊性决定的。科技和技术创新既需要一定的外部物质资源条件，同时在内部，要求不同资源之间的接口具有一定的协调性，这种协调性要求资源内部本身是一种稳定的状态，并且能够应付非稳定态的外部环境；否则一旦外部信息、资源等其他要素与其发生作用时，内部的稳定状态受到破坏无法平衡，就无法实现创新的流程，从而也就无法完成创新。对于外部而言，就是资源结构的合理性。资源的结构层次之间需要有一定的安排，否则就可能造成资源的浪费或者作用无法发挥。在创新的过程中不同层次的资源需求是不一样的，有些可能需要非常高级的创新资源，用到数据挖掘和数据分析，而有的则可能不需要太高的精度或者太高级的水平就能够实现设定的技术目标。

由于区域的发展水平和基础不同，不可能把国家层面的基本理论完全推广到区域中来进行分析。但是国家层面与区域层面在对资源的需求方面有相似性，二者都需要在整合资源、提高创新效率方面有所作为。将这些措施落实到区域，作为促进区域科技信息资源整合和效率提高的实现途径，其作用不言而喻。

对于区域创新体系，国家层次的发展战略最终还是需要落实到具体的区域中加以实现。在我国的《国家中长期科学和技术发展规划纲要（2006—2020）》中就提出，要建立以国家研究实验基地、大型科学工程和设施、科学数据与信息平台、自然科技资源服务平台和国家标准、计量和检测技术体系为主要内容的国家级科技基础平台建设，并安排专项资金和项目用于建设。这些平台都要落实到具体的区域建设中，才能实现战略的目标。

　　一般而言，由于区域内的创新资源相对于国家层面更为缺乏，很多必要的创新资源无法得到满足，这是区域创新水平提高的瓶颈。比如，某些价格高昂的专业数据库，由于区域内总体水平的限制或者财力物力的限制，有些企业或机构可能无法单独有财力购买或使用，因此通过共享等方式将其他地方的资源数据库与区域的创新需求结合起来，既能够发挥资源的效率，又能够促进区域创新水平的提高，其意义是非常巨大的。在区域创新体系的建设过程中，由于区域的产业基础不同，发展方向不同，各地可能无法像国家创新体系一样具有比较宏观视野下的创新发展，但是就其区域内部而言，区域内的产业是明确的，发展方向也是确定的，区域信息资源配置的要求也是明确的。

### 2. 信息资源配置要立足于服务

　　由于我国现有一些基础信息资源，如信息服务平台多是由部门出面组织和建设的，所以平台在建立的时候需要政府的引导和初期投入。但是一旦这种平台建立，它自身能否产生造血功能，即能否维持平台的运行，就要依靠平台的服务能力。服务能力较强的平台能够在运行中寻找到自身的增长点，获得长期而稳定的发展，而服务能力较弱的平台如果管理不善、运行不好又缺乏后续的投入，则可能无法维持，甚至倒闭。因此，科技创新平台与其他服务性机构一样，不论它是现实的还是虚拟的，这种平台的发展都要依赖于其自身的造血功能，才有可能获得更大的发展。

　　各种平台建立的目的就是服务于区域内的创新主体的需求，弥补有些主体在信息资源方面的不足，使更多的创新资源用于科技发展。条件平台的设立就是为了使科技资源发挥更大的效用，服务于科技创新。由于在区域发展的过程中，新的需求不断出现，对创新的条件也越来越高，有些资源是个别的企业所无法承担的，或者对于他们而言可能是临时性的，如技术查新等，没有必要在这方面进行大量投入，所以，通过平台寻找到能满足创新需求的资源就显得非常重要。而平台作为一个服务性网络，就可以在这个过程中发挥自身的资源优势，使区域资源优势转变为科技成果的现实竞争力。信息资源是创新的物质基础，要实现资源向创新成果的转变就要立足于服务，服务是信息资源配置发挥作用的基础。

### 3. 共享是信息资源合理配置的必然要求

从这个意义上讲，共享成为信息服务创新平台发挥作用的必然要求。一方面，由于资源的不均衡性，创新体系中创新主体不可能拥有其进行创新活动所必需的所有信息资源，而且也没有必要拥有如此众多的信息资源。资源的闲置与浪费对于社会也是一种闲置和浪费，而如果有渠道在这些信息资源的闲置期让其也发挥一定的作用，不论是对于社会还是对于资源的拥有者都有非常积极的作用。所以，资源的不平衡就需要这种平台给予协调，实现共用，通过共享创造社会财富。另一方面，信息也具有不平衡性。由于各种资源本身都归属于某些特定的主体，而不同的主体相互之间又缺乏相应的必然联系，所以，信息的传递未必快速有效，可能造成某些急需信息的一方找不到，而拥有资源的一方又不得不将其闲置。在这种条件下，平台的信息功能就得以发挥。各种信息和资源在平台汇集，平台通过对信息与资源的处理，使不同的需求与供给获得对接，这能够有效降低社会成本，提高社会生产率，为创新发展提供有效的保障。

信息服务平台发挥的最大作用就在于其可以为具有创新意愿的创新主体提供必要的创新资源，而这种资源不一定是平台拥有所有权的。也就是说，通过资源的共享，实现资源与需求的对接，使得不同的信息在平台处获得其所需要的接口，这才是科技平台发挥作用的意义所在。

## 2.5.4　区域创新体系中信息资源配置动力因素

信息资源的配置和服务是满足区域发展和产业升级对共性技术知识资源研发需求的物质性基础，有了这些基础仅能说明具备了区域和产业发展的部分要素，要完成区域创新网络的功能，还需要使创新网络由静态向动态转变，通过网络的运行，实现网络功能的外化。区域创新体系下创新网络的运行是由目标系统和规范系统等子系统组成的复杂系统依据动力、整合、控制等不同的机制共同作用而实现的。

社会行为的动力要求自身具有一定的合理性，不符合社会合理性要求的动力可能会产生与社会价值取向不相同的社会越轨行为。在生产活动中，虽然不同的生产者和活动参与者具有不同的需求，但是这些需求产生的动力必须具有一定的合理性。从创新体系中主体的角度分析，创新体系中信息资源配置和利用的动力来源主要有主体意愿、主体利益和制度要求等几个方面的内容。

## 1. 主体意愿

在区域创新体系的建构过程中，政府基于促进国家层面的发展或者区域产业的发展要求，为创新体系的建构提供了相当重要的支持，并且希望能够通过这种体系进一步提升产业的发展水平和竞争力。政府的行为一方面有社会需求的一面，另一方面，在现实操作中，政府自身的意愿也是推动创新体系运行的一个重要动力，当然其他创新主体也会有类似的意愿并成为体系运行的动力。

（1）这种意愿一般多是来自创新主体自身对于社会或者创新需求的认识。由于创新是一个非常复杂的过程，在这个过程中各种主体自身所处的环境各不相同，它们在社会中担负的角色也不一样，因此，社会对它们的期望也不一样。一般认为，政府应该在发展经济、改善民生、促进进步中起到更大的作用，而不能仅仅限于某些小范围的服务功能。但是对于我国而言，情况又有所不同，问题就在于我国的政府长期以来对社会的管理行为过多，而服务不足，于是又有认为政府应该减少干预的观点。但是对于知识创新和技术创新这样的行为，大多数人认为政府应该为创新的发展提供更多的支持，这就为政府的正确自我定位提出了较高的期望值。外界的期望和内部的认识使得这种创新主体——政府——在发展中也乐于积极推进创新网络的构建和运行，从而成为创新网络形成的一个重要动力来源。

（2）不同创新主体的意愿各不相同。虽然政府是这种动力的一个重要来源，并不代表其他创新主体不能提供这种来源。某些区域性的大型企业、外来的创新主体也是这种动力的主要提供者。但是由于它们在创新体系中的地位和角色各不相同，所以它们对于创新发展的意愿也就各不相同，对于发展的方向也不一样。从总体上看，推动共性知识资源的共享和利用、提高区域产业竞争力的主体意愿对于创新体系的运行起到了非常重要的推动作用的同时，也在形塑着创新体系的结构。

（3）这种意愿带有一定的主观色彩。当然，虽然这种动力在某种程度上确实为创新体系的运行提供了发展的后劲，但由于这种基于意愿的动力一般都是从主观出发的，有时缺乏充分的调研与市场对接，对于市场和社会的需求没有较深层次的分析，所以这种主观主义的色彩很有可能影响主体的选择。

### 2. 主体利益

利益本身也可以分为多种内容和形式，有些基于所有创新主体的共同利益，如在创新体系建构完成以后使其能够正常的运行可以为所有的处于其中的主体提供较好的公共服务，这样的情况下，不同的利益主体之间虽然社会角色相互不同，但是它们的利益是共同的。此时，其行为的选择和社会行动的积极性和统一性就相对较高，能够有效促进社会的运行。

利益是任何主体在社会选择时不得不考虑的重要因素。从创新体系的构成来看，体系的构建过程本身就是不同利益主体基于各自的利益价值而进行的选择和相互交流。主体在创新体系中所处的位置和角色的不同，使得它们在进行社会活动时必然从自身的利益出发，或者为了自身的利益而进行活动。另外，利益不同并不是一定会带来冲突，有时候有些利益主体的主动退让不仅不会带来损失，可能还会带来更大的整体利益。尤其是对于区域协同创新而言，由于共性知识资源在创新中的基础性地位，它的研发不可能委托给所有的主体进行，只有那些具备基本条件的创新主体才能够承担这种任务。因此，在创新的过程中，利益作为一种动力需要，只有综合考虑各方面的要素和因素，才能对其给出合理的解释。

但是当这些主体基于不同的利益进行社会活动时，由于各自发展过程中的切身利益决定了它们不可能放弃某些关系重大的利益，所以在这个时候，创新主体之间就有可能发生冲突。冲突解决的方法就是使不同主体之间的利益达到平衡。一旦这个平衡被打破，又要开始新一轮的这种冲突和发展。

### 3. 制度要求

创新体系一旦建立，就在不同的创新主体之间建立了相对稳定的制度化要求，这种制度化的要求不仅是基于主体的自我意愿和主体的利益需求，还是基于创新体系能够正常运行的需求。这种制度化不仅是一种动力，同时也是一种制约作用，它要求主体在进行创新的过程中要按照一定的规范和规则行事，否则，这种制度就可能受到破坏，而无法保障创新的发展，更谈不上对社会的作用。不过由于制度本身具有一定的结构刚性，它的变迁也不是很容易实现的，所以它与意愿和利益一起共同促进了创新体系的运行与发展。网络的运行规则和运行的机制建立起来之后，由于不同的主体在这个过程中都找到了自身的位置，其行为必然就能够进一步符合主体所扮演的社会角色，所以这种制度化一旦建立，就能够自动推进创新体系的运行。

### 2.5.5 区域创新体系中信息资源配置效率评价

目前国内学者大多通过建立投入产出的指标体系，利用定量的方法对区域创新体系中信息资源配置效率进行评价与测度。例如，张建以科技活动人员、活动经费支出额等为投入指标，以专利授权量、技术市场成交额等为产出指标，分别对浙江省和江苏省区域科技资源的配置效率进行研究[①]；李晓群与谢科范以地区科学家和工程师总量、科技经费筹集额为指标，建立了科技资源综合实力指数，构建了科技资源配置效益最优化模型[②]；宋涛和胡宝民运用数据包络分析（data envelopment analysis，DEA）方法对各自建立的科技资源投入产出指标体系进行了评价[③]；华瑶和刘春波运用层次分析法综合评价科技资源配置能力，在他们的评价指标体系中，科技资源的配置力主要取决于三个方面因素，即资源性能、技术性能和环境性能[④]；李冬梅等运用多元统计分析中的主成分分析方法，对我国 30 个省、市、自治区的科技资源配置效果进行分析，并运用聚类分析将各地区科技资源配置效果进行划分[⑤]；王亮通过构建 DEA 模型评价了1995～2005 年上海市区域创新系统的资源配置效率，归纳了区域创新系统的资源配置效率的三条演进规律[⑥]。

从以上研究成果来看，由于不同地方经济发展的基础不同，区域创新系统中资源配置需要考虑区域特征。在评价指标、评价方法选取上需要因地而异、实事求是，依据区域特点而各具特色。例如，层次分析法、聚类分析方法等容易出现比较对象因不同特征可能带来的问题；DEA 方法能够更理想地反映评价对象自身的信息和特点。

① 张建 . 2012. 浙江省区域科技资源配置效率研究 . 金华：浙江师范大学 .
② 李晓群，谢科范 . 1999. 科技资源及其利用率评价的理论分析 . 技术经济，（11）：48-51.
③ 宋涛，胡宝民 . 2007. DEA 模型及其参数在区域科技资源配置有效性评价中的应用 . 科技进步与对策，（7）：77-78.
④ 华瑶，刘春波 . 2004. 层次分析法在科技资源配置能力综合评价中的应用 . 东北电力学院学报，（2）：42-44.
⑤ 李冬梅，李石柱，唐五湘 . 2003. 我国区域科技资源配置效率情况评价 . 北京机械工程学院学报，（3）：50-55.
⑥ 王亮 . 2008. 区域创新系统资源配置效率的演进规律与创新机制研究 . 长春：吉林大学 .

# 2.6　区域创新体系中信息资源配置目标

随着区域经济一体化和产业转移进程的加速，区域合作，特别是省市之间的合作逐渐成为区域发展战略的重要方向。尤其是近年来，国内出现了各种形式的区域经济体，诸如武汉城市圈、长株潭城市群、环渤海经济带、广佛同城、粤港澳经济圈等，在此类区域经济合作体建设中，传统意义上的桥梁、公路、地铁、轻轨等交通硬件基础设施的建设成为重中之重，因为此类基础设施投资建设，可以带动多个相关产业的发展，另外突出的特点是其外在的客观感受性——打通合作体之间的流通障碍。但事实上，大部分经济合作体忽视了另一条不可见的"信息高速公路"和基于此高速公路的信息资源的共享共建，在软硬两种资源的建设中，我们缺乏对"软"的信息资源的足够重视和利用开发。

事实上，信息资源逐渐成为区域经济发展的重要战略资源，对信息资源的开发利用能力业已成为衡量区域经济竞争力优势的重要指标。尤其在区域创新体系中，各经济体成员自身就存在和正在产生大量信息，它们既是信息资源的生产者、传播者、加工者，同时也是利用者。为了使新经济合作体产生的经济效益和社会效益优于经济体各成员之前独立运作的局面，在信息资源共享与配置层面上，各成员在区域间如何合作、协调，以达到优势互补、强强联合，显得格外重要。

我们认同如下观点：以政府为主体的一切负有公共事务管理职能的组织（包括行政机关、公务事业法人和社会组织等）在行政管理过程中产生、收集、整理、加工、传输、发布、使用、储存和清理的所有信息，都称为公共信息。从公共信息的定义中可以看出，公共信息资源属于公共物品范畴，另外，公共信息资源与政府信息资源是两个不同的概念，前者具有比后者更为宽泛的外延，即公共信息资源包含政府信息资源。

区域创新体系中信息资源配置的目标可以分为两个层次：第一个层次是指创新人力、财力、物力和知识资源间相互匹配、高效和谐地在创新活动中进行分配与使用；区域创新中信息资源配置目标的第二个层次则是要从其配置的结果来衡量，指一定量的信息资源在特定的环境中，由政府、企业、高校、科研机构和中介服务机构等创新主体在特定的创新活动过程中所产生的创新成果，这些创新成果在交流和使用的过程中对经济、社会、技术和文化产生直接或间接的影响，从而推动社会经济的进步。

# 区域创新体系中的信息资源配置机制与模式

　　区域创新体系中信息资源配置的理论研究包括影响因素和配置原则两个方面。一般认为区域创新系统中资源配置受到宏观环境、科技水平、人员素质、创新网络等因素影响，也有学者以科技资源配置为出发点，对其影响因素进行了归纳总结。例如，陈卫兵认为企业的科技投入、区域内企业的研发角色、科研机构改革、产学研结合、产业结构调整、高技术产业的发展以及政府科技投入等因素会影响配置效率[①]。崔栋将影响区域科技资源配置的因素划分为内部因素和外部因素，内部因素包括科技资源配置结构（如地区结构、行业部门结构等）、科技资源配置方式、科技资源投入数量；外部因素包括宏观经济环境、法规政策环境、市场环境、人文环境[②]。此外于晓宇和谢富纪认为区域创新系统的投入结构与产出结构是制约资源配置效率提高的重要因素，同时在区域创新系统中诸如GDP、人口等环境因素同样影响资源的有效配置[③]。曲然对区域创新资源的配置原则进行了总结，认为区域创新资源配置应遵循经济效益原则、社会效益原则、可持续发展原则和综合性原则[④]。张丹丹则认为在创新资源的优化配

① 陈卫兵.2009.浙江省区域创新资源配置效率评价.南京：东南大学.
② 崔栋.2007.我国区域科技资源配置评价及优化研究.哈尔滨：哈尔滨工程大学.
③ 于晓宇，谢富纪.2011.基于DEA-Tobit的区域创新系统资源配置优化策略研究.研究与发展管理，21（3）：1-10.
④ 曲然.2005.区域创新系统内创新资源配置研究.长春：吉林大学.

置过程中应坚持协调发展原则、市场竞争优势发挥原则、规模适度原则 ①。

　　由此我们可以认为：区域创新体系中的创新环境、创新主体以及区域自身的资源条件都在一定程度上影响着该区域的资源配置，作为区域创新体系的重要组成部分，创新环境所包含的制度环境、市场环境、技术环境以及文化环境的优良状态直接影响着创新主体间信息资源的流通。创新主体间通过相互竞争、协作以及交互式学习，实现区域创新体系内的信息资源共享。区域创新体系自身信息资源数量与质量、信息基础设施建设等资源条件的优劣决定着信息资源配置效率的高低。总而言之，区域创新体系中信息资源的配置要与各地区社会发展、体制改革目标以及创新活动全过程相协调，以尽可能少的信息资源投入创造出较多的符合区域社会经济可持续发展的成果，最终实现信息资源的优化配置，满足各创新主体的信息需求达到社会效益最大化。

# 3.1　区域创新体系中的信息资源需求

## 3.1.1　区域创新体系中的信息特征 ②

　　信息存在有两个重要特征：信息规范度和信息分散度。信息规范度是指信息利用过程中有关信息的明确性和具体程度；信息的分散度是指信息利用过程中的相关信息的分布密度。在区域创新体系内，如果信息规范度越高，信息越分散，创新主体之间就越需要更多的信息。信息的规范度影响着信息的传递和交流，规范的信息通常能够以书面的形式记录下来，易于编码，并能够通过正式的渠道得以传播，信息传递成本低，信息流动性高。而在信息不规范化的情况下，信息的交流和利用将受到极大限制，信息的扩散只能借助于面对面的人际交流，不利于跨组织、跨主体的协调与合作，难以建立顺畅的信息体制和稳定的信息交流渠道，每一次的信息交换都需要信息的传递方和接受方的再学习和意会的交流，信息成本很高。因此，在这种情况下，信息的传递和知识的学习过程常常局限于有限数目的创新主体内部乃至个别密切合作的团队成员之间。

　　在信息的规范度和分散度均较高的环境中，信息资源的流动或配置往往依靠各种正式规范的契约完成，正式制度在规范交易主体的行为中起着重要作用。例如，企业战略联盟的合作是一种依靠正式契约和制度约束的正式合作。而在

① 张丹丹 . 2007. 东北老工业基地创新资源配置研究 . 长春：吉林大学 .
② 潘忠志，张毅，赵晶 . 2008. 企业创新网络的组织演进及其信息体制选择 . 工业技术经济，27（12）：32-34.

信息的规范度较低而分散度较高的环境中，交易是通过参与主体之间的自发的非正式合作达成的，缺乏正式的制度约束，信息传递依赖于面对面的交流和长期的默契合作，其治理机制为长期合作形成的信誉等非正式制度，信息的传递和交流大多是意会的。

在区域创新体系的创新网络中，信息的规范度则是指有关创新的信息和知识存在的明确程度和具体程度，而信息的分散度是指有关创新的技术信息在网络中不同创新主体之间的分布程度。分散度低意味着相关信息掌握在少数创新主体之中，信息的集中度较高，以集中的方式存在于个别创新主体内部，信息的流动受到严格的约束，创新以单个主体的独立创新为主；分散度高意味着相关信息广泛分布于不同的主体之中，在创新活动中需要不同创新主体之间的密切合作，形成创新协作网络，才能完成高技术创新的复杂系统工程。

### 3.1.2　区域创新体系中的信息需求分析

区域创新体系主要由政府机构、高校科研院所、公司企业和中介服务机构等创新主体组成，但主要还是以公司企业为创新主体核心，一般来说，创新主体的企业大多以战略性新兴产业为主，如 IT、新材料、新能源等。而作为新兴产业本身具有高投入、高风险、高回报的特点，其未来的发展存在很大的不确定性，如市场风险、技术风险、金融风险等。因而要充分了解战略性新兴产业的成长规律，准备把握产业成长条件，才能更加有效地推动产业发展，战略性新兴产业的创新驱动本质，决定了我国战略性新兴产业要在国家创新体系的大背景下才能得以发展，增强自主创新能力是培育和发展战略性新兴产业的中心环节。而作为单个创新主体，很难靠自身力量解决市场、技术、政策或融资的全部信息获取问题，充分依托区域创新体系的有效分工和合作，显得非常有必要。

区域创新环境下，发展战略性新兴产业需要有内部和外部环境支撑，尤其是信息和知识资源的支持。外部环境包括国家创新环境及战略性新兴产业的市场信息需求，因为战略性新兴产业的本质是创新驱动，并要具备市场需求前景；内部环境包括区域产业基础、产学研机制和政策机制，因为发展战略性新兴产业，要有一定的产业基础，在产业优化升级中激发培育新兴产业，并且要完善以企业为主体、市场为导向、产学研结合的技术创新机制作为新兴产业，政府也应提供相应的政策与服务保障。

区域战略性新兴产业发展的环境及条件的各个环节都需要信息资源，如

图 3-1 所示。

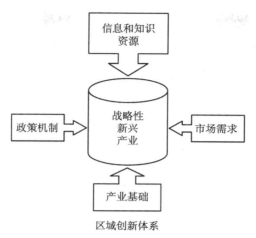

区域创新体系

图 3-1　战略性新兴产业发展条件

社会信息相对自然信息而言是指源于人类社会的信息或是在人类社会内部传播交流的信息；而信息资源则是可利用的信息的集合，它们之间的关系是交叉关系。本书中信息资源内涵主要是指有利于战略性新兴产业发展所需要的各种信息的集合。从以上关于战略性新兴产业发展的条件分析得出，战略性新兴产业发展对信息资源的需求十分强烈，各个流程环节都需要有信息资源作为保障，信息资源贯穿于战略性新兴产业的整个发展过程中。

另外，区域创新体系其从本质上来讲就是一个知识生产与创新资源综合配置的系统。从组织结构上来看，区域创新体系内部必然是知识生产、传播、扩散和应用等各种互动行为所构成的；从信息资源的综合配置与区域创新体系的互动方面来看，信息资源的配置能力主要取决于区域创新环境下，信息资源的流通方式、渠道和内容等方面，这决定着区域内部创新活动投入的经济与社会效用，影响区域整体的创新效率，从而影响区域经济的增长和社会文化的发展；从创新活动主体来看，区域创新体系也是创新资源生产、交流与使用的过程，各创新主体之间的联络和互动是创新信息资源流动的主要途径，而区域的创新能力很大程度上也取决于这些主体之间的互动模式与效率。

## 3.2　区域创新体系中的知识转移机制

20 世纪 60 年代末以来，为了应对市场的激烈竞争，传统企业在经营模式上纷纷转型，虚拟经营或战略联盟已成为企业应对竞争、实现战略目的的重要方式。研究发现，传统企业的虚拟经营或战略联盟大多以产品、市场或生产为战略核心，形成生产要素（劳动力、资本或技术）水平双向或多向流动，属于市场联盟或生产联盟，这种战略联盟将合作重心局限在外部市场或生产环节中，缺乏知识转移和知识共享。而知识经济时代，知识和信息已成为各企业获取竞争优势的最重要资源。在区域范围内，以向战略合作伙伴学习知识，通过一定形式的知识转移和知识共享，以知识创新来增强企业竞争能力为目的的企业知识联盟的兴起，顺应了知识经济的潮流。

众所周知，创新的本质在于知识的创造、流动、更新和转化，因此，作为一个重要的环节，知识流动在区域创新体系中具有重要的地位和作用。许多研究都认为，建立创新系统的重要目标之一，就是推动国家或一个地区的知识流动，一个区域的创新能力在很大程度上取决于其知识流动能力，即不断利用全球一切可用知识的能力。而目前，我国部分区域创新体系中企业、高校、科研机构、中介服务机构及政府等主体间已建立起一定的知识共享关系。例如，行业战略联盟中不同企业间的技术互助和项目合作；高等院校、科研机构与企业进行的产学研合作科技成果转化；中介机构从高校或科研机构获得科技成果然后经孵化又转化到企业；等等。但是在以上过程中，区域创新体系中各创新主体同其他创新主体间进行知识共享的动力还不十分强烈、知识共享的外部激励和约束制度较不完善、知识共享平台的构建工作不是很完善等，以上因素造成了知识共享实现程度不是很高。

把竞争环境中的"创新主体"作为一个有内在结构的体系，这种"创新主体"既可以是市场竞争中的企业，也可以是国际竞争中的国家，既可以是国家界限之内的地区，也可以是超越国家界限的区域。正如 OECD 关于国家创新系统项目的报告中指出的，创新系统可以从不同水平上进行分析，亚区域（sub-regional）、国家、泛区域（pan-regional）和国际[①]。

## 3.2.1   知识生产与知识转移基本原理

### 1. 知识的生产

技术创新或产品创新是一种社会性极强的社会实践活动，同时也是多种知

---

① 李正风，曾国屏. 2002. 创新系统理论中知识流分析的两个视角. 科学学与科学技术管理，23（4）：21-24.

识要素不断组合、碰撞进行新的知识创新的过程，反过来，这种知识创新过程也是技术和产品的研发过程。

1）知识生产具有一定的社会特征

知识生产不仅是一种知识本身的产生过程，也是与社会密不可分的社会活动。这是由知识生产的社会属性所决定的。

（1）知识具有社会实践性。在技术的发展过程中，就技术知识本身所反映的内容而言，也是具有一定的客观性与实在性的，技术知识是人们在解决实际问题中得到的知识，而且这种客观性是相对于科学知识的思辨性而言，与实践活动联系紧密。一旦无法实现技术目标，那么专有技术知识的无效用就体现了这种技术的不客观；只有那些能够切实解决技术难题的知识才是真正需要而且有益、有用的知识。不过，技术相对于科学更具有实践的特征，更是与社会具有密不可分的关系。由于技术目标的实现过程需要各种社会环境给予保障，在技术活动的过程中人们对技术的选择可能会影响技术的发展。因此，专有技术知识具有一定的社会属性，当然这种社会属性的来源就在于它也是人类社会实践的一部分。

对于共性知识而言，它是一种基础性知识，在知识利用的层次中属于"基础设施"的位置，为各种专有技术或知识的产生提供基础，它本身与其他知识没有本质上的区别，只不过这种知识在整个知识结构体系中的位置有所不同而已。因此，共性知识也和其他专有知识的生产一样，具有一定的社会实践性，是人们通过社会实践得出的关于问题解决方法的知识，它的社会性使得共性知识的生产与其他专有技术知识生产一样也是社会活动的一种。

（2）知识生产的过程需要一定的社会生产条件给予保障。正是因为知识的生产具有一定的社会性特征，所以在实现知识生产的过程中社会条件的保障作用也是必要的。由于知识生产与其他物质产品的生产一样，也是具有一定社会性并由社会实践所决定的，所以，在社会实践中，人们的实践能否进行不仅取决于实践者是否具备基本的从事生产活动的素质，而且社会是否能够为生产活动的进行提供必要的物质和信息等其他资源，也是生产能否得以进行的一个制约条件。社会提供的物质等生产条件保障了技术社会实践的进行，为知识的产生提出了物质基础。

（3）知识具有一定的社会属性。对于科学知识而言，虽然持实证论观点的人们认为科学知识的生产过程是一种人们在社会实践中认识和揭示自然和社会规律的活动，而与这种活动所处的社会没有任何关系，但是这种观点在建构主义的冲击下已经有所突破。根据建构主义者的看法，任何知识都是社会建构的，而与其社会实践没有关系，知识只不过是在特定社会文化氛围下由人们在实验室或者其他条件下根据种种意愿定向建构出来的而已。这种观点动摇了人们对于知识客观性的崇拜，使得人们开始怀疑科学的客观性与公正性。应该说这种观念在一定程度上确实有其合理的地方，如它对科学知识具有的社会属性进行了分析，提出了科学知识生产离不开人们所处的社会文化氛围等。但是如果完全否认科学知识自身与社会实践和客观实际的关系也是有失偏颇的。任何社会活动都是一种实践，在实践的过程中就会与客观存在的事物发生关系，这种关系的结果就是人们可以发现客观事物发展的规律从而得到更深刻的认识，产生出知识。因此，我们认为科学知识是一种对客观实际的反映的同时，也是与人的认识水平、知识结构及表达方式密不可分的，它的内容固然有社会建构的成分，但是从本质上来看，也不完全是人们在实验室里闭门造车的产物，还是存在一定的客观性与实际性的。

2）知识生产具有持续再造特性

在原始性创新中，虽然新知识的提出对于整个技术概念而言是新颖的，对于技术目标的突破是前所未有的，但是这并不是说这种创新就是空中楼阁、沙滩上的房子，它的实现同样是要基于各种已有知识要素的发展。在这个过程中已有的各种不同要素知识被社会实践者通过新的方法进行综合和处理，从而生产出新的知识。

共性技术知识的生产也是同样。虽然共性技术在专有技术知识生产的过程中起到的是"基础设施"的作用，但是对于共性技术知识自身而言，它自己也是多种知识生产要素在生产系统中不断被"新处理"而产生的。一般而言，创新可以分为原始创新和集成创新两种形式，但不论在哪个形式的创新过程中，新的知识产品的产生都是与多种生产要素分不开的。

技术知识的生产过程是生产要素通过生产者的重新组合生产出新的知识的过程。在这个过程中不同的生产要素被具有一定技术生产知识的社会实践者通过自己的聪明才智用于生产活动，从而生产出新的知识。在集成创新中，由于已有的技术知识为新知识的生产提供了基础，所以这种创新的过程多是原有知识的重新组合或者改造，综合集成多种已有基础知识，形成新的知识。新知识的生产同样是与各种原有知识要素的积累密不可分的。因此，共性技术知识作为一种知识生产过程，在社会实践中是特定实践主体根据新的方法或者目标，对原有基础技术知识的创新，这个创新的过程离不开原有知识要素为其提供基础。

3）知识具有流动和转移特性

从微观的角度看，对知识流动的机制进行解释产生了选择论、平衡论、差距论、周期论等多种观点。但是这些观点各有其理，不能说完全正确，也不能说没有道理。从微观的角度来看，造成知识流动的原因就在于创新资源的分布不均衡，正是这种不均衡，使得有创新需求的一方不得不超出自身的范围而到更大范围的社会中去探寻新的创新资源，这样就形成了知识流动的动力。在这种动力下，不同的创新主体由于各自掌握着不同的资源，为了达到创新成本的最小化，使得自身在技术创新中的知识成本也达到最小化，因此也就需要考虑在知识流动中如何选择最适合的方式。知识的流动源于不同的地方具有不同的资源，由于资源的不均衡从而需要在流动中打破这种不均衡，使不同的地方都能够取得其所需要的资源。对于共性技术来讲，共性技术知识的流动同样也是基于这种原因，但是在流动的具体过程中却有多种模型和动力机制。

从宏观的角度看，与科学的线性模型一样，人们认为技术的发展是基于从科学的基础创新到技术知识的产生，再到通过技术应用生产出技术产品，从而实现技术的流动。但是这种线性的模型后来被人们的实践认识所打破，社会中的各种创新并非是完全基于科学发展的推动，而是可能还有市场的拉动在起作用，于是又有人认为产生技术流动的不仅是线性的，还有可能是多种因素造成的复杂综合性模型。事实上，这种多种因素组合而成的模型实际上也只能说明人类科技创新的某些部分，并不能代表各种各样的创新模型，因此，作为一种社会实践活动，科技发展固然能够推动人们的技术创新和技术进步，以至于推动社会的发展，但是，市场的巨大作用也不可忽视，需要关注的是社会并不是因为某一单方面的动力而前进的，而是受到多种因素的共同影响而复杂前进的。因此，可以认为从宏观的角度去分析社会层面的知识流动，应该从复杂创新网络的角度进行分析。

对于共性技术知识而言，由于共性技术知识具有一定的公共性特征，它一旦研发出来就能够为所有的技术需求者提供服务，而它本身又具有一定的特定用途和特殊性，因此对于共性技术知识而言，一般不存在是否选择的问题，而是必须或者说强制性的使用问题。因为如果没有这种基础性技术知识，后续的技术创新就无法进行。但是，虽然共性技术知识的需求者无法选择技术的内容，却可以选择技术的供给者。由于创新的过程中不同的社会实践者在创新的过程中各有其特定的发展状况，技术产生的时间和表达的方式也各不相同，对于专有技术知识的需求者而言，他们可以有比较广泛的范围来选择使用谁的专有技术知识——但是却没法选择使用哪种共性技术知识，除非他们不再在这个技术方面有所创新。

由于创新本身就是一个复杂的过程，受到多种因素的共同影响，而社会活动更是如此，所以技术创新作为一种社会实践活动也同样是各种因素共同作用的结果。有时候某些单一的技术或许可能因为各种原因而产生流动，并进而促进社会的发展；有时候某些社会需求，如社会对某些技术具有比较迫切而且大量的需求时，也可能会对技术的流动产生巨大影响。但是从社会整体而言，作为一个复杂系统的社会不可能因为某个单一的动力而发展，它的发展过程是由各种因素和各种动力共同起作用而推动的。所以，在宏观层面上分析共性技术知识的流动机制，其实就是在宏观层面上分析社会发展的动力机制。但是由于技术与社会的复杂关系，要想为此得出一个非常细致的结论是困难的。但基于已有的研究，至少可以认为，技术知识流动是不同资源在社会中配置的不均衡造成的，而至于其是如何流动的，则是与其所处的各种社会环境和文化氛围密切相关的，是一个复杂性问题，需要用系统的、复杂性的、综合的观点给予分析。

从总体上看，共性技术的研发过程与一般专有技术研发有所不同，两类知识的流动机制也不同，但不论是对其宏观还是微观机制的说明，都需要综合考虑各种社会因素的影响，同时也要考虑技术自身发展规律的影响。

### 2. 知识转移相关理论

#### 1）社会交换理论

社会交换理论最早由美国社会学家霍曼斯（1957年）提出[1]，社会交换理论认为人类一切社会活动都可以归结为一种交换，如物质、能源和信息。布劳[2]把社会交换界定为"当别人做出报答性反应就发生、当别人不再做出报答性反应就停止的行动"。个体之所以相互交往，是因为他们从交往中通过交换得到了某些需要的东西。

人类社会发展和进步出现的商品经济社会分工，必然要求物质或信息的交换才能有效满足个体的需求。社会交换理论对商品经济社会中人们互惠互利的社会交往行为提供了颇有说明力的解释，而区域创新体系内创新主体之间的知

① Homans G C. 1957. Social behavior of exchange. The American Journal of Sociology，63（5）：597.
② 彼得·M. 布劳. 2008. 李国武译. 社会生活中的交换与权力. 北京：商务印书馆：201-205.

识转移行为，很大程度上就是一种互惠的行为，因为创新主体之间在行业间或行业内必然存在知识互补和知识互惠。同时在创新体系内通过知识的交换和转移，可以有效降低知识获取成本，达到知识效能最大化。

2）知识势差理论

类似于物体的势能，知识在某一时刻的存量而产生的相对优势（先进性）可以定义为知识势。知识转移是指知识从知识势能高的主体向低的主体转移的过程，由于知识主体之间可能存在互补资源，所以知识转移可能是双向行为。区域创新体系内创新主体大多是相关产业或产业链在地域上的聚集，由于各主体之间存在产业的相近或相似性，其知识存量具有高度相似性。同时创新主体之间存在知识存量和知识水平的差异，不然这些主体也不会聚集在一起，即不同的企业在某一时间点、在同一类知识上，所拥有的知识势是不一样的，由此而产生了知识势差[①]。

知识势差的存在对区域创新体系整体知识水平及创新主体间的知识转移会产生较大影响。这种影响可分为静态和动态两个方面[②]：从静态方面来看，由于某一个成员企业的知识不足会造成得整个联盟的创新效益显著降低，造成"木桶效应"；从动态方面来看，这种势差是创新主体间知识转移的动力，也是创新体系内整体知识存量增加过程中的一种状态。正是由于创新体系中知识势差的存在，创新体系成员间的知识转移持续进行，如果是积极的演变，不仅能够提高各创新主体的知识势，而且对创新体系整体知识势的增加和提高都是有利的。

在创新体系中，共性技术知识的有效流动和利用，对于提高各创新主体的创新效率、降低创新成本具有非常独特重要的意义。作为一种社会活动的知识生产与知识流动，在本质上解决了共性技术供给的问题，同时也可降低专有技术知识生产的成本。

首先，由于共性技术知识的基础性作用，它在其他技术知识的生产过程中起到非常重要的基础设施的作用，所以共性技术知识的有效供给可以降低后续专有技术开发的知识成本。知识本身的生产过程也是各种不同要素通过社会生产系统进行生产活动的过程，因此，知识成本的降低对于提高社会生产系统的生产效率，促进社会的发展和进步也有非常重要的作用。而共性技术知识作为基础性的技术知识，在新技术知识的生产中起到的作用一方面是基础性的，另一方面它可以降低新知识生产的成本，为新知识的生产提供更宽广的平台。

---

① 左美云．2006.知识转移与企业信息化．北京：科学出版社：78-80.
② 郑寒．2007.知识联盟中基于知识转移的知识创新过程模式研究．重庆：重庆大学．

其次，由于共性技术知识供给不足，一些专有技术和后续的研发就无法进行，从而也就没有能力开发新的技术，使得社会中对技术的需求更加紧迫。而共性技术知识的生产就是从理论上解决这个问题的有效途径。由于共性技术知识是一种社会性的活动，与社会需求和社会发展紧密相关，所以它的发展方向就受到各种社会因素的影响，从而就能够向着社会需求的方向发展，实现共性技术知识的有效供给。

### 3.2.2　区域创新体系内知识转移影响要素

经济全球化发展的今天，知识特征成为日益激烈的竞争领域，在知识专业化推动与知识势差客观存在的环境下，创新主体不再单纯依靠所拥有的物质或人力资源或资本，而是更多地依靠协同合作（如产学研）共享知识资源。产学研用群体合作是社会生产方式转变的体现，这种生产方式的改变所需要的不仅是知识产品资源化，更重要的是如何对知识资源进行共享、管理和利用，因此，知识的共享及管理方法成为创新体系中知识服务体系构建不可缺少的部分。

区域创新体系中的知识流动包括两个方面：一是知识在某个区域创新体系内部的流动，即知识在政府、企业、高校、科研院所等系统要素内部之间的流动，其实质是在创新体系内促进创新要素的有效组合，提高创新体系整体创新能力，同时带动创新体系中的个体创新能力的提升；二是区域创新体系与其他外部创新体系间的知识交换，即区域间的知识流动。

1. 知识共享的特性 [①]

1）非平衡态

非平衡态是知识转移和利用有序运作的内在动力来源，如创新体系内群体合作处于平衡态，合作系统内部所呈现的功能差异级别就会变小，知识的流动就差。合作模式最简单、信息量最小、无序性最高，是一种无差异结构的平衡态，这种所谓的平衡态，实际会对创新体系内的知识共享起到极大的阻碍作用，它最终会让知识共享陷入一种停顿状态或死循环。非平衡态体现于市场经济条件下，在利益的驱使下，创新主体各方都想在合作的过程中取得竞争优势，获得更大的利益，从而使创新体系从低序向高序跃升，到达远离平衡态的非线性

---

① 温汉荣.2014.产学研用群体知识产品供应链的协调契约研究.图书馆学研究,（19）：34-39.

区域。非平衡态还体现在产学研合作的非平衡：政府手中握有大量社会、政治和经济等信息，企业掌握市场动态，了解市场发展带来的机遇与挑战，高校具有大量高素质人才，聚集了大量智力资源，具有明显的科技力量人才优势，而科研机构则具有丰富的专业领域经验与各种专业设备配置。在知识共享合作的过程中，政府侧重外在创新环境和氛围的营造，企业面对的是市场，不可能不计成本地引进人才资源与设备资源，高校的科研创新则不仅依靠人才，还需要大量的科研经费作为支撑，科研机构缺乏社会的反馈信息，也需要市场的需求作为科研导向，从上述各创新主体的特点来看，产学研各自的资源优势与劣势，就是一种不平衡的状态。

2）自组织性

创新体系中群体知识产品是由不同类型的多个利益个体，为实现共赢共利而组成的相互关联、相互合作的一个动态的虚拟一体化组织，而这种一体化的组织，从结构角度分析具有非平衡系统的自组织性结构。具体说，创新体系中群体知识产品供应链结构可以抽象地认为，由于利益个体在协同合作创新中功能定位的不同，其产出与利益的类型必将不同，这导致在衡量利益分配的过程中不可能对各利益个体的回报进行统一量化采取按比例分配，也就是说创新体系对各利益个体的具体收益是无序的不平衡的，同时也是有序的对应的，正是这样的一个利益驱使，使创新体系内部协同合作变得有组织、有秩序、有活力，使看似无序的利益个体整合成形成一个自组织的系统。

3）开放性

开放是创新体系得以维持与存在的基础，创新体系必须保持与外部进行信息交互的相对静止状态，才能保证创新体系的活力。创新体系内，任何一种合作模式都需要首先从战略上进行规划，而这种总体的规划不是来自合作中的某一方，也不是来自某些单位或人，它是来自创新体系内多个主体之间利益的综合考量。知识产品的产学研要实现效益最大化，离不开体系外部信息的收集与利用，而信息反馈则离不开开放的组织结构。开放一方面是为了进行知识共享，减少需求波动，使创新体系以高的服务水平、低的负载运行；另一方面，开放的不仅是知识产品的空间链接，还在知识产品的时间链接上实现知识转化周期的压缩，从而使知识供应链结构简短化。

4）多向性

在协同合作创新过程中，知识产品表现为显性知识和隐性知识，知识的转移不单是显性知识物质化、价值化的转移，它包含各种难编码、难存储、难表达的隐性知识产品，这种转移现象与传统的产学合作物质产品单向转移不同，它不是单一的从高校、科研机构向企业传递知识，而是在整个创新体系内，实现多向的、相互的传递，而且知识共享的多向性显示度与协同合作创新的技术成熟度成反比，也就是说当合作处于初级阶段，技术成熟度越低，创新体系中的隐性知识产品显化难度越大，但其产品价值更为突出，这就使得知识产品在创新体系中的转移更为频繁和突出。

### 2. 区域创新体系的知识特性

区域创新体系的形式决定了创新主体的知识互动程度和行为，进而影响创新体系内转移知识的能力。创新主体除了对产品、专利、管理和生产流程（产业链中的）等相关外显知识的转移有明显需求外，创新主体之间的合作关系、依赖程度（信用）等会影响隐性知识的需求强度。

1）创新主体的信用

创新体系内的创新主体由于在同一产业或产业链上具有共性，更容易找到。由于具有共同话语权，彼此间信用的建立更容易，而且在创新体系内信用建立耗费的成本也相对较低。同时，创新主体的信用可以营造区域创新体系内透明和开放的气氛，进而降低交易成本和协调成本。创新主体之间的信用程度越高，知识就更容易在一个彼此坦诚和开放的环境下流动，知识转移才可以更加顺利地进行。

2）沟通渠道

通畅的沟通渠道是知识转移成功的保证。传统知识沟通渠道分为直接沟通和间接沟通，如访谈、学术现场会议等是直接沟通的主要形式，侧重隐性知识的传递；而教材学习、岗位实习等是知识间接沟通的主要形式，它们更侧重于显性知识的存储和传递。

知识的私有性、内隐性和专有性等特性决定了知识只有在有效沟通的情况下，才能够提高其转移速度和转移效率。同时由于创新主体在组织结构、管理模式、行业经验和企业文化等方面的一些差异，创新主体之间必要的双向沟通和交流，可以有效降低理解障碍。

3）知识结构差异

知识结构差异是指知识转移双方在知识基础上的差距或者说双方掌握的知识上的相似程度。知识结构的差异对区域创新体系内知识转移的影响是双重的，一般说来，知识结构越相似，知识内容越相异，创新主体间就会产生足够的动力去转移和共享知识。例如，法国雷洛和日本尼桑于 20 世纪 90 年代末结成战略联盟，二者同属于中级汽车生产商，知识结构相似程度高，但雷洛的优势在于生产制造领域，而尼桑的优势在于市场营销，知识内容相异互补，易于在二者之间进行知识转移，实现知识共享，因此在汽车行业联盟中二者是为数不多的成功合作典范。而知识结构差异过大，就会造成转移的知识无法理解，知识转移就会遇到障碍，致使转移效果变差。在区域创新体系内创新主体在产业结构或知识结构上如果相近性高，那么知识在整个创新体系内进行转移和流动的概率就高。

### 3. 知识提供方特性

区域创新体系中知识提供方对知识转移的影响因素主要有主观转移意愿、知识提供能力及知识协调激励机制。

1）主观转移意愿

创新主体之间知识共享的主观意愿是知识转移的前提，它直接影响到知识转移的效率。创新体系内知识提供方是否愿意与其他创新主体共享知识、与其他创新主体之间共享知识的程度及对知识共享的投入，这三种因素共同决定了知识转移的程度和效果。创新主体间竞合的特点决定了知识共享与知识保护的矛盾性，在共享和保护的两难境地下，区域创新体系内创新主体间既希望共享知识，通过强强联手实现 "1+1>2" 的效应，获得共同发展，实现共同利益，但又需要保护自身的核心技术和避免知识外溢，以保证自己在行业内的优势竞争地位，这增加了区域创新体系内创新主体之间知识转移的障碍和困难。

2）知识提供能力

在达成知识转移意愿的条件下，区域创新体系内创新主体间知识提供方传递知识的能力，如知识编码能力、知识客体化能力、知识沟通能力等，会影响知识的转移效果和扩散速度，并进而影响知识的有效使用规模。知识提供方要具备对自身知识的认知和挖掘能力，特别是对隐性知识的认知和表述。

3）知识协调激励机制

区域创新体系内创新主体之间的协调激励机制可以对各创新主体的学习能力及知识转移效果产生重要影响。在创新主体内部，如果积极地去激励和引导每一位员工或成员都从企业内、外部获取有效知识并进行学习，充分激发员工的学习动机，那知识转移和学习将会顺利进行；而在区域创新体系内部，通过协调激励机制，激励各个创新主体之间进行知识转移和共享的同时，从创新体系外部获取知识，有效地在区域创新体系内部进行知识共享，从而增强整个区域创新体系内的知识容量和竞争力。

### 4. 知识获取方特性

知识获取方主要通过主观认知意愿、吸收理解能力、就近省力原则三个方面来影响知识转移能力。

#### 1）主观认知意愿

主观认知存在障碍，主要来自两个方面：其一是指知识接受者没有意识到自身所欠缺的知识，缺乏主观知识接收意愿；其二是指知识需求者缺乏渠道去了解组织中哪些成员有他们所需要的知识。只有当区域创新体系内创新主体伙伴学习的行为成为一项自觉行为时，知识转移效果才会明显，才能有效地获取对方的隐性知识。只有当知识接收方有强烈的意识主动吸收知识，知识转移才会容易进行。

#### 2）吸收理解能力

吸收理解能力代表了区域创新体系内创新主体对外部知识的价值评估能力及消化吸收和应用的能力。区域创新体系内知识主体自身长期的经验和知识累积是吸收和理解能力高低的基础，这一性质决定了知识主体吸收能力有很强的路径依赖性，因此可以认为，各主体的知识吸收能力来自前期同一行业的研究开发积累。可见，知识获取方的吸收和理解能力对知识转移的效果有显著影响，组织的知识接收和理解能力越强，就能越好地理解、吸收并应用传输进来的知识，则知识越易在组织间实现转移。

#### 3）就近省力原则

用户的信息行为如同广义的路径选择，符合齐夫最小努力原则[①]。传统上企业和很多员工，往往在出现知识需求时，习惯采用就近求助的方法，即向自己熟悉、尊敬或喜欢的员工或企业那寻求帮助。而区域创新体系内各个创新主体天生就具有就近性，彼此互相熟悉，易于学习和进行知识转移。

### 3.2.3　区域创新体系内知识转移效率分析[②]

知识转移效率是评价知识转移效果的重要指标。知识转移效率可以区分为

---

① 胡昌平，邓胜利，张敏，等 .2008.信息资源管理原理 .武汉：武汉大学出版社：118.
② 卢兵，廖貅武，岳亮 .2006.联盟中知识转移效率的分析 .系统工程，24（6）：46-51.

获得知识的主体效率和获得知识的丰富度效率两类。

可以假设在时间 $t=0$ 时，知识发送者开始向其他知识接受者发送知识，到时间 $t=T$ 时，区域创新体系内创新主体完成知识转移，此时获得这一知识的主体数为 $N^*$，这个阶段知识转移的持续时间为 $T$。

## 1. 主体效率模型分析

在区域创新体系内创新主体间知识转移过程中，$t$ 时刻单位时间获得知识的创新主体数为 $n_t$，表述为如下微分方程[1]：

$$n_t = \frac{\mathrm{d}T_t}{\mathrm{d}t} = Q_t \varphi T_t (1 - \frac{T_t}{N})　\tag{3-1}$$

式中，$n_t$ 为 $t$ 时刻单位时间内获得知识的创新主体数；$T_t$ 为时间 $t$ 时获得知识的创新主体数；$N$ 为最终可能获得该知识的创新主体数；$Q_t$ 为所获取知识的特性；$\varphi$ 为一线性函数，是关于所获知识的期望利润及方差和所需追加投资的函数。由于整个知识转移过程的持续时间为 $T$，如果用 $N^*$ 表示通过区域创新体系内的创新主体之间的知识转移，而最终获得知识的创新主体的数量 $N^* = \int_0^T n_t \mathrm{d}t$，则在 $T$ 时间段内平均每单位时间获得该知识的创新主体的数量 $n$（平均效率）为 $n = \frac{N^*}{T}$。

$n$ 的大小揭示了知识提供方在知识转移过程中对知识接收方的影响面，该数值越大，知识接收方就越多。而 $n$ 受知识自身特性、知识提供方和接收方对知识的重视和建设投入程度等因素的影响。

## 2. 知识丰富度效率模型分析

知识丰富度效率可分为知识的长度效率和知识的宽度效率。

1）知识的长度效率

单位时间某一创新主体获得的知识长度可表示为[2]

$$d_{it} = \eta_d I_{idt}^{a_d} \frac{N^*}{T} \left[ \theta_d \sum_{j \in \varphi \setminus i} (O_{ijdt} W_j D_{jt}) \right]^{\gamma_d}　(i=1, 2, \cdots, N^*)　\tag{3-2}$$

式中，$d_{it}$ 为创新主体 $i$ 在 $t$ 时单位时间获得的知识长度；$I_{idt}$ 为单位时间创新主体

① 庄亚明，李金生 . 2004. 高技术企业知识联盟中的知识转移研究 . 科研管理，25（6）：50-55.
② Ryu C，Kim Y J，Haudhury A C，et al. 2005. Knowledge acquisition via three learning processes in enterprise information portals：learning-by-investment，learning-by-doing，and learning-from-others. MIS Quarterly，29（2）：245-278.

$i$ 在 $t$ 时为更好地获得其他创新主体的知识长度对提高自身的知识和能力所做的投入；$N^*$ 为创新主体的总数；$T$ 为设定的时间长度；$O_{ijdt}$ 为单位时间创新主体 $i$ 在时间 $t$ 因从创新主体 $j$ 获得区域创新体系内的知识而付出的努力程度；$W_j$ 为创新主体 $j$ 转移知识的愿意程度；$D_{jt}$ 为截至时间 $t$ 创新主体 $j$ 积累的所获得的知识的长度；$a_d$、$\theta_d$、$\eta_d$ 和 $\gamma_d$ 为常数；$\varphi$ 为参与区域创新体系内所有创新主体的集合，$j \in \varphi \backslash i$ 表示 $j$ 为除 $i$ 外的其他主体。最终区域创新体系内各创新主体获得的这类知识长度可表示为 [①]

$$D = D_i = it \int_0^T d_{it} \mathrm{d}t \quad (i=1，2，…，N^*) \tag{3-3}$$

$D$ 表示知识长度，可以理解为知识接受者获得的知识数量，该数值受到知识接受者的投入程度、知识提供者的付出努力程度和转移意愿等多因素的影响。

2）知识的宽度效率

单位时间某一知识创新主体获得的知识宽度可表示为 [②]

$$b_{it} = \eta_d I_{idt}^{a_d} \left[ \theta_d \sum_{j \in \phi \backslash i} (O_{ijdt} W_j D_{jt}) \right]^{\gamma_d} \quad (i=1，2，…，N^*) \tag{3-4}$$

式中，$b_{it}$ 为创新主体 $t$ 时单位时间获得的知识宽度。同理，最终区域创新体系所有创新主体获得的知识宽度可以表示为

$$B = B_i \int_0^T b_{ij} \mathrm{d}t \quad (i=1，2，…，N^*) \tag{3-5}$$

$B$ 为知识宽度，可以理解为知识接受者获得某一类知识的层级。

由上面的分析，可得区域创新体系内各创新主体最终获得的知识丰富度为

$$E = E_i = \int_0^T r_{it} b_t \mathrm{d}t = \int_0^T d_{it} b_{it} b_t \mathrm{d}t \quad (i=1，2，…，N^*) \tag{3-6}$$

由以上提出的知识转移效率的度量公式可知，区域创新体系内创新主体之间知识转移的效率与知识的属性、创新主体提供和接受知识的意愿程度、对提高创新主体知识提供和接收能力所做的投资、创新主体转移知识的努力程度等多个因素密切相关。因此，区域创新体系中创新主体必须不断地提高自身的信息化水平，进一步提升内部知识管理系统的建设，尽量减小创新主体之间的文化和组织差异，不断提高合作伙伴之间的信任度，从而提高知识转移的效率。

---

① 庄亚明，李金生 . 2004. 高技术企业知识联盟中的知识转移研究 . 科研管理，25（6）：50-55.
② 卢兵，廖貅武，岳亮 . 2006. 联盟中知识转移效率的分析 . 系统工程，24（6）：46-51.

### 3.2.4　区域创新体系内知识转移一般过程

#### 1. 创新主体间知识转移过程

知识转移是指知识从知识源转移到组织其他人或部门的过程[①]。区域创新体系内创新主体在产品或服务上具有相近性，因此他们在研发或生产管理中积累的知识或经验（生产、管理流程）能够更为便利地在区域创新体系内其他企业或创新主体之间得到转移和共享。知识转移是各种知识和经验在创新主体之间的流动，因此，知识转移是在区域创新体系内，创新主体间知识能否有效传递、应用与创新的关键。

知识转移实现的前提是保证知识能有效流动，它为知识价值的转移提供了先决条件。知识价值不仅体现在知识客体本身，更主要体现在对知识的有效应用上，而效用的大小还和知识接受者对知识的理解程度有关，知识只有与其接受者结合起来才能够使知识创造出更大的价值。

知识的一般转移过程，如图 3-2 所示。

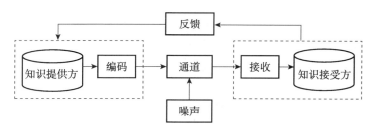

图 3-2　知识转移过程

从图 3-2 看出，知识转移是具有方向性的，一般是从知识势能高的提供方往知识势能低的接收方转移，正如尺有所短、寸有所长，区域创新体系内的创新主体会各具特点，拥有各自的优势，能够做到优势互补，因此知识转移不会是单向的，可以是双向的。另外知识发送方的知识、流程和经验等一般都会影响发送者对发送知识的选择和整理，而且知识发送方发送出来的知识通常本身就含有噪声，且由于外部条件的限制，知识通过载体传向知识接受者的过程中，还可能进一步吸收外部环境中的各种噪声，让原有转移的知识变得更加复杂，所以知识接收方必须对含有大量噪声的知识进行选择和过滤，依据自己的已有知识和创新要求对从外部知识源接收而来的知识进行辨别、分析、消化和吸收。

---

① 盛小平 . 2009. 知识管理战略与模式 . 北京：北京大学出版社：47-48.

从图 3-2 可知知识反馈可以满足两个功能：其一知识接收方的需求并非总是能清晰地传递给知识发送方，通过知识反馈可以让知识发送方及时、有效地了解接收方的需求，及时调整知识发送策略；其二知识发送方发送出来的知识也并非能够全部完整地传递给知识接收方，双方之间的知识、经验、感受及所处的环境等都将影响知识转移的效率和效果，而通过反馈可以及时了解知识的传递情况。

## 2. 创新主体间知识转移途径 [①]

从广义上来讲，信息或知识的传播必须要借助一定的介质或媒介得以实现，从人类最早利用的岩石、龟甲、青铜器，到丝绸、竹片，再到后来的纸张，再到今天的光盘、硬盘等存储器，介质的材料、容积在不断改变，这是一种以实物形式传播或保留下来的知识或信息。但同时还有一类是以口头或非记录的形式，以口口相传的方式流传下来的知识或信息，如有些医学、生活的经验或技巧等，看似此类信息或知识没有借助任何传统定义的介质，其实质还是借助了"人"这个媒介体作为知识传播或转移的手段，只是我们可以把人本身这种媒介定义为广义的概念而已，在后续的论述中，特别谈到人才资源利用建设的观点，就来自这里的观点。因此，我们把创新主体间的知识转移途径用广义的媒介概念来定义。

### 1）以培训交流为主的知识转移

这种知识转移主要的表现形式有企业间的相互培训与交流合作、公共机构对企业人员的培训和技术知识的输出等。区域创新体系中创新主体间既存在着竞争，又存在着广泛的合作，如合作创新、要素互动等，由于地理临近、产业关联和文化相近等原因，核心创新主体之间有意识地开展一些高频度的知识互动和交流，掌握先进技术和生产知识的企业有意识地向与其有关联的企业转让一些技术，这种知识扩散具有共赢性的特征，对于提高区域创新体系中的整体竞争力有着促进作用，大大地提高了有限研发资源的利用率，促进了社会财富的增长。从创新行为看，区域创新体系中创新主体之间技术和知识的垂直和水平扩散构筑了当地的创新体系。由于创新效率与创新体系主体之间地理接近性有着正比例关系，创新体系主体之间的距离越近，团队创新效率越高，进而越能促进整个区域创新体系中的知识的增加。

---

① 缪小明，李刚 . 2006. 基于不同介质的产业集群知识溢出途径分析 . 科研管理，27（4）：44-47.

另外，区域创新体系中创新主体间也有无偿的技术合作交流及知识的无偿共享，主要方式有学术论坛、专题会议、市场分析报告、集群成员参加的其他的专题论坛或研讨会等，这种学习方式需要行业协会、企业家协会等中介服务机构或直接由政府有关部门组织，围绕着某一技术或管理问题进行研讨。同时区域创新体系中创新主体自发的和非正式的面对面的交流随着地理接近性程度降低而增加。这种非正式沟通对产业集群学习作用非常明显，实证调查发现，包括科研人员、企业家、高级管理人员、中层和基层管理人员、技术开发人员等在内的各类人员之间都存在高频率的非正式沟通，为技术和管理知识和信息在区域内的流动提供了最有效的途径。创新主体倾向于与其关键互动学习对象在地理上接近，而且这种接近的必要性随着学习的难度及技术复杂性和合成复杂性的增加而提升，技术知识的可编码程度越低，相关创新主体的区域集聚就越迫切。

2）以产品为主的知识转移

新产品携带了大量的信息，随着产品在市场和社会上的扩散，新知识在整个社会得到了传播。这种知识的传播方式在区域创新体系中得到加强，可以发生在区域创新体系"核心"企业内，也可发生在区域创新体系外部。在区域创新体系中通过创新主体间关系的联结，实现采购本地化，形成了整个集群成本优势，这种联结结构大大便利了上下游企业之间的沟通互动，从而为双方或几方技术创新协作创造了条件。而来自大学、科研院所等公共技术支持部门的知识，往往是基础性的或基础应用性研究成果。

与其他知识扩散方式不同的是，以产品为介质的知识扩散，对于竞争企业而言，知识扩散就是产品自身所携带的全部知识，但接收方从产品获得的知识随着个体不同有很大的差异，影响产品知识扩散的因素主要是产品自身的特性和接收方的学习能力。

3）以人力资本为主的知识转移

区域创新体系中创新主体间有稳定的一定比例的劳动力流动有利于知识扩散，因为知识的扩散，特别是隐形知识的扩散其载体就是人，而人才的流动带来的就是信息和知识的流动，所以劳动力在同一企业内部过分刚性会阻碍知识的扩散和技术创新。劳动力在创新主体间流动促进了知识在创新体系内的扩散，而且外部劳动力流入为外部知识传入及其与创新体系内部原有的知识的重新组织提供了可能。

区域创新体系内劳动力流动一般发生在：①横向企业，即与竞争者或合作者之间；②纵向企业，即产业链上企业与供应商企业、用户企业之间；③企业，即与公共服务机构或集群代理机构之间。有些没有编码的知识，如前面谈到的隐性知识，包括高层的管理经验或者某项技术，除知识拥有者本人以外其他人很难掌握或模仿，因而这种人才流动是人力资本流动中知识扩散量最大的，或者说是最难得的，可以说有些知识不靠人力资源的流动就无法实现有效流动和扩散，人力资源的流动本来就是一种资源的优化配置而值得支持和鼓励。另外，人力资源流动带来的员工社会关系的网络化，尤其是在成员企业间形成的网状的社会关系，极大地扩大了不同企业员工间非正式交流的范围和程度。

总之，人才流动作为区域创新体系中知识扩散的一种途径，促进了区域创新中创新主体的知识溢出和利用。通过人才的流动为创新带来了新的思想、知识诀窍和技能，从而促进了创新主体知识基础的更新和增强，从区域层面上看，人才在区域创新体系内的流动带动了区域整体创新能力的提升。

### 3.2.5　区域创新体系内知识转移优劣势

与不同区域之间（即跨度大的异地间）的知识转移相比，区域创新体系内的知识转移既有其"得天独厚"的优势，也有其"与生俱来"的劣势[1]。

优势主要表现在：①知识源（知识供给方）与知识受体（知识获取方）具有某些要素的共性特征，如空间距离较近或文化习俗相近。所谓空间距离是指知识供需双方所处空间地理位置的远近，而文化习俗则是指知识供需双方在文化传统方面的差异，空间距离直观，文化习俗更隐性。一般说来，知识源与知识受体之间的空间距离和文化习俗差异越大，知识转移的难度也越高，空间距离较近的同一区域内知识转移一般要比不同区域之间的知识转移更加便利和快捷。②知识转移成本低。空间距离近和文化差异小使得区域创新体系内知识转移过程中的相关成本都会很低，如差旅费均比较低，因而知识转移过程的总成本也就比较低，知识源或知识受体更愿意在成本较低的情况下进行知识的互动和交流。

劣势主要表现在：①知识源和知识受体不对等。知识受体对知识资源的需求大，但由于区域空间社会、经济发展的限制，难以在本区域内找到合适的知识源和所需的新知识，这种情况主要发生在那些知识基础资源差、知识创新能

---

① 彭灿. 2003. 区域创新系统内部知识转移的障碍分析与对策. 科学学研究，21（1）：107-111.

力薄弱、知识创新成果稀少的区域，如我国中西部一些高等教育和科学技术欠发达的地区，能提供的知识资源就非常有限。由于区域知识创新能力薄弱，这些区域内生产的新知识很少，其中能够满足企业需要且成为企业技术创新源泉的新知识更是少之又少，甚至根本就没有，在这种情况下，那些"求知若渴"的企业为了及时获得创新发展的资源，特别是技术创新所亟需的新知识、新技术或新成果，就不得不"舍近求远"，在别的区域甚至国外寻求合适的知识源和所需的新知识。②知识源难以在本区域内找到合适的知识受体。这种情况主要发生在那些知识创新能力强而技术创新能力弱的区域，这种情况在我国中西部部分地区比较明显，如湖北武汉、陕西西安等地的高校、科研资源在全国都排在前列，知识创新的成果多，但当地能承接知识转化成果的企业不多或实力不强。除了空间距离和文化距离之外，知识源和知识受体之间的"知识距离"——即两者在知识基础方面的差距——也会对知识转移的效率和效果产生重要的影响。一般说来，知识距离越大，知识转移也就越困难[1]。

## 3.3　区域创新体系中信息资源配置模式研究

### 3.3.1　区域创新体系中信息资源配置能力

所谓区域创新体系中信息资源的配置能力是指创新体系在创新活动过程中所具有的吸收、聚合、配置和转化创新信息资源的能力。它是衡量创新体系在创新过程中能够有效配置的资源数量、资源配置质量等重要指标。它既涉及创新体系的内部关联状况，又涉及体系的外部环境条件。它是创新体系的活力特征，是区域创新体系的结构、体制、市场化程度及政府、社会等各种力量的协调和作用的综合结果。

简单地说，创新体系的信息资源配置功能主要是：把所需的创新信息资源吸引过来，调控本区域的相关创新信息资源的余缺，在本区域形成最佳的产业结构和发展氛围。根据区域创新体系的信息资源配置的上述功能，把创新信息资源配置能力定义为四个方面的能力[2]。

---

① 彭灿.2003.区域创新系统内部知识转移的障碍分析与对策.科学学研究,(1):107-109.
② 陈健,何国祥.2005.区域创新资源配置能力研究.自然辩证法研究,21(3):78-82.

### 1. 空间配置能力

区域创新体系的首要特征就是空间区域性。空间配置力是区域创新体系在一定地域空间范围内促成资源流动的作用因素，是系统能满足创新信息资源流动需求的反映。空间配置能力的一个重要形态和特征是创新资源在空间的集聚化程度。几乎所有的经济地理理论和区域经济理论，都要研究地区的产业集聚。在现代工业化时期，产业的集聚已经不再是单个企业的生产规模扩大，而是各类企业由于扩张的需求而向同一地域集中，甚至是不同产业向同一地域的集中发展。这种产业集聚引发了相应的规模效益，构架了产业群体的分工协作，搭建了产业构架的产业链条，带来了该区域的"中心"和"品牌"效应，导致了资源的投入需求和产品的市场需求的双向需求，形成了本区域相对于周边地区的势能差，实现了对区域外创新资源凝聚的吸引，从而不断引起和推动新的区域创新活动和新的经济跨越。

### 2. 产业配置能力

一般来说，区域的资源结构，特别是自然资源和人力资源结构，决定着区域的产业结构。产业配置能力是区域创新体系在一定地域空间范围内形成产业资源合理构架的作用因素，是系统能满足创新信息资源调整、优化结构的反映。每个区域都存在其自身的优势和劣势，如沿海地区交通便利、人员流动灵活，边远地区资源丰富，但信息和交通闭塞。由于传统的计划经济作用，我国许多区域的产业结构并不符合区域经济特征和要求，一直处于调整的状态。区域创新体系能够结合本地自身的实际情况，给本区域产业创新发展提供有效的信息和人才资源，便于创新主体在资源、技术、市场等方面找到最优资源，实现资源流动的"无碍化"，支持区域产业在更大范围获得最佳资源配置，实现产业集聚和创新扩散。

### 3. 置换配置能力

所谓置换配置能力是指在一定地域空间范围内主动寻找并获得所需创新资源，同时能调整或淘汰不适合本区域发展的资源的能力，它是创新体系满足创新资源调整需求的反映。任何一个地区或企业都不可能具备所有的创新资源，或者说不可能充分地具备所有的创新资源，然而，在经济全球化的今天，任何稀缺的资源均可以通过置换的手段得到。为了获得稀缺资源需要进行交换（或付出），进行交换最常用的交换物是"一般等价物"——资金。当一个企业有充足的资金，就可能获得期待的资源；当某产业有丰厚的实力，就可以获得所需要的技术、设备、人才；当地方政府有雄厚的财政做基础，就可以搭建吸引创新资源的创业平台吸引新的项目投资，也有实力实施对落后产业的限制政策，完成落后产业的淘汰和经济实体的调整，如我国部分地区提出的产业升级、腾笼换鸟等战略调整，就是在新的创新发展环境下采取资源置换配置的策略。置换配置能力主要依托的是经济实力，也包括如区域自然社会环境、经济机制和政策条件等方面的内涵，它是区域实力的另一种体现。置换配置能力是创新资源流向的重要砝码，置换配置能力或经济实力越强，好的创新资源就会向它流动或聚集。

### 4. 文化配置能力

文化配置能力是区域创新体系在一定地域空间范围内发挥文化底蕴来支撑区域经济发展的能力，是系统吸引人才、构架文化空间、促进经济发展需求的反映。每个地域都有自己独特的文化，文化造就了这个地域和这里人们的价值观念、生活习惯和文化氛围，形成了区域人员素质的社会基础，提供了区域产业发展的基本条件，也影响着该地域经济的发展活力。众所周知，曾经是经济不发达、交通不便的果园——硅谷，在特有的文化氛围下，吸引了世界顶级人才、一流的技术成果和源源不断的投资，促成了多种创新资源汇聚和作用，创造了世界电子信息技术研究、开发和产业化并举的高新技术基地迅速崛起的奇迹。中关村是我国改革开放中建设起来的最大的科技园区。长期的科学文化积淀逐步形成了它特有的园区文化。在中关村高新技术产业化的进程中，在创新资源不断的凝聚过程中，中关村文化发挥了不可替代的作用。中西文化的融合与互补，传统文化与创业行为的结合与光大，文化的融合，有力地吸纳了越来越多的人才、技术等创新资源。中关村所创造的企业创业文化和创新文化，将成为中关村文化的有机组成部分，成为该区域创新资源的配置力量。

创新体系四个配置能力的存在和作用，是创新资源优化配置需求的反映，也是创新资源构置机制的概括。

## 3.3.2　区域创新体系中信息资源配置基础要素

区域创新体系中信息资源的配置建设除了要以区域范畴为前提之外，另外信息资源的配置和共享还需要组织、技术和文化三要素的支撑。

## 1. 组织架构基础

在区域创新体系内信息资源配置和利用过程中，要有相应的创新体系组织架构，以支撑创新主体之间的工作协同和信息互补，同时尽量减少信息资源利用过程中组织结构带来的阻力，以及信息本身的消耗。

区域创新体系内信息资源的配置和服务是建立在一定的信息资源共享的环节上的，信息资源共享的组织基础首先是强调合作与互动，通过创新主体间的合作促进信息资源的互补与分享。因此，信息资源共享的创新主体之间应该具有明确的信息资源获取、整理与共享的制度与约定，鼓励主体之间的相互信息交流与持续不断的学习，建立起互动计划，形成网络化组织，以利于实现信息资源共享的整体目标。

信息资源的共享模式应成为创新主体的基础日常工作，成为业务执行中的一个自然而然的部分，而不应将信息资源的共享作为一项额外的负担。若信息资源的共享是创新主体行为的正常和预期的部分，那么它很有可能被执行；如果它是工作以外的事情，即使设置激励因素也同样难以实现。另外，地区和创新活动主体等各组织层次中的信息共享都需要专门的人力资源支持（信息中心），要有专门人员负责信息资源共享模式的建设，或建立支持信息资源共享的职能部门。一般来说，建立一个信息资源共享的组织，需要有特定的支持性工作人员，其主要职责是鼓励和促进信息资源的获取、共享和利用。在构建信息资源共享模式组织基础的过程中，同时要重视流通网络的建设，因为信息资源共享的实现需要在集中管理和分布式共享之间寻求平衡，需要高效、安全的信息沟通网络。

## 2. 技术基础

技术，尤其 IT 技术对信息资源配置和利用的支持，主要体现在促进协作关系的建立，支持协同创新，最大限度地实现信息资源的利用和共享。不同于专用系统或软件对用户提供个性化的应用和服务，创新体系应该是一种开放式的体系，提供一种以信息资源为中心的、丰富的交互性的创新主体协作平台，最大可能地促进创新主体之间的互动，为具有信息资源需求的创新主体有效地交换、共享和创造新的知识提供广泛的支持。

基于技术要素的信息资源利用平台是在创新资源配置中，利用现代信息技术手段，运用共建、共享的模式建立起来的，从事信息资源的加工、重新组合、编码、发布和提供查询及相关服务的开放式服务系统，包括共享网络体系、资源流通体系、研究开发体系和管理服务体系等四个部分。

（1）共享网络体系。信息资源共享平台提供开放式服务界面，面向区域内创新主体（为主要服务对象）提供可共享信息资源的相关信息，包括共享信息资源的主要内容、数量、用途、使用费用和获取途径等，通过共享网络体系，使区域内乃至区域以外的企业、高校与科研机构和政府等创新信息资源需求主体能够快速、便捷地获取可共享的信息资源。

（2）资源流通体系。资源流通体系是指创新主体获取信息资源的媒介和场所，在区域创新体系中，可实现信息资源流通的媒介包括两方面：一是建立在信息技术基础上的虚拟网络平台；二是社会信息机构，包括公共图书馆、档案馆和信息咨询中心等。

从用户的角度看，使用平台提供的创新信息资源，可以将原本准备重复开发的经费节约下来用于其他方面，有效降低研发成本。在使用过程中，可以实现技术、经验的交流和共享，研发的理论基础和应用环境也可能因此改变，从而提高创新活动的效益，获得更大的经济收益。从创新信息资源提供者的角度看，通过资源流通体系，可以使自身的创新成果得到外界的认可和应用。

（3）研究开发体系。研究开发体系是创新信息资源共享平台的信息资源基础，平台的建设和运行，不仅需要对现有信息资源的组织与整合，其发展还需要源源不断的信息和知识资源的投入。

信息资源共享平台的建设，可以充分利用区域内高校研究机构和企业的研究力量，充分发挥其丰富的科教和技术资源，实现产学研之间的有效衔接，不断提升信息资源的总量与质量。

（4）管理服务体系。管理服务体系一方面利用网络对信息资源共享平台的信息进行管理，为使用信息资源共享平台的用户提供自己的信息维护交流软件，提供信息资源检索系统，智能专家系统等；另一方面，利用政府资源，组织各相关政府部门、企业、高校和科研机构等创新主体提供信息资源，建立由创新人员和专家组成的编辑队伍对提供的信息进行审核和分类，筛选后进入信息资源共享平台。

### 3. 文化意识基础

与物质资源相比，文化是属于意识形态的东西，是软件建设部分，企业文化或组织文化能在信息资源共享的过程中产生相当大的能动作用。在一个特定的区域创新体系中，文化也会渗透到信息资源利用和配置的许多方面，尤其是影响创新体系的组织方式和创新主体的行为。

在区域创新体系下，建立适应信息资源配置和利用的组织文化，是指发挥文化对信息资源配置的支持和推动作用。在这种文化中，创新主体都能认识到信息资源的重要性，乐于共享信息资源，自觉成为信息资源的利用主体，而不是被动的接受者，其信息资源共享和配置的积极性可得到充分激发。

### 3.3.3　区域创新体系中信息资源配置原则

区域创新体系中的信息资源配置和服务应该以市场和政府为手段，以共享与供给、分散与集中、组织与自组织相结合为原则加以建设和利用。

#### 1. 共享与供给相结合的原则

在区域创新体系中，信息资源的共享和利用是将信息资源转化为有效创新资源、获取竞争优势的重要途径，任何一项活动或创新，其原动力都离不开一定的需求，信息资源的共享也如此。实际上，企业、高校科研机构等创新主体，扮演了信息资源生产和需求的双重角色。它们既是信息资源的生产者，同时又是信息资源的需求者、利用者和推动者。建立面向区域创新的信息资源配置体系，必须充分考虑创新主体的需求因素，在公平、平等的环境下，满足每个个体的发展需求。对于创新主体来说，信息资源的共享，可以满足不同主体之间知识的互补，消除不同主体之间信息获取和利用上的差距。过分强调创新主体的供给或共享，都是失之偏颇的，作为创新体系的主体在角色上都是平等的，而体现在创新体系中的供给义务和共享权利二者也是对等的。因此，在信息资源共享和利用的过程中，需要建立良好协作的组织、制度、文化等基础，而信息资源供给和共享的成果都可以视为区域创新体系中协调和合作活动的产物。

总之，信息资源的供给和共享应遵循面向需求的原则，以创新主体的信息需求为中心，建立起高效合理、公平公正、转化程度比较高的信息资源供给和共享模式。

#### 2. 分散与集中相结合的原则

区域体系中信息资源配置和利用模式要得以建立，必须遵循以分散为主、分散与集中相结合的手段，因为从前面的分析可知，信息资源自身就具有共享和私有的双重属性，同时区域体系中存在的是多个创新主体，多数信息资源必然是跨部门、跨主体的分布状态，也就是说，大多信息资源还是以分布式的状态存在于各个不同创新主体内的。

特别是随着 IT 技术的发展和应用，创新主体的活动越来越多的是在分布式网络环境下完成的，在这种模式下，资源的配置呈现出一种非集中的状态。这种分散状态中的多元、竞争和开放对于信息和知识增长和创新非常重要，分散的模式更有利于学习和创新的发展，在分布式的竞争的环境中，其利用效率会有较大的提高。在信息资源配置和利用模式建立的过程中，分散和集中两种趋势是相互依存的。信息资源的共享是以分散特征为主的，主要体现在：各个创新行为个体具有相对独立性、自主性和灵活性，他们之间协作协调，在可能的情况下按照权利、义务均衡的原则形成契约关系，但每个个体在采用共享模式的创新环境中要服从于区域整体发展的目标和要求。

信息资源配置和共享模式的建立要求在分散和集中之间取得平衡，从信息生产的本质来看，信息的生产与利用更应该是创新主体的独立创新行为过程，因而集中的控制管理是比较难的；而创新活动的复杂性又要求加强创新主体间的合作关系以促成共享，因而信息资源配置和共享的集中，应主要体现在信息资源共享战略、目标的安排上，体现在显性数据库或知识库的建设上，而不是干预每一个自主的信息资源使用与创新行为。

## 3. 自组织与组织相结合的原则

自组织理论认为在任何自然、社会或经济组织中，各子系统可以通过突变的形式使有序态解体，转而进入一种混沌状态；也可能利用自身内部要素之间的互动和涨落，从一种有序状态跃进到新的有序状态上。区域创新体系作为融合自然、社会和经济三元素的实体，其内部信息和资源也遵循组织和自组织的原则。

信息资源配置的自组织机制，取决于信息资源本身的自组织规律。区域创新体系内信息资源的配置在创新主体等体系内部形成一个开放式系统，与外界不断进行交换；而在体系内部，所有创新主体通过丰富的交流和利用行为，通过互动达到动态的平衡。信息资源配置的自组织机制，意味着它应面向信息，即要遵循信息的价值链，尊重信息的创造、利用和共享的自主规律，不能用预设的、外加的力量来强加或者阻挠配置。

信息资源配置的自组织既不是无政府的也不是随意的，而是自然的。在这样一种自组织的模式中，创新主体是其中的能动性个体，各主体共同承担责任，其主动性被激发出来，这有利于促进信息资源的流通与创新。因此，在信息资源配置模式构建的过程中，应强调配置的目标和路径而不是控制。在信息资源配置模式构建的过程中，自组织又不是绝对的，而是需要组织与自组织的有机结合。"组织"是一个系统的要素按照彼此的相关性、协同性或某种默契形成特定结构或功能的过程。在区域创新体系中，信息资源配置过程的"组织"主要表现为，信息资源的配置需要一定的社会和物质网络基础或平台，而这种网络基础是建立在企业、高校科研机构、中介服务机构及政府等创新主体的有机组合的基础之上的。

综上，区域创新体系中的信息资源配置模式的建立应该在组织与自组织之间把握合适的度，不能完全用行政指令去组织、控制和干预，而应该遵循信息资源配置的自组织规律去引导、维持、激励与促进。

### 3.3.4  区域创新体系中信息资源配置市场模式

信息资源配置的市场模式是指以市场这只看不见的手作为信息资源配置的主要手段，以市场机制为导向，实现信息和知识产品的市场交易，促进信息的生产、传播、加工与利用，优化信息资源的分配模式，提高信息资源的使用效率。

#### 1. 信息资源配置市场机制

具体来讲，信息资源配置的市场机制包括供求机制、价格机制和竞争机制等多种机制的公共作用。这些机制共同作用的结果是引导或校正信息的生产者、中介服务机构和使用者等各创新主体参与信息资源配置活动的具体行为，从而使信息资源活动不断向合理化方向迈进，即使信息资源向最能产生价值和财富增值的方向流动。

1）信息资源市场配置的供求机制

在信息资源的配置过程中，运用供求机制可以使闲置信息资源得以利用，使信息资源的供给情况和用户的不同信息需求得到全面而及时的反映，避免因供求信息不灵造成的信息资源闲置与浪费，并在用户需求的引导下对信息资源配置过程进行调节。信息资源的配置必须与创新主体对信息需求的状况相匹配，充分体现用户需求为导向的原则。就信息资源配置的结果来说，满足创新主体信息需求的程度越高，信息资源配置的合理化程度就越高；反之，满足创新主体信息需求的程度越低，信息资源配置的合理化程度就越低。创新主体的信息需求会体现在数量或质量上，如果创新主体的信息需求仅仅表现为追求数量上的满足，信息资源的有效配置就应是能提供尽可能多的、丰富的信息知识资源以满足创新主体的创新需求；如果创新主体的信息需求同时或主要表现为追求信息服务的质量，信息资源的有效配置就应当包括信息资源配置质量的提高，甚至将其作为一个主要的方面。

2）信息资源市场配置的价格机制

在信息资源的配置过程中运用价格机制，可以引导信息资源的流动方向，使信息资源的配置更有效率。在市场机制下，信息产品的利用效率高，创新主体就可能利用信息资源获取较多的效益，就可能支付更大的信息资源投入成本。信息资源投入——信息资源产出——创新信息资源再投入，是一个循环往复的连续动态变化过程，在此过程中，信息资源会在价格的调节作用下，流向效率与效益较高的生产者和消费者，从而实现创新信息资源的合理配置。

3）信息资源市场配置的竞争机制

在信息资源的配置过程中运用竞争机制，可以使信息产品的生产与利用效益最大化。在竞争机制的驱动下，信息产品生产经营者将最大限度地降低其生产成本和配置成本，更加慎重地考虑投入产出问题，尽量生产适销对路的信息产品，并主动对信息产品进行宣传和营销，这会促进信息资源的流动效率。同时竞争机制的作用也有利于加强创新主体的信息消费竞争，满足其对信息增值目标的追求，从而提高创新信息资源配置效益。

信息产品的市场竞争主要是指围绕信息产品和信息服务的质量、价格、宣传等内容展开的竞争，具体表现为三种形式。

（1）信息产品用户之间的竞争。一方面是指用户为了取得某些信息产品与信息服务的所有权与使用权所展开的购买竞争，这种情况主要发生在信息产品交易的卖方态势下；另一方面是不同用户在获得同质的信息产品和信息知识服务后，为了使其能更快地为自身带来更多收益，用户间会进行消化、吸收和利用信息资源的竞争。这两种竞争都是用户为追求信息产品的消费效益而产生的，是一种消费竞争，这有利于推动信息资源配置中用户效益的提高。

（2）信息产品卖方之间的竞争。信息产品卖方之间的竞争表现为信息产品生产经营者之间的相互竞争。作为相对独立的、有自身特殊利益的信息产品生产经营者，他们生产经营的信息产品不是为了满足自身的需要，而是要通过向用户的有效流动满足创新主体的信息消费需求，并通过用户实现其利益目标。因此，对信息产品生产经营者而言，它们往往会展开争夺有利市场地位的竞争。虽然信息产品不像物质产品那样有很强的替代性，这在一定程度上会弱化卖方之间的竞争，但不同的卖方有可能生产经营功能相近的信息产品，由此，他们之间就会展开在信息产品类型、价格、质量与售后服务等方面的竞争。在竞争过程中，信息产品的生产经营者不仅要降低作为生产经营性投入性要素的信息资源成本，提高信息资源的开发利用效益，而且也会迎合信息用户的需要，生产出相对质量较高的信息产品，从而为下一轮信息配置过程提供更优质的信息资源条件。

（3）信息产品买卖双方之间的竞争。主要是信息产品生产经营者和用户之间的竞争。在信息产品交易中，卖方关心的是在最短的时间内，以最优的价格将信息产品让渡出去；而用户关心的则是以较低的价格，购买尽可能多、质量尽可能好的信息产品。在这一竞争过程中，卖方将信息产品向最可能给自己带来经济效益的方向流动，用户也会对购买的信息产品进行全面和有效的消费，争取获得最大的消费效益。

综上所述，在创新资源优化市场配置的过程中，要综合运用供求、价格和竞争机制，在信息产品价值构成分析的基础之上，进行合理的定价，进入市场交易，从而促进信息资源的优化配置。

## 2. 信息产品的市场交易模式

1）信息产品市场交易的特点

（1）交易双方信息是不完全信息，市场买卖者是在双方信息不完全或买卖者单方信息不完全条件下进行的经济行为。

（2）信息产品交易市场是非对称市场，从而形成不完全垄断。在技术市场上，买卖双方拥有不完全信息，信息产品需求者只考虑与其技术相配套和相适应的技术；而信息产品提供者只对拥有与其技术相配套或相适应的厂商感兴趣，这样就形成不完全双边垄断。

（3）信息产品质量的不确定性。由于信息产品具有探索性、创造性，信息产品的首创性使其难以找到具有可比性的其他信息商品，所以其收益具有很大的不确定性。

（4）信息产品价格的离散性。信息产品的交换价格取决于自身的使用价值和交易对方的评价，因此同一件信息产品也会因使用者不同而有不同的使用价值，其交易价格也会不同。信息产品的异质性，即产品质量的不确定性，同样会导致市场价格离散。

2）信息产品市场交易模型 ①

信息产品的供给来源于创新主体对信息产品的生产和传播，信息生产者或传播者根据信息产品的生产成本、传播成本、交易费用和要求的超额利润来确定最优价格。而信息产品的需求者则希望信息产品能够在不确定条件下使他们的效用最大化，他们根据效用预期确定最优价格，其投资信息产品的目的在于获得超额利润，实现效用的最大化。

由于信息产品的预期收益受到市场、组织、技术因素的影响，通常具有较强的不确定性，含有很大的风险，其价值往往取决于买方根据现有生产条件和发展规划、收益预期而做出的购买取向和主观评价，所以供求关系虽然有影响但并不明显。所以，信息产品交易中，买方价格比卖方价格对信息产品商品成交价格具有更大的影响。信息产品交易的市场是相对的买方市场。同时，考虑到信息产品未来收益的不确定性及由此而出现的风险，买方希望或者愿意与卖方共同承担风险。这样就出现了信息风险的风险与利润分担的持续交易模式，即多次让渡交易模式：卖方以一定的方式（如按比例或提成）分享买方的预期利润，并在此期间承担相应的风险责任。其中，卖方对信息产品的预期利润指的是卖方对信息产品应用于生产实践的过程中所产生的直接或间接收益，包括两部分：一是新产品商业运作过程中的一般收益；二是由于先进的技术所产生的超出同类产品的收益。具体地说，多次让渡交易模式本质上是多次或无限次分割信息产品的交易价格，以分享一定比例利润或利润提成的形式体现交易价格，这种价格分割所体现的是信息产品交易双方对信息产品风险的分担。

3）信息产品价格的确定

信息产品价格的确定应该是在信息产品价值的基础上，结合市场的供求和竞争机制而进行的。

（1）信息产品的价值构成。信息产品是人类复杂的脑力劳动的结晶，凝结了人类的一般性劳动，包括脑力劳动和体力劳动，是人类创造性劳动的结果。由于社会分工，不同的信息产品可能来自不同的信息生产者的具体劳动，进而不同的信息产品属于不同的所有者，这是由信息产权保证的；而且不同的信息

---

① 曲然，曲建国 . 2008. 知识商品交易模式与定价模型研究 . 商场现代化，（15）：35-36.

产品具有各自不同的使用价值，这样就产生了交换。因此，任何一种信息，无论是物化的还是非物化的，无论是隐性的还是显性的，无论是存在于人的大脑还是以其他某种介质作为载体，在市场中都具有价值。信息的价值包含两层含义：其一，信息凝结着信息产品生产者所付出的脑力劳动和一定的体力劳动。其二，信息产品在客观上具有能够满足人的需要和利益的特性，并且这种特性被社会所认可。信息正是在同人发生关系（满足人的需要和利益）的过程中实现其价值。

仔细分析可以得出结论：信息价值由活劳动价值、信息产品的载体价值和信息产品中的转移价值构成，其中活劳动价值包括人的创造性劳动即脑力劳动价值和依附的体力劳动价值；转移价值包括信息产品形成过程中的硬资料价值和软资料价值。因此在对信息产品价格确定的过程中，要充分考虑到信息产品在生产与使用过程中所付出的成本。

（2）信息产品价格确定原则。在信息产品交易的过程中，买卖双方除了要以价值作为信息产品定价的基础，还要遵循以下原则。

一是成本补偿原则。信息产品生产过程中所发生的直接成本，包括信息生产者的劳动耗费，创新主体的资金、设备和原材料等的投入，应该能够通过信息产品的交易得到补偿，这是维持信息产品再生产的必要条件。信息产品复杂程度越高，直接投入越多，其价格就应该高些，反之则应低些。

二是超额收益原则。信息产品使用价值的大小主要体现在其为使用者带来的超额收益方面，包括经济效益和社会效益两个方面，超额收益越高，其价格就应该越高，反之则应低些。

三是使用风险原则。使用风险反映了信息产品的使用者购买了信息产品后实际投入使用的难易程度。一般来说，买方购买信息产品是为了尽快获取经济效益和社会效益[1]。信息产品研发的完善程度越高，买方为了使用该项信息产品所需的配套投入（如生产条件改造、新工艺实施、员工培训等）越少，所承担的机会成本就越低，相应的使用风险就越小，则该知识产品的价格就应越高，反之就较低。

四是有效服务年限原则。信息产品的有效服务年限是指由于无形磨损所确定的信息产品的使用寿命，这一年限越长，买方则越可能在较长的时期内获取经济效益或社会效益，其平均分摊的投资成本就越低，该项信息产品的价格就

---

[1] 黄瑞华. 1998. 信息商品交易价格决策分析与判断. 情报理论与实践，21（4）：215-217.

应越高。

五是信息产品的支配权原则。信息产品的交易是使用权的转让，如当某公司将一项技术转让给另一家公司时，这家公司对该项技术仍拥有所有权，若无相关协议，则还可以再向别的公司转让，因此信息产品可以多次出售。若某个买方为了独占市场，或者拥有某项信息产品的完全支配权，则应对该信息产品支付较高的价格，并以合同方式保证他所获得的这一特权，反之则可支付较低的价格。

六是利益分享原则。参加信息产品交易的不同主体，基于各自的价值评价进行成交价格的谈判时，还应遵循利益分享原则，即实施知识产品交易后所产生的收益，应由交易双方共同分享。

# 3.4　基于知识供应链的区域创新体系模式研究

## 3.4.1　区域创新体系中的知识资源重组

区域创新体系内知识创新过程中创新主体受到内在体系因素和外在社会因素的影响，需要大量的相关知识进行获取、交流、筛选、吸收，然后与主体原有的知识结构和认知能力相结合，从而产生新的知识和思想，并将它们应用于实践活动。而在区域创新体系中的信息和知识资源来自各个成员企业内部 R&D、营销、生产等部门及与该创新体系有协作关系的机构，如合作企业、高等院校和科研院所等。传统区域经济发展中出现的企业集群或创新主体尽管在区域范围内具有集聚性，但各主体之间知识资源的分散形成与动态分布，缺乏有效的质量控制与有序组织，呈现融合而非聚合的特点，因此区域创新体系中的知识资源组织首先要对与知识创新过程相关的知识资源进行重组，包括构建集群知识资源库、创新主体知识门户（enterprise knowledge portal，EKP）及公共知识地图等。

### 1. 知识资源库的构建

知识资源库是知识工程中结构化、易操作、易利用、全面有组织的知识集群，是针对某一（或某些）领域问题求解的需要，采用某种（或若干）知识表示方式在计算机存储器中存储和使用的互相联系的知识片集合。这些知识片包括与领域相关的理论知识、事实数据，由专家经验得到的启发式知识，如某领域内有关的定义、定理和运算法则及常识性知识等。

区域创新体系中知识资源库建设的最基本要求是打破区域内机构、组织和企业的壁垒，有效组织和整合知识资源，达到知识的及时交流和共享。面向区域创新体系的知识资源库可以让整个区域内每个创新主体内的员工不必经过同意就可进入他工作中所需的知识资源库中去，该知识资源库应该成为区域创新体系内所有员工学习和交流的平台，涉及特殊的部分可能因为数据的敏感性而需要口令或其他权限设置。

知识资源库应充分整合区域创新体系内所有机构或组织中的显性知识和隐性知识，这包括各成员企业的基本资源，如公共关系信息（年度报告、会计审计报表、企业总体介绍等）、组织结构信息（科研设备、技术人员、服务中心等）、产品和服务的信息（成员企业的技术专长、服务特点等信息），以及关于专利、商标、版权和员工头脑中的工作经验和专业技能等非具体化的隐性知识。

## 2. 知识门户的构建

知识门户是信息门户的延伸与发展，知识门户是同一价值链上（区域产业价值链）的相关人员，主要是企业员工日常工作的"知识库"，它是知识管理系统与企业信息门户的结合。访问者可以通过它获取最新的信息与知识、技术规范、标准、工作手册等。可以说，知识门户是一个平台，该平台是知识加工平台、决策平台、知识发布与获取平台的集成。

各个创新主体知识门户在区域创新体系中起到知识共享的作用。特别是基于网络的区域创新体系的构成复杂，每个利益相关者需要与多个其他利益相关者进行沟通与联系，构成网状的、复杂的联系结构。通过知识门户，它使企业员工之间的知识共享和交流更加流畅，各个利益相关者可以通过统一的通道进入信息中心，获得并提供相关的知识，并将知识存储到相应的地点。

当前，已有学者提出协同知识门户的应用。协同知识门户通过 PtoP 的技术整合了即时通信平台，将每个工作者连接起来，进行协同工作、知识共享及分布式的商业应用等。在区域创新体系中可以通过协同知识门户和 PtoP 搜索技术，使区域创新体系内部的所有工作者能直接、实时检索分布在集群各地的计算机上的知识、文件等。

## 3. 公共知识地图的构建

知识地图有异于知识资源库的建设，它并不包括知识，但它可以指出知识的位置。区域创新体系中公共知识地图的构建是对知识资源库的有效补充。公共知识地图可以是真正的地图、知识"黄页"或者是巧妙构造的知识库，它包括找出区域创新体系中各个机构或企业中已有的重要知识，然后以清单或图片的方式公布它们，并显示在哪儿可以找到它们。通过公共知识地图，各类创新人员可以有效跨越企业或部门界限以获取他们所需的知识与信息，或找到可以解决问题的专家或团队，如基于专家地图网络的专家头脑隐性知识管理。创建知识地图所需的知识通常已在组织中存在，但它们往往以分散的、未成文、杂乱的形式存在；同时每个成员的头脑中都有一小块知识地图，知道他自己的专长及到哪里去获得特定问题的答案。创建公共知识地图就是把这些个人和成员的小知识地图结合在一起，形成整个区域创新体系的知识地图。开发知识地图经常采用调查的方法，即询问用户使用什么样的知识及在工作中他们从什么地方能获得所需的知识。对这些问题的答案进行分析，并把它们结合在一起，就可以把一些私人的或者是部门的知识地图组装成区域创新体系的公共知识地图。

### 3.4.2　基于知识供应链的区域创新体系职能分析

构建基于知识供应链的区域创新体系架构，其本质是区域知识创新环境的建立。知识创新环境为区域创新体系提供了软环境，知识链的形成使体系内各机构结合为"有机面"，而非"孤立点"，知识在创新环境中得到有效利用，其溢出效应最大化，从而有力推动整个区域创新能力的提升。

#### 1. 创新导向

虽然政府行政机构没有处于区域创新体系的核心位置，但是在知识创新体系的构建与维持中具有关键作用。一定时间与空间范围的知识创新战略需要政府职能机构研究制定，为创新体系中其他机构提供创新方向、创新内容上的指导。同时，根据知识创新战略，政府行政机构可以根据领域对口原则将一部分涉及国计民生、区域经济发展的资源或课题打包为科研创新项目提供给机构及个人申请。例如，我国"十二五"产业发展规划是对未来十年产业发展的发展引导；再如，科学技术部通过国家科技计划项目申报中心（http：//program.most.gov.cn/）对国家科研计划中的专项研究进行招标，体现了政府在国家创新体系中的引导功能。

## 2. 创新支撑

区域内教育科研机构、政府行政机构、科技企业孵化机构和信息资源服务机构等都是创新主体企业的知识支撑。教育科研机构通过人才培育、产学研结合等方式，利用已有技术资源与人才优势，为区域内企业提供人力资源与技术支持。政府行政机构与科技企业孵化机构为区域企业进行创新指导及资金支持，对高科技、高创新度的知识密集型企业给予政策与资金上的支持。信息资源服务机构通过信息资源管理系统为企业或科研人员提供科技查新、信息咨询、文献传递、科技情报等服务内容。市场服务机构包括人力资源服务机构、市场调研机构、咨询机构、人才培训机构等，为企业创新过程中提供培训、管理、运营、财务、市场等方面的支持，这些机构在服务过程中也创造新的知识，如创新的管理理念、创新的经营模式、精准的产业分析等。

## 3. 创新积累

创新积累是知识积累与技术积累的交互过程，创新主体通过不断的知识积累形成最终的知识创造，表现在技术层面即技术创新，不断的技术创新使创新主体在某一专业领域的自主知识产权得到积累。不同类型的机构根据自身业务特征选用合适的管理信息系统，并将其功能上升到知识管理、创新管理的高度，能够通过合理的制度安排对机构内部知识有效管理。这种有效管理的基本实现是对技术文档或知识文档的合理保存与利用，机构通过区域知识资源整合服务平台可以实现技术文档及知识文档的云存储，并利用平台提供的知识存储框架对文档自动分类、标识、索引、权限设定，以提供安全、高效的存储方式。

## 4. 创新转移

以知识资源整合服务平台为核心的知识转移与知识在区域内的自然转移与扩散有着本质的区别，知识转移及知识互换的过程主要通过知识交易来实现。知识资源整合服务平台所具有的知识交易功能使企业方便地获知区域内、产业内的知识分布状况，并通过一定成本来购买或租赁这些知识，如情报数据库实用权的购买、专利使用权的转让。例如，上海硅知识产权交易中心（http：//www.ssipex.com）为集成电路保护、复用、交换和交易提供专业交易平台，但是该平台服务对象仅面向集成电路制造业，知识产权供应商数量十分有限。因此，在区域内构建跨领域的综合创新交易平台，实现知识在区域内的快速、高效转移，能够促进进一步的知识创新与技术创新。

### 5. 创新反馈

知识创新与技术创新的市场体现是产品的创新。企业通过自身与外部研究机构的市场营销系统所形成的市场需求分析报告、市场状况评估报告、产品评价报告定位市场需求或发现现有产品不足，并通过产品创新以满足新需求。创新的反馈机制是推动创新过程循环的根本动力，因此知识供应链需要通过市场触发的反馈机制。较创新带动市场的方式，市场触发式的创新（即市场带动创新的方式）更具有目的性、针对性，也更能帮助企业创造直接效益，在知识供应链的设计当中，创新的反馈（特别是来自市场的反馈）主要通过两条渠道：一条是通过创新型企业自身的市场研究机构来获取用户反馈；另一条则利用中介服务机构（如市场调研机构、咨询机构）提供的专业研究报告来获取市场信息。最终，反馈将被送达企业研发部门、教育科研机构、信息资源服务机构、政府行政机构及科技企业孵化机构，以帮助这些机构制定新的决策以开展下一步的创新活动，或是更好地为创新主体提供支撑。

### 3.4.3　基于知识供应链的区域创新体系模式构建

基于知识供应链的区域创新体系模式构建可以从区域创新体系的参与者、区域创新体系的知识整合、区域创新体系的知识流动三个维度形成基于知识供应链的区域创新体系模型（图 3-3）[①]。

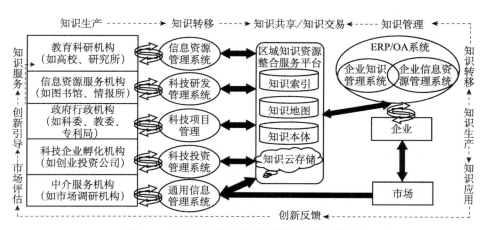

图 3-3　基于知识供应链的区域创新体系模型

---

① 王宁 . 2009. 知识供应链中知识创新能力的构建与提高 . 图书馆学刊，31（1）：12-14.

## 1. 区域创新体系的参与者

区域创新体系的参与者主要包括政府行政机构、企业公司、教育科研机构、科技孵化机构和市场中介服务机构（信息资源服务机构）。其中企业应该成为整个区域创新体系的创新主体，即知识创新、技术创新与产品创新的实施主体。一方面企业通过面向市场的产品创新来提高企业绩效，从而推动区域经济发展；另一方面企业在创新中形成的大量显性或隐性知识，通过企业内部的知识管理系统固化，并在与其他相关机构的交流合作中发生知识溢出，如六西格玛（Six Sigma）质量管理法，虽然最先由摩托罗拉公司提出，但之后却在通用电气公司得到了很好的应用与总结。教育科研机构通过对企业提供人才与技术，不仅帮助企业提高创新能力，同时也提升整个社会的创新能力。政府行政机构的创新引导功能在创新体系中也可发挥重要作用：一方面，政府机构通过科研项目的招标，来解决一些重要领域创新成果不足的问题，如我国的"863"计划、"973"计划及各个部委与地方设立的科研创新项目；另一方面，国家及地方政府通过制定产业政策或创新政策来扶持创新产业及创新企业的发展，如高新技术企业扶持政策、电子商务产业扶持政策等。科技企业孵化机构是官方资本与民间资本结合的产物，通过对高科技、高增长、高效益的创业企业的资本注入来帮助其快速成长。在我国科技企业孵化机构又称为高新技术创业服务中心，目前该类机构已遍布我国各地，数量上仅次于美国，为区域创新体系注入了大量有活力的创业型、创新型企业，其孵化的企业中许多都已成为其行业内优势企业或成功上市，如武汉东湖新技术创业中心、上海市漕河泾新兴技术开发区是我国科技企业孵化机构的典范。信息资源服务机构主要指各级图书馆和科技情报所，这类机构为企业提供信息咨询、科技查新、国内外文献服务等创新支撑服务。中介机构包括市场调研机构、咨询公司、人才培训机构等。

## 2. 区域创新体系的知识整合

区域创新体系的参与者往往部署有满足自身业务需求的管理信息系统或业务系统，虽然这些系统在功能上大多已基本能够满足相关机构知识管理与创新支撑的需求，但是由于我国在信息系统开发上没有统一的数据交换标准，因此造成了各个机构系统相互孤立、无法直接对接。因此，在区域创新体系构建中，首先需要解决的问题是各个异构系统的数据与语义对接，知识资源整合平台主要功能就是为各类异构系统提供统一的数据与语义接口，使数据、信息、知识能在各个系统间顺畅流转。同时，区域知识资源整合服务平台将各个系统中的关键信息备份存储在数据中心，并建立区域内的知识地图与知识索引，为需要知识服务的企业或机构提供数据、信息与知识三个层面的检索。

区域知识资源整合服务平台对创新主体之间的知识链进行集成整合，使其成为区域创新体系中数据、信息与知识的集散中心；信息与知识由各机构自有知识管理系统采集、归纳、存储并形成机构内知识地图与知识索引，区域知识资源整合服务平台读取并分析这些不同构面的知识地图与局部知识索引，而后整合为区域内跨机构、跨平台的区域性知识地图，并与上级区域（国家）知识资源整合服务平台对接，形成跨区域、跨产业的知识创新管理体系。

### 3. 区域创新体系的知识流动

知识流动是整个创新体系的主线，知识在区域创新主体之间的有效流动是区域创新体系构建的基本目的之一，知识流在创新主体的流动中以形成"原知识—创新—新知识—再创新"的区域创新发展模式，即在区域创新体系中形成环形知识链（图 3-3）承载知识的流动。同时，知识的流动过程也是知识的积累过程，在这一过程中通过"知识溢出"产生的连锁效应、模仿效应、交流效应、竞争效应、带动效应和激励效应共六大效应来影响区域创新的发展，由知识层面的创新发展为产业层面的创新，即形成区域内"产业集聚"，显然构建上海国际金融中心便是基于这一思考，通过不断地创新金融产品、创新金融环境以推动金融产业在国际市场竞争力的提升[①]。

### 4. 实例分析

以上海某国有科技研发企业为例，结合基于知识供应链的创新体系模式构建，从微观（创新企业）层面分析现有区域创新体系单元的基本结构及实践中存在的问题。

如图 3-4 所示，可以从四个方面来分析区域创新体系中的创新（企业）单元。从投资结构上，该企业由上海创业投资公司发起建立，参与单位包括上海交通大学等国内一流科研单位；从政府支持上，该企业由上海市科学技术委员会扶持，并通过张江高科技园区与漕河泾开发区创新创业园为基地实施孵化；从智力注入上，该企业与上海交通大学、中国科学院等科研单位形成合作关系，

---

① 李久平 .2003，国家创新系统中知识流动的有效组织模式：知识联盟 . 情报科学，（3）：266-268.

共同参与项目的研发；从成果产业化上，与民营资本共同注资成立下游企业，实施创新成果产业化。可见，从机构关系上，上海市对创新企业有一定扶持力度，从企业经营的各个方面给予支持，已形成较完备的区域创新体系与创新环境，能够为创新型企业提供优良的孵化温床。

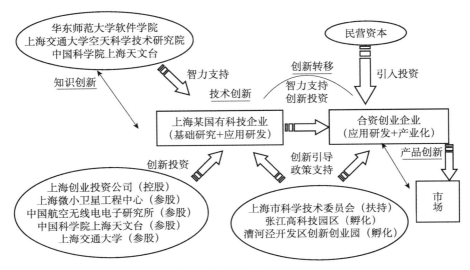

图 3-4    上海某国有科技企业创新环境分析图

但是，创新体系中的知识供给关系错综，智力支持通过内部项目合作的形式进行，缺乏统一的、固定的知识服务模式，知识资源在使用中存在间断性、孤立性，一些智力合作随项目的变迁、人员的更替中断。

因此，在区域创新体系的构建中，需要搭建以知识供应链为基础的区域知识资源整合服务平台，以协调创新主体与各类支撑机构之间的知识资源配置与管理问题。就本例而言，通过在区域创新体系中构建区域知识资源整合服务平台（简称服务平台），能够有力推动区域创新体系中各个机构间的知识流动，减少各个机构之间的信息不对称与信息滞后问题。创新企业通过信息系统中间件定期将科研项目的研发进度、账目明细、中间成果、技术资料、技术障碍等数据按归类上传至服务平台。创新投资机构通过实时登录系统来了解科研项目的资金使用情况与研发进度，以决策是否需要增加投入或收回投资。科研支撑机构透过服务平台实时了解创业企业各个研发项目遇到的技术障碍，方便相关领域专家通过平台提供基本技术支持。下游企业通过服务平台发现上游创新企业最新的成果与专利，并获取相关技术资料，以备新产品的开发。

# 区域创新体系中的信息资源配置模型研究

## 4.1 基于系统动力学的区域信息资源配置模型研究

### 4.1.1 系统动力学基础原理

系统动力学（system dynamics，SD），是一门以反馈控制理论为基础，以仿真技术为手段，定性与定量相结合，研究系统内部信息反馈机制，以探索如何认识和解决复杂系统问题的学科。

系统动力学的理论基础是控制论、信息论与系统论。系统动力学始创于1956年，创始人为美国麻省理工学院的 Jay W. Forrester 教授。Forrester 教授1961年出版的著作《工业动力学》（*Industrial Dynamics*），是最早的系统动力学著作。系统动力学认为系统是普遍存在的，整体性、有机关联性、动态性、有序性、目的性是系统最重要的特性，分析系统中诸变量的有机关联性是系统分析的关键。系统动力学就是用系统的观点通过建立起系统中诸元素的有机关联性，分析系统内部的信息反馈，来剖析研究系统结构、功能和行为，进而通过改变其结构或指定新的政策来改善系统的行为。

系统动力学分析研究信息反馈、系统结构、功能与行为之间的动态关系，是研究复杂系统的有效手段和沟通自然科学和社会科学等领域的桥梁。其方法是一种系统、分析、综合与推理的研究方法，是定性分析与定量分析相统一，并以定性分析为先导、定量分析为支持，两者相辅相成、螺旋上升、逐步深化和解决问题的方法。随着社会系统的日趋复杂，系统动力学的要领与应用越来越扩展，在处理高层决策问题上的有效性越来越显示出来。系统动力学最初应用于工业企业管理，目前，系统动力学已成为一种广泛应用的系统工程方法，被应用于社会、经济等各个领域，尤其在国土规划、区域经济开发、企业战略研究等方面，已日益显示出它的作用，被誉为"战略与决策实验室"。

区域创新体系中的信息资源配置是具有动态行为的非线性系统，属于社会经济系统范畴，组成体系的各主体之间具有复杂的关系，运用直观的认识和经验的判断很难分析系统的运行与发展。为了从深层次剖析区域创新体系的结构，把握其信息资源配置运行原理与机制，本书引入系统动力学对其进行系统仿真，以探讨区域创新体系中信息资源配置的结构特征和运行机制。

### 1. 系统动力学方法的特点

（1）系统动力学将系统定义为：一个由相互区别、相互联系和相互作用的多个部分组成，并有机地联结在一起，为完成同一目的而形成的集合体。系统动力学以系统论为基础，吸取了控制论、方法论、系统论、信息论、决策论、管理科学和计算机模拟等技术，主要分析系统信息反馈原理和机制，系统动力学认为，反馈结构可以作为描述社会经济系统及其他类型系统的基本结构。

（2）系统动力学的研究对象是具有自组织耗散结构性质的开放系统，社会、经济、生态等系统都属于这类开放系统。系统内部各组成部分之间相互作用形成一定的动态结构，并在内外动力的作用下按照一定的规律发展演化，这些系统是具有多变量、高阶次、多回路、非线性的复杂反馈系统，复杂系统的行为往往具有反直观性、对系统内部参数的变化不敏感、整体与局部利益有冲突等特性。

（3）系统动力学的建模过程是一个自学习、研究反馈的过程，模型的主要功能在于为人们提供一种进行学习与分析的工具。系统动力学的建模过程是分析研究系统的结构和功能的过程，要深入实际去考察系统各组成部分之间、局部与总体之间的种种联系。

（4）系统动力学在研究复杂系统问题时采用定性与定量相结合的方法。其模型既有描述系统各要素之间因果关系的结构模型，以此来分析和认识系统结构；又有数学公式形式的数学模型，据此进行仿真计算，以掌握系统的未来动态。

（5）系统动力学适合处理具有多变量、高阶次、多回路、非线性的复杂时变系统。系统动力学是建立在数学模拟技术基础上，对这类复杂系统的处理比较有效，因此系统动力学在研究社会、经济等复杂系统时具有优势。

（6）系统动力学采用结构 - 功能型模型对系统进行模拟，模型结构是以反馈回路为基础的，动态系统的理论与实践表明，多重反馈回路的存在使得系统的行为对一些参数不敏感。因此它对参数的要求不高，不一定需要特别精确的数字，在遇到数据不足或某些数据难于量化的问题时，系统动力学借助各要素间的因果关系及有限的数据及一定的结构仍可进行推算分析。

（7）系统动力学模型的运算有专门的计算机软件，不少软件开发公司都基于系统动力学开发了针对不同用户需求的应用软件，更加个性化、功能更强大，主要包括 VensimPLE、Powersim、IThink、STELLA、Goldsim 等。

## 2. 系统动力学的理论基础

系统动力学基于系统论，结合计算机仿真技术，汲取了多种理论，形成了一整套解决复杂系统问题的理论和方法。系统理论认为，世界是系统与系统的集合，一般系统都具有以下特性。

（1）集合性，集合即是把具有某种属性的一系列对象看成一个整体，形成一个集合。系统是由两个或两个以上的可以互相区别的要素所组成。

（2）相关性，组成系统的各要素是相互联系、相互作用、相互依存的。

（3）层次性，系统是由相互作用的诸要素构成的总体，可以分解为子系统，存在一定的层次结构。

（4）整体性，具有独立功能的系统要素及要素间的相互关系，具有逻辑统一性，它们协调存在于系统整体之中。任何一个要素都不能脱离系统整体去研究，要素间的联系和作用也不能脱离系统的整体去分析。

（5）动态性，系统具有孕育、产生、发展、衰退、消亡的过程，任何系统都是作为过程而展开的动态系统，具有时间性。

（6）目的性，系统都具有一定的功能，也就是系统的运行会达到某种目的，这是区别不同系统的标志。

不同的理论基础对系统动力学有不同的范式解释。

控制理论认为：系统动力学基于状态空间对系统进行的描述，其状态是指

完整地、确定地对系统动态行为进行刻画的最小一组变量，其模型是如下一组
微分方程[①]：

$$\frac{\mathrm{d}X}{\mathrm{d}t} = f(X,\ V,\ t) \qquad (4\text{-}1)$$

$$Y = g(X,\ V,\ t)$$

式中，$t$ 为时间变量；$Y$、$X$、$V$ 分别为输出向量、状态向量、输入向量，输出向
量是状态向量、输入向量和时间的函数。

信息反馈理论认为：一个系统由单元、单元的运动和信息组成，单元是系
统存在的现实基础，单元可以是一个大的系统或相对系统，其依据不同的边界
范畴来定义。而信息则在系统中发挥着关键作用，通过信息及其传递，系统才
能由单元形成结构，单元的运动才能形成系统的行为和功能，而信息可以是多
种因素的综合反应。系统受到系统本身的历史行为的影响，利用历史行为的数
据分析，将历史行为所产生的后果反馈给系统本身，以预测系统未来的行为。
系统动力学正是通过分析系统行为的因果关系和反馈机制以了解系统的变化，
并控制系统的行为。

决策理论：任何决策都产生于一个信息反馈系统，只要掌握了系统的基本
结构及信息反馈作用的情况，任何的控制决策都可以借助于信息作用到系统结
构上而发挥效果。结构、信息、控制和人组成了一个决策系统。

系统力学：系统动力学将系统力学的系统概念推广到包括社会系统的一般
系统，并把力的概念引申为一般系统内部的相互作用，将系统中运动着的物质、
能量、信息流体化，根据流体连续流动的特点来把握系统的行为，认为正是这
种流动导致了系统的变化。

计算机仿真技术：计算机仿真即通过计算机建立现实系统的仿真模型，利
用仿真模型在计算机上进行试验和分析研究。仿真试验代替了实地试验，仿真
分析代替了数学分析，计算机仿真技术的应用使系统科学描述或分析系统行为
获得了有力的工具。

### 3. 系统动力学与系统

1）系统的结构

系统的结构反映组成系统的各单元及各单元间的相互作用与关系。

---

① 沈小璞. 2009. 工程结构分析的状态空间理论及其应用. 合肥：合肥工业大学.

任意系统可表示为

$$S=(E, R) \tag{4-2}$$

式中，$S$ 为系统；$E$ 为元素集；$R$ 为元素集 $E$ 之间的关系。系统动力学认为，一阶反馈回路是构成系统的基本结构，反馈回路就是耦合系统的状态、速率和信息三个基本部分组成的基本结构，一个复杂系统是由这些相互作用的反馈回路组成的，系统状态变量的变化取决于决策或行动的结果。而决策的产生可分为两种：一种是依靠反馈的自我调节；另一种是在一定条件下不依靠信息的反馈，而遵循系统自身的某种特殊规律。一个复杂系统是按一定的系统结构由若干相互作用的反馈回路组成的。

基于系统的整体性和层次性，系统的结构一般存在下列体系或层次。

（1）确定系统 $S$ 范围的界限。

（2）子系统或子结构 $S_i (i=1, 2, 3, \cdots, p)$。

（3）系统的基本单元，反馈回路结构 $E_j (j=1, 2, 3, \cdots, m)$。

（4）反馈回路的主要变量：状态变量、变化率（速率）。变化率的组成：目标、现状、偏差与行动。速率方程的过程结构如图 4-1 所示。

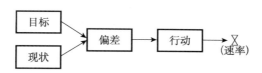

图 4-1　速率方程的过程结构

2）因果反馈回路

社会系统由若干个因果反馈回路组成，因果反馈回路是信息反馈回路系统的基础。所谓因果反馈回路是指由两个或两个以上具有因果关系的变量，以因果关系彼此连接，从而形成封闭回路的结构。因果反馈回路可以是简单的反馈回路、正反馈回路或负反馈回路，如图 4-2 所示。

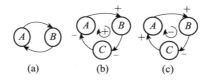

图 4-2　因果反馈回路

图 4-2 中所示 $A \to B$ 称为"因果键"，表示一对原因要素和结果要素，因果

键有正负极性之分。一方面，连接 $A$ 与 $B$ 的因果键取正号，即 $A \rightarrow {}^+B$，表示若增加 $A$ 使 $B$ 也增加，或若 $A$ 的变化使 $B$ 在同一方向上发生变化；另一方面，若连接 $A$ 与 $B$ 的因果键取负号，即 $A \rightarrow {}^-B$，表示若增加 $A$ 使 $B$ 减少，或若 $A$ 的变化使 $B$ 在相反方向上发生变化。

图 4-2（a）说明了 $A$ 变量的变动会使 $B$ 变量产生变动，同时 $B$ 变量的变动又使 $A$ 变量变动。从图 4-2 中因果反馈回路可以看到，$A$ 变量是受 $A$ 本身控制的情况所影响，而且 $A$、$B$ 两者都是互为因果的，因此，形成封闭性的回路结构。就整体而言，无法决定何处是回路的起始或终端。也就是说，就回路整体而言，无法确定究竟 $A$ 是因 $B$ 是果，还是 $A$ 是果 $B$ 是因，这是因果反馈回路的基本特性。

图 4-2（b）是一种正因果反馈回路，它表示 $A$ 变量的变动会影响 $B$ 变量，$B$ 变量的变动再影响 $C$ 变量，$C$ 变量反过来再影响 $A$ 变量，而构成封闭性的因果反馈回路。这个反馈回路称正反馈回路，因为 $A \rightarrow B$ 的因果键为正，$B \rightarrow C$ 的因果键为负，$C \rightarrow A$ 的因果键为负。因此，就回路整体来说，可以看到，$A$ 变量如果增加 $\Delta A$，$B$ 变量就会增加 $\Delta B$，$B$ 变量增加 $\Delta B$ 后，$C$ 变量减少 $\Delta C$，又使 $A$ 变量增加 $\Delta A'$。所以，当 $A$ 变量增加 $\Delta A$ 后，经过整个因果反馈回路，最后使 $A$ 变量的增加变成 $\Delta A + \Delta A'$。反之，如果 $A$ 变量最初减少 $\Delta A$，整个过程亦类似，最后 $A$ 变量在总减少量为 $\Delta A + \Delta A'$。换句话说，在这个因果反馈回路中，任何变量变动的幅度具有能造成这种自我增强变动效果的因果反馈回路，称为正因果反馈回路。

图 4-2（c）所示则是负因果反馈回路，$A$ 变量增加 $\Delta A$，$B$ 变量就会增加 $\Delta B$，$B$ 变量增加 $\Delta B$ 后，$C$ 变量减少 $\Delta C$，又使 $A$ 变量减少 $\Delta A$。所以，当 $A$ 变量增加 $\Delta A$ 后，经过整个负反馈回路的影响，最后使 $A$ 变量的增加量变成 $\Delta A - \Delta A'$。反之，如果 $A$ 变量最初减少 $\Delta A$，整个过程亦类似，最后 $A$ 变量的变化为 $-\Delta A + \Delta A'$。换言之，在这个因果反馈回路中，任何变量的变动，最后会是该原始的变量产生一直变动的效果，这就是负因果反馈回路的基本特征。

由上述分析可得判断反馈回路的方法如下：当反馈回路中存在奇数个负因果键时，此反馈回路为负反馈回路；当反馈回路中不存在或存在偶数个负因果键时，此反馈回路为正反馈回路。

3）系统动力学对系统的描述

根据系统的整体性和层次性，系统动力学将系统的结构形成体系与层次。

首先，将系统 $S$ 划分为 $i$ 个相互关联的子系统 $S_i$。在此基础上对子系统做进一步的描述。子系统由基本单元和一阶反馈回路组成，一阶反馈回路包含三种基本变量：状态变量、速率变量和辅助变量。这三种变量可分别由状态方程、速率方程和辅助方程表示。不论系统是静态的还是动态的，是时变的还是非时变的，是线性的还是非线性的，都可以用这些变量的方程式来描述。

变量的规范数学描述式为

$$L^* = PR$$

$$\left[\frac{R}{A}\right] = W\left[\frac{L}{A}\right] \tag{4-3}$$

式中，$L^*$ 表示状态变量向量；$R$ 表示速率变量向量；$A$ 表示辅助变量向量；$L$ 表示纯速率变量向量；$P$ 表示转移矩阵；$W$ 表示关系矩阵。

### 4. 系统动力学基本方程

系统动力学的基本方程是一阶微分方程组，它描述了系统各状态变量的变化率对各状态变量或特定输入等的依存关系。系统动力学进一步考虑了促成状态变量变化的各个因素，根据系统的实际情况和研究的需要将变化率的描述分解为若干流速的描述，这样处理使得概念明确，不仅利于建模，而且有利于政策实验以寻找系统中合适的控制点。

在系统动力学模型中，流率方程是主干，因为它描述了状态变量（流位）的变化规律，实际上速率方程是欧拉法数值积分的表示，状态变量方程的一般形式为

$$L.K = L.J + DT\,(IR.JK - OR.JK) \tag{4-4}$$

式中，$L.K$（现在状态变量）、$L.J$（过去状态变量）为状态向量，$IR.JK$、$OR.JK$ 为流速向量，$IR.JK$ 为流入向量，$OR.JK$ 为流出向量。$K$ 表示现在时刻，$J$ 表示与 $K$ 相邻的前一时刻，$JK$ 表示 $J$ 时刻到 $K$ 时刻时间段，$DT$ 表示仿真步长且 $DT = JK$。

对式（4-4）变形，可得

$$\frac{L.K - L.J}{DT} = \frac{DL}{DT} = IR.JK - OR.JK \tag{4-5}$$

式（4-5）的物理意义为状态变量的导数等于流入速率与流出速率的代数

和，显然，SD 模型是由上述向量方程确定的一阶微分方程组 ①。

## 5. 系统动力学建模的原则

建模是系统动力学方法中最为关键也是最困难的阶段，需要高超的技巧，并循下列基本原则。

（1）系统能完整地用状态变量加以描述。系统动力学以状态空间法描述系统的结构与其时域行为。系统的状态是一个最小的变量组，称为状态变量。状态是物质的表达，代表系统中的累积或储存的量，它们能完整地、准确地描述系统，描述由同一类物质组成的系统的状态变量组，具有同一量纲。

（2）模型中每一反馈回路至少应包含一个状态变量，否则将出现辅助方程及不同速率直接连接的回路，这是不允许的。

（3）物质守恒原则。状态的变化代表物质的变化与运动。当状态 A 流向 B，若 B 增大了，则 A 必定是减少了。这就是物质守恒原则。

（4）系统中任一状态的变化仅受其输入与输出速率的控制与影响。任一状态变量不能直接影响另一状态变量。模型是用来描述现实系统的，它源于现实、反映现实，人们通过建模达到对现实系统认识的深化。

在具体的建模过程中，还要注意以下几点。

（1）建模要做到一个"明确"、三个"面向"：明确目的，面向问题、面向过程与面向应用。建模时应首先明确建模目的，应集中于问题与矛盾，而不是整个系统。建模的整个过程都要面向所要解决的实际系统的问题与矛盾，面向相互制约、相互影响的诸方面所形成的动态反馈过程，面向模型的应用与政策的实施。

（2）模型是实际系统的"实验室"。它是真实系统的简化，是现实世界的某些断面或侧面。建模不等于对实际系统进行复制，应防止所谓原原本本对应现实世界的错误建模倾向。

（3）检验模型的一致性、有效性的最终标准是客观实践。人们对客观事物的认识不可能一次完成，而是一个螺旋上升的过程，因此，没有终极的模型，没有十全十美的模型，只能做到建立阶段性的、达成预定目标和满足预定要求的相对有效的模型。

---

① 王建华，江东，顾定法，等. 1999. 基于 SD 模型的干旱区城市水资源承载力预测研究. 地理学与国土研究，（2）：18-22.

## 4.1.2　区域创新体系中的系统动力学特征

### 1. 区域创新体系中系统动力学条件

从系统工程的角度看，应用系统动力学方法研究问题，应该首先认识系统的特征，从区域创新体系的组成要素和系统结构特征来看，区域创新体系下信息资源的综合配置具备应用系统动力学方法的基本条件。

（1）区域创新体系结构以反馈环为基础，且系统内部存在多重反馈环，因此其结构较为复杂。

（2）区域创新体系是具有动态行为的非线性复杂系统，组成系统的各个子系统之间，以及子系统内的各要素之间，具有复杂的相互依赖关系，其中许多关系具有明显的非线性特征。

（3）区域创新体系在输入与输出之间往往存在较强的延时性，且在空间上是分离的。

（4）作为社会系统的一部分，区域创新体系具有很大的惯性，对于政策的改变有一定的抵制性，且其长期效果往往与短期效益有所出入。

（5）区域创新体系的研究不适宜进行实际系统试验，且许多现象都是一次性的。

### 2. 区域创新体系中系统动力学建模步骤

1）确定系统仿真目标

包括明确系统仿真目的、确定系统所要解决的问题和划定系统边界。系统动力学对社会系统进行仿真试验的主要目的是认识和预测系统的结构和未来的行为，以便为进一步确定系统结构和设计最佳运行参数，以及制定合理的政策等提供依据。系统建模的目的就在于研究这些问题，划定系统边界包括分析系统与环境的关系，分析主要矛盾与选择适当的变量，确定内生变量、外生变量、输入量和政策变量。

2）系统结构分析和因果关系分析

包括描述系统有关因素，解释各因素之间的内在关系，画出因果关系图；隔离划分系统的层次与子结构，重点在于分析系统整体的与局部的反馈关系、反馈回路及它们的耦合；估计系统的主导回路及其性质与动态转移的可能性，通过系统结构分析和因果关系分析，明确系统内部各要素间的因果关系，并用因果关系的反馈回路来描述。

3）建立系统动力学模型

系统动力学模型主要包括系统流图和结构方程式两个部分。建立系统动力学模型就是在系统的结构分析和因果关系图的基础上，绘制系统流图，建立数学方程、描述定性与半定性的变量关系，最后构造方程与程序，并对模型做初步的检验与评估。结构方程式是各因素间数量关系的体现，包括流位方程式、流率方程式、辅助变量方程式等。建立结构方程式，就是依据所要研究系统的主要问题，找出它们之间的相互影响，并考虑状态变量、流率变量、辅助变量及一些外生变量之间的关系，建立定量关系式。

4）选择输入参数

系统流图只说明系统中各变量间的逻辑关系与系统构造，并不能显示其定量关系，对模型进行仿真模拟，应对模型中的所有常数、表函数及状态变量方程的初始值赋值。模型行为的模式与结果主要取决于模型结构而不是参数值的大小，所以没有必要用统计的方法来进行系统动力学模型的参数估计。参数的估计方法有经调查获得的第一手资料；从模型中部分变量间关系中确定的参数值；分析已掌握的有关系统的知识估计参数值；根据模型的参考行为特性估计参数。

5）进行计算机仿真模拟运算

把所确定的各种参数的原始数据及政策变量值带入结构方程式，进行仿真运算，得出各变量的值及相关变化表。绘制结果曲线图表，并调整数据，反复模拟实验。

6）分析仿真结果和修正系统模型

为了解仿真试验是否达到预期目的，或者为了检验系统结构是否有缺陷，必须对仿真结果进行分析。根据仿真结果分析，必须对系统模型进行修正。修正的内容包括修正系统的结构，或修正系统的运行参数、策略，或重新确定系统边界等，以便使模型能更真实地反应实际系统的行为[1]。

## 4.1.3  区域创新体系中的系统动力学建模

区域创新体系的实质是在一定的外部环境下，政府、企业、高校、科研

---

[1] 王薇，雷学东，余新晓，等 . 2005. 基于 SD 模型的水资源承载力计算理论研究——以青海共和盆地水资源承载力研究为例 . 水资源与水工程学报，16（3）：11-15.

机构和中介服务机构等创新主体相互协调、相互作用下，构造起来的具有一定区域和环境空间的创新资源配置系统。运用系统动力学对区域创新体系建立模型，就是探索一种从定量的角度反映区域创新体系运行机制的方法，分析系统的运行特征，发现体系中对创新能力和创新效率起主要作用的信息资源利用和反馈关系，为区域创新政策的制定和提高区域创新效率及能力提供相关依据。

进行区域创新体系信息资源配置系统动力学仿真研究的目的主要是认识区域创新体系的结构，研究其运行机制，以便进一步确定影响其运行的主要决策变量，挖掘制约创新体系效率的因素，并制定更为合理的区域创新政策，从而提高区域创新的效率和能力。具体来讲，区域创新体系的系统动力学仿真的目的有以下几个方面：①研究区域创新体系结构与创新主体之间的相互关系，利用系统动力学方法进行区域创新体系主导反馈回路的分析，找到对体系行为影响较大的关键性因素；②从定量的角度研究区域创新体系的运行机制，研究其运行的特征；③在对区域创新系统现期运行分析和评价的基础上，对其未来发展变化趋势做出预测。

### 1. 区域创新体系边界的确定

系统动力学的研究是基于系统内部诸因素的，外部的因素不能对体系的运行产生本质的影响，因此在进行区域创新体系系统动力学研究的过程中首先要确定系统的边界。

从功能上来看，区域创新体系的建设和运行是一个创新资源（主要包括人财物和对应的信息资源等）重新整合和分配使用的过程，这里主要以知识创新为研究主体，辅以管理创新、技术创新、制度创新和服务创新等辅助因素。

从结构上来看，区域创新体系包括政府环境子系统、企业环境子系统、高校科研院所子系统和中介环境子系统四个子系统。其中政府环境子系统作为制度创新的主体，在区域创新体系环境构建与运行管理方面起到作用；企业环境子系统作为技术创新的主体，其创新行为与经济效果紧密相连；高校科研院所子系统作为知识创新的主体，在产学研一体化技术创新和区域知识创新基础构建方面起到作用；中介环境子系统作为区域创新服务体系的辅助系统，为创新服务实践、促进区域创新体系中技术市场交易等活动提供支持。各子系统之间的互动关系如图 4-3 所示。

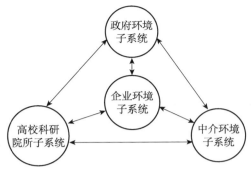

图 4-3    区域创新体系结构边界

## 2. 区域创新体系因果关系模型

从结构上来说，区域创新体系是由政府环境子系统、企业环境子系统、高校科研院所子系统和中介环境子系统等多个子系统构成的。在对体系整体结构分析的基础上，以各创新主体的行为及互动关系为主线，创建如下区域创新体系因果关系模型图（图 4-4）。

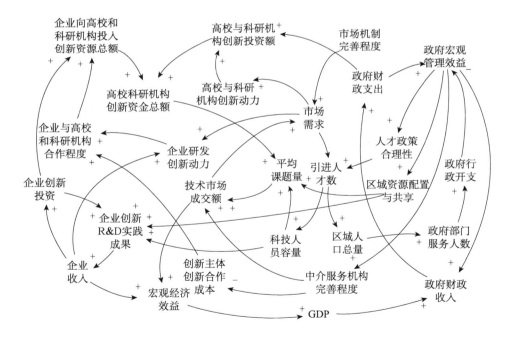

图 4-4    区域创新体系因果关系图

从图 4-4 可以看出，区域创新体系结构中的因果关系有以下 10 个主要反馈回路。

（1）政府宏观管理效益→中介服务机构完善程度→技术市场成交额→宏观经济效益→ GDP →政府财政收入→政府财政支出→政府宏观管理效益。

该反馈回路为正反馈回路，所反映的是在政府的扶持下区域创新服务体系的建设与发展及其与中介服务机构和区域宏观经济之间的互动关系。技术市场和中介创新服务机构等是技术成果实现市场化转化的重要桥梁和纽带，其完善程度与服务水平是区域创新体系运行的重要环节。

（2）政府宏观管理效益→人才政策合理性→引进人才数→科技人员总数→平均课题数→技术市场成交额→市场需求→企业研发创新动力→企业创新 R&D 实践成果→企业收入→宏观经济效益→ GDP →政府财政收入→政府财政支出。

该反馈回路为正反馈回路，反映的是区域创新环境与区域创新人力资源流动，以及企业创新活动与区域宏观经济的互动关系。人是区域创新体系中创新活动的实施主体，创新人力资源是区域创新体系得以建立与运行的支撑要素之一。区域政府应通过相应的人才政策，使得本地区对优秀的创新人力资源具有更强的吸引力，形成较强的吸引和积累人力资源的能力，从而增强区域创新人力资源配置的整体水平，进而促进区域创新活动与宏观经济的发展。

（3）政府宏观管理效益→区域资源配置与共享→企业创新 R&D 实践成果→企业收入→企业研发创新动力→企业与高校和科研机构合作程度→企业向高校和科研机构投入创新资源总额→高校科研机构创新资金总额→平均课题数→技术市场成交额→市场需求→引进人才数→区域人口总数→政府部门服务人数→政府行政开支→政府宏观管理效益。

该反馈回路为正反馈回路，反映的是在政府相关政策体制环境下，区域创新体制中政府宏观管理效益、区域资源配置水平、高校科研机构合作程度、企业创新投入水平及创新活动主体之间的互动关系。有效的技术创新及其成果的转化是在政府、高校科研机构和企业等多个创新主体，在基于一定的区域资源配置的情况下合作完成的。

（4）企业研发创新动力→企业与高校和科研机构合作程度→企业向高校和科研机构投入创新资源总额→高校科研机构创新资金总额→平均课题数→技术市场成交额→市场需求→引进人才数→区域人口总数→政府部门服务人数→政府行政开支→政府宏观管理效益→区域资源配置与共享→企业创新 R&D 实践成果→企业收入→企业研发创新动力。

该反馈回路为正反馈回路，所反映的是在区域内市场环境下，企业研发动力在一定程度上与企业和高校科研机构的合作程度紧密相关。高校的平均课题数受企业、高校和科研机构创新资金的投入所影响；同时企业的研发创新动力与人才、区域资源的配置与共享水平相关。

（5）高校与科研机构创新动力→高校与科研机构创新投资额→高校与科研机构创新投资额→平均课题数→技术市场成交额→市场需求→高校与科研机构创新动力。

该反馈回路为正反馈回路，所反映的是在市场机制的作用下，高校与科研机构创新动力主要来自高校和科研机构在创新领域方面的投资额（包括资金和技术），最终体现在课题数的数量及在技术市场的成交额。

（6）中介服务机构完善程度→技术市场成交额→市场需求→引进人才数→科技人员总数→企业创新 R&D 实践成果→企业收入→宏观经济效益→ GDP →政府财政收入→政府财政支出→政府宏观管理效益→中介服务机构完善程度。

该反馈回路为正反馈回路，所反映的是在区域内市场环境下，中介服务机构的完善程度与市场需求、企业创新成果转化、政府管理效益之间的关系。

由该关系回路可以看出，中介服务机构服务体系越完善，技术市场的交易就越活跃，从而扩大市场需求，促进人才引进和科研人才"消费"，提升企业的创新实践活动，增加企业研发成果，提升区域整体宏观经济效益。

（7）中介服务机构完善程度→创新主体创新合作成本→企业与高校和科研机构合作程度→企业向高校和科研机构投入创新资源总额→高校科研机构创新资金总额→平均课题数→技术市场成交额→市场需求→引进人才数→科技人员总数→企业创新 R&D 实践成果→企业收入→宏观经济效益→ GDP →政府财政收入→政府财政支出→政府宏观管理效益→中介服务机构完善程度。

该反馈回路为负反馈回路，所反映的是在区域内市场环境下，在市场需求和政府相关政策的共同作用下，中介服务机构完善程度、创新主体创新合作成本、企业高效科研机构合作程度、人才引进、区域政府部门行政开支和政府管理效益之间的影响。

（8）市场需求→企业研发创新动力→企业创新投资→企业创新 R&D 实践成果→企业收入→宏观经济效益→ GDP →政府财政收入→政府财政支出→政府宏观管理效益→区域资源配置与共享→平均课题数→技术市场成交额→市场需求。

该反馈回路为正反馈回路，所反映的是在市场机制的作用下，以政府为主体的制度创新与以企业为主体的技术创新之间的互动关系。其中，技术创新是区域核心内容，企业出于自身发展的需要，在市场需求和自身收益的共同作用下，不断进行新技术、新产品和新工艺的研发，并在市场机制和自身发展需求的共同作用下，将技术创新成果应用于生产经营的实践过程。而制度创新则主要是在技术创新的推动下提升政府管理效率，技术创新的发展对制度体系不断提出新的发展要求，特别是政府在区域资源配置与服务上，市场则是连接企业技术创新与政府制度创新的渠道。

（9）市场需求→引进人才数→科技人员总数→企业创新 R&D 实践成果→企业收入→宏观经济效益→ GDP →政府财政收入→政府财政支出→政府宏观管理效益→中介服务机构完善程度→创新主体创新合作成本→企业。

与高校和科研机构合作程度→企业向高校和科研机构投入创新资源总额→高校科研机构创新资金总额→平均课题数→技术市场成交额→市场需求 [①]。

该反馈回路为正反馈回路，所反映的是在市场机制的作用下，以企业为主体的技术创新、以政府为主体的制度管理创新、以高校和科研机构为主体的知识创新、以中介服务机构为主体的服务创新四者之间的互动关系。由政府政策与策略所营造出的制度和发展环境，在区域市场环境的共同作用下，影响着企业的技术创新和高校科研机构的知识创新行为，二者在中介服务机构的服务体系下进行创新成果的市场与产业化转化，从而提升区域的技术、产业水平，推动区域宏观经济的发展，因此，由区域政府主导所建立的创新体系必须与区域知识创新（信息共享）长期发展的需求相适应。

（10）平均课题数→技术市场成交额→宏观经济效益→ GDP →政府财政收入→政府财政支出→政府宏观管理效益→区域资源配置与共享→企业创新 R&D 实践成果→企业收入→企业向高校和科研机构投入创新资源总额→高校科研机构创新资金总额→平均课题数。

除上述主要反馈回路外，该区域创新体系中还有很多具有辅助功能的回路，主要存在于各子系统中，反映各子系统内部要素之间的影响关系，如政府行政开支→政府宏观管理效益→中介服务机构完善程度→技术市场成交额→市场需求→引进人才数→区域人口总数→政府部门服务人数→政府行政开支（负反馈回路）；中介服务机构完善程度→技术市场成交额→宏观经济效益→ GDP →政府财政收入→政府财政支出→政府宏观管理效益→中介服务机构完善程度（负反馈回路）；区域资源配置与共享→企业创新 R&D 实践成果→企业收入→宏观经济效益→ GDP →政府财政收入→政府财政支出→政府宏观管理效益→区域资

---

① 朱晓霞 . 2008. 基于 SD 模型的 RIS 创新驱动力研究 . 科学学研究，26（6）：1300-1309.

源配置与共享（正反馈回路）。

综上所述，区域创新体系的状态与运行机制是由上述主要反馈回路与辅助反馈回路的相互耦合作用所体现出来的整体结果。研究各反馈回路对系统整体作用的方式和系统中不同变量所处的状态，可以发现区域创新系统运行的基本特征与运行机理，通过对系统内部关键变量进行调控，从而可以实现区域创新系统的协调发展。

### 3. 区域创新体系中系统动力学模型涉及的主要公式[①]

#### 1）政府宏观管理效益

政府在区域创新体系中的作用是运用各种政策工具，引导和管理区域创新体系的建设和运行，而其职能的实现与其管理效益有一定联系，政府实施管理职能的过程中要消耗一定的人力、物力和财力，这三种资源包括物化或转化在其中以人力、物力或财力的形式体现出来的信息资源。例如，财政支出中必然包括信息化建设的硬件和软件建设，人才引进中必然包括信息化人才投入。本书采用政府活动所消耗与配置的资源数量指标来反映政府在区域管理中的效益；用从事政府工作的人员占区域人口总量的比重 $\eta = \dfrac{nsg}{pr}$ 表示政府人力资源的使用程度；用政府行政开支与财政支出之比和政府财政收入与国内生产总值之比 $\theta = \dfrac{bge/gfe}{fig/GDP}$ 表示政府支配资源与使用资源的合理程度，即政府财力物力消耗的利用效率。则政府宏观管理效益表示为

$$mbg = \frac{nsg}{pr} \times \frac{bge \times GDP}{gfe \times fig} \qquad (4\text{-}6)$$

式中，mbg 表示政府宏观管理效益（dimensionless）；nsg 表示政府部门人数（peoples）；pr 表示区域人口总量（peoples）；GDP 表示国内生产总值（units/year）；bge 表示政府年度行政开支（units/year）；fig 表示政府年度财政收入（units/year）；gfe 表示政府年度财政支出（units/year）。

mbg 的数值越小则越表明政府区域宏观管理效益较高；反之，则表示政府区域宏观管理效益较低。

#### 2）政府年度财政收入

$$igfi = fig \times rgfi$$

---

① 谢富纪. 2010. 长三角都市圈创新体系的运行机制研究. 中国浦东干部学院学报，（2）：21-29.

式中，igfi 表示政府年度财政收入增长（units/year）；rgfi 表示政府年度财政收入变化率（dimensionless）。

3）政府年度财政支出

$$cvgf=gfe \times crgf$$

式中，cvgf 表示政府财政支出变化额（units/year）；crgf 表示政府财政支出变化率（dimensionless）。

4）政府年度行政开支

$$cgbe=bge \times rgbe$$

式中，cgbe 表示政府年度行政开支变化额（units/year）；rgbe 表示政府行政开支变化率（dimensionless）。

5）政府部门人数

政府部门人员的冗余程度是反映政府部门工作效率的重要指标之一，本书用政府部门人数反映政府部门通过机构改革，转变职能、提高管理效率的力度和有效性。

$$isng=nsg \times crgs$$

式中，isng 表示政府部门人数变化额（peoples/year）；crgs 表示政府部门人数变化率（dimensionless）。

6）国内生产总值

$$igdp=GDP \times Y$$

式中，igdp 表示 GDP 年增长额（units/year）；$Y$ 表示实际 GDP 增长率（dimensionless）。

7）区域人口总量

$$irp=pr \times irrp$$

式中，irp 表示区域人口增长额（peoples/year）；irrp 表示区域人口增长速度（dimensionless）。

8）高等教育投入资金总额

在我国目前的教育体制中，教育费用尤其是高等教育的投资绝大部分是由政府承担的，包括国家和区域高等教育投入两部分，可表示为

$$ihe=gfe \times phei+hein$$

式中，ihe 表示高等教育投入资金总额（units/year）；phei 表示地方政府高等教育投入比例（dimensionless）；hein 表示国家高等教育投入额（units/year）；gfe

表示地方政府年度财政支出（units/year）。

9）高校计划在校学生数

$$anes=ihe/ache$$

式中，anes 表示高校计划在校学生数（peoples/year）；ache 表示年人均高等教育费用（units/people）。

10）高校在校学生数

$$nns=anes-nes+ngp$$

式中，nes 表示高校在校学生数（peoples/year）；nns 表示高校年均入学人数（peoples/year）；ngp 表示高校年毕业生数（peoples/year）。

11）高校年毕业生数

$$ngp=nes \times grp$$

式中，grp 表示高校毕业率（dimensionless）。

12）科技人才增加额

区域创新体系的建设和发展的关键因素是人才，而人才的累积一方面依靠区域内自身教育事业的培养，另一方面则通过引进人才来获得。

$$ini=nii-nfi$$

式中，ini 表示科技人才增加额（peoples/year）；nii 表示引进科技人才数（peoples/year）；nfi 表示流出科技人才数（peoples/year）。

13）引进科技人才数

$$nii=pr \times dpp \times ehrp$$

式中，dpp 表示人才需求系数（dimensionless）；ehrp 表示人才政策效率系数（dimensionless）（获取人才的概率）。

14）流出科技人才数

$$nfi=ni \times pfi$$

式中，ni 表示科技人才总数（peoples/year）；pfi 表示流出科技人才比例（dimensionless）。

15）年科研课题数

$$nrt=ni \times prs \times ants$$

式中，nrt 表示年科研课题数（number/year）；prs 表示专门研究人员比例（dimensionless）；ants 表示专门研究人员人均承担课题数（number/people）。

16）研发投资需求

$$dri=nrt \times adri \times pter$$

式中，dri 表示研发投资需求（units/year）；adri 表示平均研发投资需求（units/number）；pter 表示企业与科研机构合作研发课题比例（dimensionless）。

17）研发效益

$$erd=a \times dri/rdi$$

式中，erd 表示研发效益（dimensionless）；a 表示技术进步率（dimensionless）；rdi 表示研发投资（units/year）。

18）技术进步率

美国经济学家索洛提出，技术进步在决定一个国家的经济增长能力方面，其重要性超过了资本的投入，在他提出的余值法中认为，产出增长速度的获得，是由资金投入、劳动投入和技术进步三者共同作用而实现的，因而在产出的总增长中，扣除由于资金投入量的增加和劳动投入量的增加对产出所作的贡献，剩下的"余值"便是技术进步对产出所作的贡献，表示为

$$y = \alpha + \alpha k + \beta l \text{ 得出 } \alpha = y - \alpha k - \beta l$$

式中，$k$ 表示资金增长速度（dimensionless）；$l$ 表示劳动力增长速度（dimensionless）；$\alpha$ 表示资金产出弹性系数（dimensionless）；$\beta$ 表示劳动产出弹性系数（dimensionless）。

19）企业税前利润增长

$$iep=（K+L+erd+biie）\times taep$$

式中，$K=\alpha k$，$K$ 表示资金增长绩效；$L=\beta L$，$L$ 表示劳动力增长绩效；iep 表示企业税前利润增长（units/year）；taep 表示企业税前利润总额（units/year）；biie 表示企业创新实践绩效（dimensionless）。

20）企业创新实践绩效

企业创新实践绩效是指企业在将新产品、新工艺、新技术、新设备等应用于企业生产实践、产生新产品过程中的效益，可用企业新产品产值与企业创新实践投资额的比值来表示

$$biie=pnp/eiii$$

式中，pnp 表示企业新产品产值（units/year）；eiii 表示企业创新实践投资额（units/year）。

21）企业新产品产值

新产品是指采用新技术原理、新设计构思研制、生产的全新产品或在结构、材质、工艺等某一方面比原有产品有明显改进，从而显著提高了产品性能或扩

大了使用功能的产品。企业新产品产值即指企业全部产品中这一部分产品的产值，是直接反映创新实践活动对企业收益影响的量。

$$pinp=pnp \times rpnp$$

式中，pinp 表示企业新产品产值增加额（units/year）；rpnp 表示企业新产品产值增长率（dimensionless）。

22）企业创新实践投资额

企业创新实践投资额指企业创新实践的资金投入占企业全部创新资金的比例，表示企业对新技术成果产业化应用投入的力度。

$$eiii=iie \times piii$$

式中，piii 表示企业创新实践投资比例（dimensionless）；iie 表示企业创新投资额（units/year）。创新投资额和创新实践是两个不同概念。

23）研发投资

这里的研发投资指的是产学研合作的技术创新研发资金，其来源主要是研究机构和企业两个方面，其投入的额度主要取决于研究机构与企业之间的联合程度。

$$rdi=riro \times rdre+iie \times rder$$

式中，riro 表示科研机构研发投资额（units/year）；iie 表示企业创新投资额（units/year）；rdre 表示科研机构对企业联合程度（dimensionless）；rder 表示企业对科研机构联合程度（dimensionless）。

24）企业创新投资总额

$$iie=taep \times peii$$

式中，peii 表示企业创新投资比例（dimensionless）；taep 表示企业税前利润总额（units/year）。

25）科研机构研发投资额

科研机构的研发资金主要来源于三个渠道：首先是研究机构将其科研成果转化获得经济利益后，以其自身积累的资金投入研发；其次是各级政府的投入，其额度取决于政府的财政能力和对研发的重视程度；最后是企业对专业研发机构的资助。

$$riro=gfe \times pgi+iie \times paer+oro \times proi$$

式中，pgi 表示政府研发投入比例（dimensionless）；paer 表示企业资助科研机构研发资金比例（dimensionless）；oro 表示科研机构年产出额（units/year）；

proi 表示科研机构研发投资比例（dimensionless）。

26）科研机构年产出额

$$oro=datm-dait \times csli$$

式中，datm 表示技术市场成交额（units/year）；dait 表示年引进技术成交额（units/year）；csli 表示中介机构服务水平影响系数（dimensionless）。

27）年引进技术成交额

$$idit=dait \times rdit$$

式中，idit 表示引进技术成交额年增加额（units/year）；rdit 表示年引进技术成交额变化率（dimensionless）。

28）技术市场成交额

$$datm=iie \times peit+daet$$

式中，peit 表示企业技术引进投资比例（dimensionless）；daet 表示年技术输出成交额（units/year）。

29）年技术输出成交额

$$iaet=daet \times cret$$

式中，iaet 表示技术输出成交额年增加额（units/year）；cret 表示年技术输出成交额变化率（dimensionless）。

### 4. 区域创新体系的输出与响应

区域创新体系的研究目的是通过资源整合促进创新来带动区域经济的发展，对区域创新体系运行效果的评价应从其经济性效果和社会性效果两方面进行：首先应考虑区域创新体系的经济效果，即评价区域创新体系对区域经济发展的贡献和影响，主要考察对区域内国民财富总量的贡献，不仅考察某一时期的贡献，还要考虑其贡献和影响的发展趋势；其次还应考虑区域创新体系的社会效果，一方面考察区域创新体系运行对政府体制改革的促进作用，另一方面考察其对区域社会进步、文化教育、科技水平及劳动力素质改进的影响水平与程度，以反映区域经济发展的潜力与变化趋势。

本书选择以下五个变量作为区域创新体系运行的输出与响应指标[1]。

（1）国内生产总值（GDP）。GDP 反映区域宏观经济的总体运行效果，说明区域创新体系构建及创新政策选择的经济基础。

---

① 曲然，张少杰 . 2008. 区域创新系统建设与运行系统动力学研究 . 工业技术经济，（8）：94-97.

（2）企业税前利润总额（taep）。企业收益的增长是由资金的增长、劳动力的增长及技术进步三方面因素来推动的，将企业税前利润总额作为区域创新体系的输出变量，可以通过考察各种因素对企业收益的影响，以及因素间的相互影响关系，从而反映区域企业收益的增长方式及由创新所带来的贡献。企业是区域创新系统中的技术创新主体，该变量可以反映出区域创新体系中企业行为子系统的效率与创新能力。

（3）政府宏观管理效益（mbg）。该变量衡量政府在各方面工作效率的综合性指标，政府作为区域创新体系中制度创新的主体，该变量能够反映区域创新系统中政府行为子系统的效率与能力。

（4）研发效益（erd）。该变量反映企业与高校科研机构合作创新与创新成果转化的能力，体现区域技术创新资源整合与运用的力度。

（5）科技人才总数（ni）。作为区域创新资源中重要的资源，科技人才总数反映了区域内培育、吸引、运用和保持人才方面的能力和区域创新能力发展的潜力。

综上所述，在选择输出变量时，在考虑区域创新体系中的各个创新主体的运行情况的基础上，选择了 GDP、企业税前利润总额、政府宏观管理效益、研发效益和科技人才总数五个综合性变量，其影响因素基本能够涵盖区域创新体系中的全部主要变量。

### 4.1.4 广东省区域创新体系仿真研究

#### 1. 区域创新体系参数值的确定

（1）区域人口总量初值（pr）。根据《广东省统计年鉴 2003》，2002 年广东省年末常住人口 7858.58 万人，年末户籍人口 7649.29 万人，由于部分流动人口未能纳入户籍统计对象，所以区域人口总量初值设置为 7858.58 万人。

（2）区域人口增长速度（irrp）。本书建立的区域创新系统的系统动力学模型中，将区域人口的年增长速度设定为常数，根据《广东省统计年鉴》（2003～2012 年），2011 年广东省年末常住人口 10 505 万人，得到广东省区域人口平均增长速度为 3.28%。

（3）政府年度财政收入初值（fig）。根据《广东省统计年鉴 2003》，2002 年广东省政府年度财政收入总额为 1201.61 亿元（2011 年为 5514.84 亿元），故政府年度财政收入初值设置为 1201.61 亿元。

（4）政府年度财政支出初值（gfe）。根据《广东省统计年鉴 2003》，2002 年广东省政府年度财政支出总额为 1521.08 亿元（2011 年为 6712.40 亿元），故政府年度财政支出初值设置为 1521.08 亿元。

（5）政府年度财政支出变化率（crgf）。根据《广东省统计年鉴》（2003～2012 年），2002～2011 年（10 年），政府年度财政支出变化率分别为 15.1%、11.5%、9.3%、23.5%、11.5%、23.7%、19.6%、14.7%、25.1%、23.8%，因此广东省政府年度财政支出平均变化率为 17.78%。

（6）区域政府高等教育投入比例（phei）。该参数指区域政府用于高等教育的投资占政府全部财政支出的比例，根据《广东省统计年鉴》（2003～2012 年）及相关资料，设广东省高等教育投资占政府全部财政支出的平均比例为 5.8%（广东省教育投资占政府全部财政支出 17.5%，以 1/3 为准）。

（7）国家高等教育投入额（hein）。该参数指由国家财政划拨给区域中高校的资金，是区域高等教育资金的主要来源之一，在本书的区域创新体系中作为外部参数出现，根据相关的资料，将该参数设定为常数项，取值为 132.28 亿元（2008 年国家财政性教育经费投入广东 661.41 亿元，以 1/5 为准）。

（8）年人均高等教育费用（ache）。该参数指高等教育费用中由学校所承担的部分，根据相关资料与社会调查数据，取值为 0.66 万元 / 人。

（9）高校在校学生数初值（nes）。根据《广东省统计年鉴 2003》，2002 年专科、本科和研究生在内，广东省高校在校学生数为 46.78 万人，故设高校在校学生数初值为 46.78 万人。

（10）高校毕业率（grp）。该参数指高等学校每年包括专科、本科和研究生在内的毕业生人数占全部在校学生总数的比例，根据《广东省统计年鉴》（2003～2012 年），广东省高校的平均毕业率为 75.48%（2011 年）。

（11）科技人才总数初值（ni）。该参数指从事科技活动人员的总数，包括直接从事科研活动的专门研究人员，不包括从事科研辅助和创新服务活动的人员，根据《广东省统计年鉴 2003》，2002 年广东省科技活动人员总数为 9.49 万人（2011 年 31.35 万人），故设科技人才总数初值为 9.49 万人。

说明：在《广东省统计年鉴 2003》中，科技人才总数是以"按各种分组的从业人员年末人数"中"科学研究技术服务和地质勘查业"来描述的。

（12）流出科技人才比例（pfi）。流出科技人才比例是区域每年外流人才的量与区域科技人才总量相比较而言的，根据广东省区域人才工作及相关政策法规的具体成效，结合广东省各类科研人才总数上的变动，取广东省流出科技人才比例为 47.39%。

（13）人才需求系数（dpp）。本书区域创新体系的系统动力学模型中的人才需求系数是指相对于区域人口总量，科技人才的需求程度，根据《广东省统计年鉴》（2003～2012 年）和政府的相关资料，确定广东省的平均人才需求系数为 0.68%。

（14）人才政策效率系数（ehrp）。区域政府为吸引、培育、激励和保持高素质的创新人才，而制定了一些相关的人才政策，人才政策的效率即是指这些人才政策的总体有效性。在评估广东省人才政策有效性的过程中，将广东省的有关人才政策与其他省份进行横向比较，得到广东省人才政策效率系数为 0.6。

（15）专门研究人员比例（pprs）。该参数指相对于全部科技活动人员来讲，专门从事科学研究与技术开发人员的比例，根据《广东省统计年鉴》（2003～2012 年），取广东省专门研究人员比例为 33.1%（2010 年专业技术人员 145.8 万人，研究与实验发展（R&D）人员 44.6 万人，比例 30.59%；2011 年专业技术人员 144.8 万人，研究与实验发展（R&D）人员 51.56 万人，比例 35.6%）。

（16）专门研究人员年人均承担课题数（ants）。根据《广东省统计年鉴》（2003～2012 年），广东省专门研究人员年人均承担课题数为 1.72 项 / 人。

（17）国内生产总值初值（GDP）。根据《广东省统计年鉴 2003》，2002 年广东省 GDP 为 13 502.42 亿元，故设 GDP 初值为 13 502.42 亿元。

（18）实际 GDP 增长率（y）。根据《广东省统计年鉴》（2003～2012 年），广东省（2003～2012 年）的实际 GDP 平均增长率为 16.5%，故设实际 GDP 增长率为 16.5%。

（19）资金增长速度（k）。资金为全社会固定资产和流动资金之和，根据《广东省统计年鉴》（2003～2012 年），广东省资金增长速度为 10.10%。

（20）劳动力增长速度（l）。劳动力增长速度指区域内全部劳动者总数的增长速度，根据《广东省统计年鉴》（2003～2012 年），经计算得到广东省平均劳动力增长速度为 5%。

（21）资金产出弹性系数（$\alpha$）。由公式有 $y=\alpha+\alpha k+\beta l$，又 $\alpha+\beta=1$，则有 $y-l=\alpha+\alpha (k-l)$。

设 $y'=y-l$，$k'=k-l$，则 $y'=\alpha+\alpha k'$。

式中，a，k，l 分别为技术、资金、劳动力投入；$\alpha$，$\beta$ 分别为资金产出弹性系数、劳动力产出弹性系数。运用广东省 2003 ~ 2012 年的 GDP、资金、劳动力和消费指数等相关数据，经回归分析得到：$\alpha$=0.32。

（22）劳动力产出弹性系数（$\beta$）。根据上述计算结果，可得劳动力产出弹性系数 $\beta$=1-0.32=0.68。

（23）政府部门人数初值（nsg）。根据《广东省统计年鉴 2003》，2002 年广东省政府部门人数为 75.84 万人（国家机关、政党机关和社会团体），故政府部门人数初值设置为 75.84 万人。

（24）政府部门人数变化率（crgs）。根据《广东省统计年鉴》（2003 ~ 2012 年），政府部门人数分别为：2002 年为 75.84 万人、2011 年为 91.59 万人，设广东省政府部门人数平均变化率为 2.08%。

（25）政府年度行政开支初值（bge）。政府年度行政开支所反映的是区域政府用于日常管理事务的支出额，根据广东省相关资料，2002 年广东省政府年度行政开支总额为 61.24 亿元，故政府年度行政开支初值设置为 61.24 亿元。

（26）政府年度行政开支变化率（rgbe）。根据广东省相关统计资料（2003 ~ 2012 年），广东省政府年度行政开支 81.95 亿元（2010 年）、95.90 亿元（2011 年），平均变化率为 5%。

（27）政府研发投入比例（pgi）。政府研发投入比例是指政府在其年度财政收入中将多大的比例作为研发资金，根据广东省相关统计资料，经计算得到政府研发投入比例为 1.85%。

（28）企业税前利润总额初值（taep）。由于企业税前利润总额无法通过统计年鉴或其他统计资料直接获得，所以采用工业增加值作为企业税前利润的主要参考指标。工业增加值是指工业企业在报告期内以货币形式表现的工业生产活动的最终成果，是企业全部生产过程中消耗或转换物质产品和劳务价值后的余额，代表着企业生产过程中新增加的价值。比照《广东省统计年鉴 2003》中的工业增加值，设广东省企业税前利润总额初值为 4361.14 亿元（以工业增加值为准）。［注：工业增加值 9416.39 亿元（2005 年）、工业增加值 20 338.34 亿元（2010 年）、工业增加值 21 663.30 亿元（2011 年）］。

（29）企业新产品产值初值（pnp）。根据《广东省统计年鉴 2003》，2002 年广东省企业新产品产值为 2200.35 亿元，故设企业新产品产值初值为 2200.35 亿元。

（30）企业新产品产值增长率（rpnp）。根据《广东省统计年鉴》（2003 ~ 2012 年），取广东省企业新产品产值增长率为 28.03%。

（31）企业创新投资比例（peii）。企业创新投资比例指企业用于创新活动的全部投资占企业收益（这里采用税前利润总额作为衡量指标）的比重，根据《广东省统计年鉴 2003》，取企业创新投资比例为 11.04%。

（32）企业技术引进投资比例（peit）。企业技术引进投资比例是指企业用于购买创新成果的资金占全部研发投资的比例，根据广东省相关统计资料与调查报告，目前广东省的企业尤其是中小企业的创新仍以模仿创新为主，因此企业技术引进的投资比例相对较高，为 21.14%。

（33）企业创新实践投资比例（piii）。企业创新实践投资比例是指企业用于创新实践活动的资金占全部创新投资的比例，根据《广东省统计年鉴》（2003～2012 年）和相关统计资料，设企业创新实践投资比例为 35.23%。

（34）企业资助科研机构研发资金比例（paer）。企业资助科研机构研发资金比例指企业资助科研机构进行科学研究的资金占企业全部创新资金的比例，根据广东省相关统计资料，设企业资助科研机构研发资金比例为 9.15%。

（35）企业对科研机构联合程度（rder）。企业对科研机构联合程度反映企业对与科研机构之间合作研发的支持程度，指企业投资与合作研发的资金占企业全部研发资金的比例，根据广东省相关统计资料，设企业对科研机构联合程度为 19.41%。

（36）企业与科研机构合作研发课题比例（pter）。企业与科研机构合作研发课题比例指产学研合作开发课题占区域全部研究课题的比例，根据《广东省统计年鉴》等相关统计资料，取企业与科研机构合作研发课题比例为 29.22%。

（37）平均研发投资需求（adri）。平均研发投资需求指平均每项课题研究所需的经费，根据广东省相关统计资料与研究报告，设平均研发投资需求为 15.27 万元/项。

（38）科研机构研发投资比例（proi）。该参数指科研机构在其自身收益中拿出的用于科学研究的资金占其全部收益的比例，根据广东省相关统计资料与研究报告，取科研机构研发投资比例为 52.37%。

（39）科研机构对企业联合程度（rdre）。该参数反映科研机构对与企业的合作研发的支持程度，指科研机构投资与合作研发的资金占科研机构全部研发资金的比例，根据广东省相关统计资料，设科研机构对企业联合程度为 19.17%。

（40）中介机构服务水平影响系数（csli）。该参数指技术市场、技术咨询等中介机构对创新成果转化的影响作用，在综合比较广东省与其他省市技术市场等机构的建设程度与创新服务水平的基础上，取广东省的中介机构服务水平影响系数为 0.78。

### 2. 区域创新体系仿真

取 DT=1 年，仿真的完成时间为 10 年，根据前文所建立的因果关系及数学模型，代入所设参数值与初值，运用 VensimPLE 软件，运行模拟广东省 2003 ～ 2012 年区域创新系统运行情况。

1）国内生产总值（GDP）仿真结果

根据对广东省区域创新体系的仿真模拟，得到广东省 2002 ～ 2011 年的国内生产总值，每年的输出结果如图 4-5 所示。

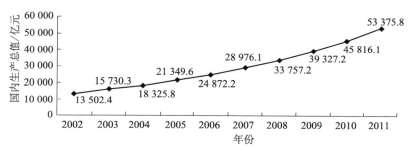

图 4-5　区域国内生产总值结果仿真

2）企业税前利润总额（taep）仿真结果

根据对广东省区域创新系统的仿真模拟，得到广东省 2002 ～ 2011 年的企业税前利润总额，每年的输出结果如图 4-6 所示。

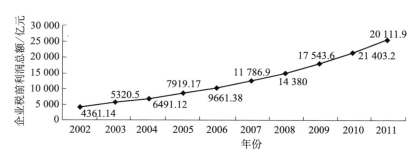

图 4-6　企业税前利润总额仿真结果

3）政府宏观管理效益（mbg）仿真结果

根据对广东省区域创新系统的仿真模拟，得到广东省 2002 ～ 2011 年的政府宏观管理效益值，由于该指标值的减小代表政府宏观管理效益的提高，为更清晰地描述政府的宏观管理效益，故取其倒数来表示，其变动曲线如图 4-7 所示。

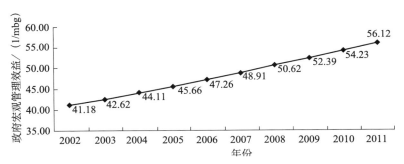

图 4-7　政府宏观管理效益仿真结果

4）研发效益（erd）

根据对广东省区域创新系统的仿真模拟，得到广东省 2002～2011 年的研发效益评估值。

研发效益 = 技术进步率 × 研发投资需求 / 研发投资
　　　　 = 技术进步率 × 平均研发投资需求 × 企业科研合作比例
　　　　　× 年科研课题数

年科研课题数 = 科技人才总数 × 专门研究人员比例 × 专门人员承担课题数

由计算得出 2002 年研发效益为 0.0081，仿真列出每年的输出结果，如图 4-8 所示。

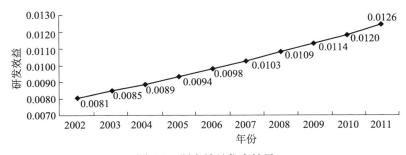

图 4-8　研发效益仿真结果

5）科技人才总数（ni）

根据对广东省区域创新系统的仿真模拟，得到广东省 2002～2011 年的科技人才总数，列出每年的输出结果，如图 4-9 所示。

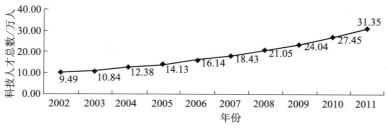

图 4-9　科技人才总数仿真结果

### 3. 区域创新体系系统动力学仿真模型检验

在区域创新体系系统动力学模型检验的过程中，运用相关系数法考察国内生产总值、企业税前利润总额和科技人才总数等主要输出指标的模拟值与实际值的拟合情况。

计算仿真值和模拟值两组数值的相关度系数，公式如下：

$$R^2 = 1 - \frac{\sum\limits_{i=1}^{n}(y_i - \hat{y}_i)^2}{\sum\limits_{i=1}^{n}(y_i - \overline{y}_i)^2} \qquad (4\text{-}7)$$

式中，$y_i$ 为第 $i$ 年的实际值；$\hat{y}_i$ 为第 $i$ 年的仿真值；$\overline{y}_i$ 为实际值的平均值（整个实际值所取年限的平均值）；$n$ 为仿真年数。

根据求得的相关系数，判断区域创新体系仿真模型在某一指标上对广东省区域创新系统实际运行状况的拟合程度。评判标准为：

0 ～ 0.3 较低；0.31 ～ 0.5 一般；0.51 ～ 0.7 显著；0.71 ～ 0.9 高；0.91 ～ 1 很高；

据此对区域创新体系仿真模型进行检验。

1）国内生产总值

对广东省 2002 ～ 2011 年国内生产总值的实际值与创新系统动力学仿真值进行比较，如表 4-1 和图 4-10 所示。

表 4-1　2002 ～ 2011 年国内生产总值与仿真值比较

| 年份 | 2002 | 2003 | 2004 | 2005 | 2006 | 2007 | 2008 | 2009 | 2010 | 2011 |
|---|---|---|---|---|---|---|---|---|---|---|
| GDP仿真值/亿元 | 13 502.4 | 15 730.3 | 18 325.8 | 21 349.6 | 24 872.2 | 28 976.1 | 33 757.2 | 39 327.2 | 45 816.1 | 53 375.8 |
| GDP实际值/亿元 | 13 502.42 | 15 844.64 | 18 864.62 | 22 557.37 | 26 587.76 | 31 777.01 | 36 796.71 | 39 482.56 | 46 013.06 | 53 210.28 |
| 误差/% | 0.00 | 0.72 | 2.86 | 5.35 | 6.45 | 8.81 | 8.26 | 0.39 | 0.43 | -0.31 |

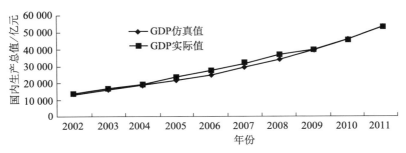

图 4-10 仿真与实际国内生产总值拟合情况

运用公式 $R^2$，求得相关系数为 0.9862，说明该区域创新系统的系统动力学模型中国内生产总值对广东省区域创新体系的拟合有很高的相关性。

2）企业税前利润总额

对广东省 2002 ~ 2011 年企业税前利润总额的实际值与创新系统动力学仿真值进行比较，如表 4-2 和图 4-11 所示。

表 4-2 2002 ~ 2011 年税前利润总额与仿真值比较

| 年份 | 2002 | 2003 | 2004 | 2005 | 2006 | 2007 | 2008 | 2009 | 2010 | 2011 |
|---|---|---|---|---|---|---|---|---|---|---|
| 税前利润仿真值/亿元 | 4 361.14 | 5 320.59 | 6 491.12 | 7 919.17 | 9 661.38 | 11 786.9 | 14 380 | 17 543.6 | 21 403.2 | 26 111.9 |
| 税前利润实际值/亿元 | 4 361.14 | 5 718.14 | 7 086.36 | 9 416.39 | 11 780.89 | 14 104.21 | 17 612.94 | 18 235.21 | 20 338.34 | 21 663.3 |
| 误差/% | 0 | 6.95 | 8.40 | 15.90 | 17.99 | 16.43 | 18.36 | 3.79 | −5.24 | −20.54 |

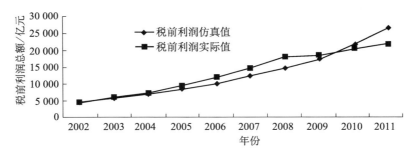

图 4-11 仿真与实际税前利润总额拟合情况

运用公式，求得相关系数为 0.8749，说明该区域创新体系的系统动力学模型中企业税前利润总额对广东省区域创新系统的拟合有很高的相关性。

3）科技人才总数

对广东省 2002 ~ 2011 年科技人才总数的实际值与创新系统动力学仿真值进行比较，如表 4-3 和图 4-12 所示。

表 4-3　2002 ~ 2011 年科技人才总数与仿真值比较

| 年份 | 2002 | 2003 | 2004 | 2005 | 2006 | 2007 | 2008 | 2009 | 2010 | 2011 |
| --- | --- | --- | --- | --- | --- | --- | --- | --- | --- | --- |
| 科技人才仿真值/亿元 | 9.49 | 10.84 | 12.38 | 14.13 | 16.14 | 18.43 | 21.05 | 24.04 | 27.45 | 31.35 |
| 科技人才实际值/亿元 | 9.49 | 12.68 | 15.29 | 16.35 | 17.66 | 24.93 | 34.45 | 35.15 | 26.41 | 31.35 |
| 误差/% | 0 | 14.53 | 19.05 | 13.55 | 8.60 | 26.06 | 38.90 | 31.61 | -3.95 | -0.01 |

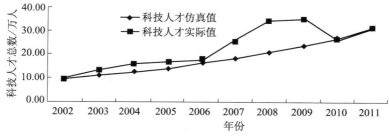

图 4-12　仿真与实际科技人才总数拟合情况

运用公式，求得相关系数为 0.5322，说明该区域创新体系的系统动力学模型中科技人才总数拟合有显著的相关性，但是从仿真与实际数据比较，在 2007年、2008 年、2009 年三年中数据拟合程度不高，尤其是 2008 年仿真值与实际值误差达到 39%，这一数据可能与 2007 年金融危机带来的金融动荡对科技人才实际流入的影响有关，可能由于金融危机对实际经济，尤其是制造业的打击，大量内地科技人员外流到广东沿海珠三角地区。

综上所述，根据广东省区域创新体系系统动力学模型的仿真和检验，该模型能够在较大程度上反映广东省区域创新体系的实际情况，利用该模型可以进一步分析广东省区域创新体系的结构特点，对现实系统进行评价，发现其运行的基本规律与主要影响因素，为区域创新体系的制定提供理论依据，并在此基础上对未来体系的发展状况进行展望和预测。

### 4.1.5　广东省区域创新系统仿真结果分析

#### 1. 企业行为子系统仿真结果分析

区域创新体系中企业行为子系统的效率是通过企业税前利润总额这一输出指标反映出来的，其仿真与实际值在上一节中有比较，而影响企业税前利润的因素如图 4-13 所示。从图 4-13 中可以看出，企业税前利润的增长由研发效益、企业创新实践绩效、资金增长速度和劳动力增长速度影响。因此，总的来看，研发效益、企业创新实践绩效、资金增长速度和劳动力增长速度四者是影响企业利润的主要因素，进而影响区域总体经济的增长，这四个方面的比例关系决定着区域经济增长方式为集约型还是粗放型。

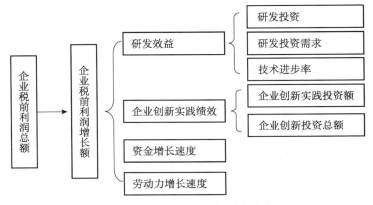

图 4-13　企业税前利润影响因素

在图 4-13 中，部分指标组成如下。

（1）研发投资：科研机构研发投资额、科研机构对企业联合程度、企业对科研机构联合程度、企业创新投资总额。

（2）研发投资需求：科研课题数、平均研发投资需求、企业与科研机构合作研发课题比例。

（3）企业创新实践投资额（eiii）＝企业创新投资总额（iie）×企业创新投资实践比例（piii）。

（4）企业创新投资总额（iie）＝企业税前利润总额（taep）×企业创新投资比例（peii）。

其中，企业创新实践绩效（biie）＝企业新产品产值（pnp）/企业创新实践投资额（eiii），简要描述为，biie=pnp/eiii=pnp/（iie×piii）=pnp/（taep×peii×piii），peii=11.04%，piii=35.23%，pnp=2200.35 亿元，taep=4361.14 亿元。

根据已经获得的数据和模型的仿真结果，2011 年广东省区域创新体系中：研发效益 erd=0.0121（技术进步率 $a$=0.0337），企业创新实践绩效 biie=0.077 09（取倒数），资金增长速度 $k$=0.1010（其中 $\alpha$=0.32，弹出系数），劳动力增长速度 $l$=0.05（其中 $\beta$=0.68，弹出系数），在企业税前利润的增加过程中，由研发、创新实践、资金增长和劳动力增长所带来的影响分别为 16.98%、16.7%、32.32%和 34%，如图 4-14 所示。

从企业税前利润增长额要素组成和比例分析，广东 2002~2011 年来经济增长方式整体还是还表现出粗放型的特征，尽管区域 GDP 和企业税前利润总额数量

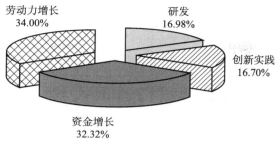

劳动力增长
34.00%

研发
16.98%

创新实践
16.70%

资金增长
32.32%

图 4-14　企业税前利润影响因素

基数大、增长快，但企业税前利润的增长主要是靠资金和劳动力量的投入实现的，由创新实践和研发带来的企业税前利润（2011 年）百分比分别为 16.7% 和 16.98%。因此增强研发力度、提高研发效益、提升企业创新实践能力是改变广东经济增长方式的重要因素，而研发效益与创新实践的提升与劳动力的投入方式有较大差别。传统方式上，资金或劳动力在数量上的投入就可在一定时期或阶段收到立竿见影的效果，但随着竞争的日益加剧，传统数量上的投入方式已不适合或难以满足现代市场环境的竞争，而加强知识和技术创新中基础资源的投入，尤其是信息资源的共享，才能有效提升研发或创新在整体经济发展中的比重，从而有效转变经济发展方式，获得经济的稳定、可持续发展。

## 2. 政府行为子系统仿真结果分析

在政府行为子系统中的核心变量是政府宏观管理效益，该指标是建立在对政府宏观经济政策、资源分配、财政收支、人员分配、工作效率和效益等方面综合评价的基础上的，其指标值直接反映区域创新的环境建设水平。其影响因素如图 4-15 所示。

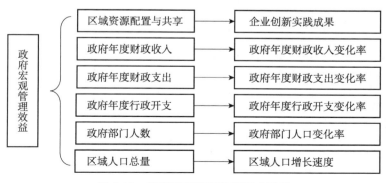

图 4-15　政府宏观管理效益影响因素

根据对广东省区域创新体系的仿真模拟，得到广东省 2002 ～ 2011 年的政府宏观管理效益值，由于该指标值的减小代表政府宏观管理效益的提高，为更清晰地描述政府的宏观管理效益，故取其倒数来表示，具体数值如表 4-4 所示。

**表 4-4　政府宏观管理效益仿真结果**

| 年份 | 2002 | 2003 | 2004 | 2005 | 2006 | 2007 | 2008 | 2009 | 2010 | 2011 |
|---|---|---|---|---|---|---|---|---|---|---|
| 1/mbg | 41.18 | 42.18 | 43.18 | 44.18 | 45.18 | 46.18 | 47.18 | 48.18 | 49.18 | 50.18 |
| 政府宏观管理效益 | 0.0243 | 0.0237 | 0.0232 | 0.0226 | 0.0221 | 0.0217 | 0.0212 | 0.0208 | 0.0203 | 0.0199 |

政府宏观管理效益其变动曲线如图 4-16 所示。

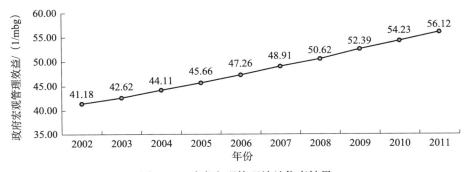

图 4-16　政府宏观管理效益仿真结果

从图 4-16 中可以看出，政府宏观管理效益受到经济收支、人才战略、资源配置等多种因素的影响。近些年来，在区域经济发展过程中，广东省政府宏观管理效益不断提高，说明政府的体制改革与制度创新在推动区域发展中取得了一定的效果。

### 3. 研究机构行为子系统仿真结果分析

研究机构包括高校、科研机构和企业，三者的合作研发能够对区域技术水平和经济发展起到最直接的影响作用，但成果的产生和最终转化，本质上还是要以企业作为主体来完成。而研发效益是衡量研究机构效益的主要指标之一，同时也是影响企业税前利润和国内生产总值的重要因素，而区域创新体系中研究机构及其与企业主体联合研发的效益是由研发投资需求、技术进步率和研发投资三个主要因素共同决定的，如图 4-17 所示。

可以看出，除前文讨论过的技术进步率，对研发效益起主要影响作用的即是研发投资与研发投资需求两个指标。

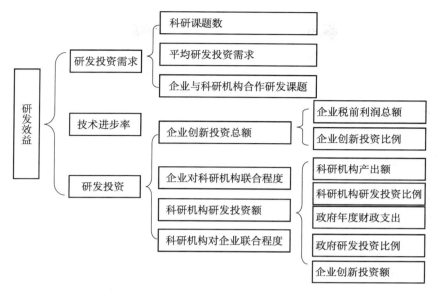

图 4-17　研发效益影响因素

　　首先，从研发投资的角度来看，区域创新体系中的产学研合作研发其资金主要来源于企业和研究机构的直接投资，并受这两类创新主体间的合作程度的影响，二者联合程度的强弱，主要体现在直接投资方面，同时在区域创新体系环境下，对资源整合、人员安排方面进行合理化安排和整合；其次，从研发需求的角度来看，一方面取决于课题的总数，这与区域的创新人才数量与质量有很大程度的联系，另一方面，研发需求还受单个课题的平均研发投资的影响，这主要取决于科研机构与企业创新主体的创新能力和效率。

### 4. 创新人才资源仿真结果分析

　　创新人力资源作为创新资源中最具有能动性的资源，是区域创新体系中重要的资源之一，在区域创新体系中，反映创新人力资源的核心变量是科技人才总数。

　　影响区域创新人才资源形成的因素主要有三个，即通过区域内高等教育培育人才、区域外部引进人才和流出区域的创新人才。其具体影响因素框架如图 4-18 所示。

　　创新人力资源的总量变动情况，一方面取决于区域人才的数量与需求的现状，另一方面取决于政府相关政策的支持力度与管理效率，包括吸引、激励和保持优秀人才的政策和培育人才的教育制度。其中，高等教育是获得人才的重

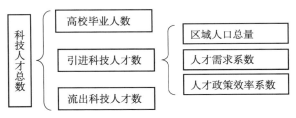

图 4-18 区域科技人才总数影响因素

要的途径之一，其决定变量是高校在校学生数。区域竞争的关键就是人才的竞争。为满足区域经济发展的需要，增强区域创新能力，广东省必须抓好高等教育工作，并且要通过建立合理的政策法规吸引人才，尤其是要重视科学家和工程师等高水平人才。

需要说明的是，系统动力学模型是对现实系统的简化仿真，由于现实的区域创新体系是一个非常复杂的社会经济系统，而且存在着与其他系统及外部环境之间的相互影响相互作用，因此难以做到非常精确，但通过仿真可以帮助我们更深入地了解系统内各因素之间的关系，帮助我们对区域创新体系的运行状况进行分析。

### 5. 广东省区域创新体系及创新资源综合配置存在的问题

根据上述对广东省区域创新系统运行的模拟与分析，结合广东省区域创新能力和创新资源配置的现状，广东省区域创新系统及创新资源优化配置存在的问题主要有以下几个方面。

1）创新体制不够完善

广东省现存的科技体制问题是导致广东省创新能力相对落后的根源，首先，从创新投入体制看，广东省的创新投入仍以政府投入为主，企业尚未能真正成为创新投入的主体；其次，科技机构体制改革未能全面完成；最后，创新体制未能真正与区域经济、科技发展相匹配。

2）创新资源分布不平衡

广东省的创新资源在总量上比较多，但其分布极不平衡，如创新知识资源主要分布在高校和独立科研机构，其次是政府及其所属的企、事业单位，而地方企业创新知识资源相对不足，企业中从事 R&D 活动的科学家与工程师所占比重比较国内其他省（直辖市），如北京、上海、江浙等地，仍相对落后，这反映了广东的工业部门从事研发的科技力量还比较薄弱，这种不平衡性使得创新资源相对密集的部门资源闲置和浪费现象严重，而作为技术创新主体的企业，又相对存在着资源短缺的问题，以至于整体创新成果吸纳能力、创新成果转化能力和创新综合能力低下的状况难得得到根本改变。

3）技术创新投入相对不足

目前，广东省技术创新资金筹集渠道较为单一，一方面政府对技术创新活动的资金逐年在增加，但整体支持还不够；另一方面，政府对拨款、专项贷款的牵引导向方式单一，效果不佳。从近几年广东省科技活动经费的投入情况看，虽然每年都有一定程度的增长，但由于过去技术创新投入偏低，科技活动经费的增长明显滞后于经济的增长。

另外，技术创新的投入，不仅体现在显性的资金方面，知识与信息资源的投入和共享共建，可以有效提升区域创新体系内该类资源的有效利用，这无形是对技术创新的有力支撑和推动。

4）产学研合作体系尚未形成[①]

近年来，广东省创新资源的投入渠道由以前的政府单一投入转变为政府和企业共同承担，出现了政府领投、企业跟投的做法，完全以企业为投资主体的市场机制还未形成，与创新成果快速产业化的资金需求还不匹配，严重制约了科研开发的后劲和创新成果向现实生产力的转化效率。并且由于大量的技术开发类高校和科研机构游离于企业之外，大量的研发人员和研发活动都没有能够与企业这个技术创新主体及其需求建立联系，从而造成了高校和科研机构大量的创新成果因不能适应市场需求而无法转化和产业化。

5）中介服务机构能力不足

中介服务机构是创新服务体系的重要环节，知识产权保护、专利申请服务、技术转让和扩散机构、咨询与评估机构、政策研究机构、风险投资公司都是创新服务体系中起桥梁和辅助作用的中介环节。近些年广东省在这几个方面都有些建设和进步，但都还不完善，有些尚处于起步阶段，技术扩散力量有待加强。

现有的一些中介机构，自身素质不高，对规范创新主体的不良行为难以发挥应有的作用，其内部缺少必要的自我约束的规章制度；而且各种中介机构分属于不同的部门，容易导致多头领导、分散管理的状况，系统、配套的行业管理难以形成，进而造成工作上的混乱，严重影响了有些区域创新系统内部创新服务的整体水平[②]。

① 马一德 . 2012. 北京市构建区域创新体系的综合战略研究 . 北京市经济管理干部学院学报，27（2）：16-21.
② 刘海军，刘庆宏 . 2008. 构建东北区域创新体系探析 . 大连海事大学学报（社会科学版），7（1）：42-45.

# 4.2 基于博弈论的区域信息资源配置模型研究

## 4.2.1 博弈论基础原理分析

### 1. 博弈论概述

博弈论（game theory），有时也称为对策论，或者赛局理论，是应用数学的一个分支，目前在生物学、经济学、国际关系、计算机科学、政治学、军事战略和其他很多学科都有广泛的应用。博弈论主要研究公式化了的激励结构（游戏或者博弈）间的相互作用，是研究具有斗争或竞争性质现象的数学理论和方法，也是运筹学的一个重要学科。

博弈论考虑游戏中的个体的预测行为和实际行为，并研究它们的优化策略，表面上不同的相互作用可能表现出相似的激励结构（incentive structure），所以它们是同一个游戏的特例。具有竞争或对抗性质的行为称为博弈行为，在这类行为中，参加斗争或竞争的各方各自具有不同的目标或利益。

其中一个有名且有趣的应用例子是囚徒困境。为了达到各自的目标和利益，各方必须考虑对手的各种可能的行动方案，并力图选取对自己最为有利或最为合理的方案。比如，日常生活中的下棋、打牌等都应用了博弈论。博弈论就是研究博弈行为中斗争各方是否存在着最合理的行为方案，以及如何找到这个合理的行为。生物学家使用博弈理论来理解和预测进化（论）的某些结果。例如，John Maynard Smith 和 George R.Price 在 1973 年发表于《自然》杂志上的论文中提出的 "evolutionarily stable strategy" 的这个概念就是使用了博弈理论。博弈论也应用于数学的其他分支，如概率、统计和线性规划等。

### 2. 博弈的分类

博弈的分类根据不同的基准也有不同。一般认为，博弈主要可以分为合作博弈和非合作博弈。它们的区别在于相互发生作用的当事人之间有没有一个具有约束力的协议，如果有，就是合作博弈；如果没有，就是非合作博弈。

从行为的时间序列性，博弈论进一步分为两类：静态博弈是指在博弈中，参与人同时选择或虽非同时选择但后行动者并不知道先行动者采取了什么具体行动；动态博弈是指在博弈中，参与人的行动有先后顺序，且后行动者能够观察到先行动者所选择的行动。通俗的理解"囚徒困境"就是同时决策的，属于静态博弈；而棋牌类游戏等决策或行动有先后次序的，属于动态博弈。

按照参与人对其他参与人的了解程度分为完全信息博弈和不完全信息博弈。完全博弈是指在博弈过程中，每一参与人对其他参与人的特征、策略空间及收益函数有准确的信息；如果参与人对其他参与人的特征、策略空间及收益函数信息了解得不够准确或者不是对所有参与人的特征、策略空间及收益函数都有准确的信息，在这种情况下进行的博弈就是不完全信息博弈。

目前经济学家们现在所谈的博弈论一般是指非合作博弈，由于合作博弈论比非合作博弈论复杂，在理论上的成熟度上远远不如非合作博弈论。非合作博弈又分为：完全信息静态博弈、完全信息动态博弈、不完全信息静态博弈、不完全信息动态博弈。与上述四种博弈相对应的均衡概念为：纳什均衡（Nash equilibrium）、子博弈精炼纳什均衡、贝叶斯纳什均衡（Bayesian Nash equilibrium）、精炼贝叶斯纳什均衡（perfect Bayesian Nash equilibrium）。博弈论还有很多分类，比如，以博弈进行的次数或者持续长短可以分为有限博弈和无限博弈；以表现形式也可以分为一般型（战略型）或者展开型等。

### 4.2.2　区域公共信息资源共享的内涵

在政府职能转变的大背景下，创新发展已成为我国经济社会改革的新常态，积极推动和改革政府信息服务模式，应是区域创新发展的重要方面之一。

一般来说，相同地缘关系或地理因素在公共信息资源的建设上更易于发挥其作用和功能，共享网络的形成和组织意义更大，因为公共信息资源的利用更多体现在区域的特性上。区域公共信息资源的共享可以丰富区域内的信息资源利用，依托资源共享网络，建立多元的信息资源服务体系，提升区域信息服务的质量和水平，优化组合区域信息资源，为发展区域经济提供完善的信息资源服务，直接带动区域经济发展和促进区域经济格局的变化，以推动地方经济和社会的发展。

经济学家曼昆认为，外部性是指一个人的行为对旁观者福利的影响，公共信息资源共享的建设效益，一般由其外部性决定。外部性可以分为正外部和负外部性，通常根据一方的行动让另一方得到收益还是付出损失来判断。公共信息资源的正外部性主要表现在信息用户可以免费或者以较低的代价获得所需的公共信息，并为自己所用；而公共信息资源的负外部性主要是指，在公共领域中传播的垃圾信息、冗余信息、虚假信息和不良信息等给信息需求者造成的负面影响或损失。公共物品的负外部性是市场失灵的重要因素，往往易导致市场无效或低效，因此，公共信息资源的配置也可能会出现无效或低效的问题，这告诉我们公共信息资源的配置策略不能采取单一的方式，需要多种资源配置方式并存。

区域公共信息资源共享是以某个区域（省或直辖市）为单位，通过协商建立区域范围内的公共信息资源共享机制，构建共享网络，以满足区域信息资源需求为目的信息化活动。根据公共信息资源公共物品的性质，公共信息资源具有非排他性。非排他性指无法将某种物品据为己有，而排除别人对该物品的使用。公共信息资源的非排他性来源于信息资源本身具有的共享性，主要说明公共信息资源的效用在于公共消费，是为了促进公共利益，这是其他许多资源无法替代的经济功能。

### 4.2.3 广佛公共信息资源配置的博弈分析

1. 实例背景介绍——以广佛同城为例

2009 年 3 月，广东省广州市和佛山市在城市规划、交通基础设施、产业协作、环境保护四个领域签署对接协议，这标志着广东广佛同城的正式启动。在广佛同城建设规划当中，广州和佛山两市将打破行政壁垒，进行区域一体化建设，届时两地的教育信息资源、产学研合作、体育竞赛资源，两市各级政府的政务信息（政府文件、政府公报等）、政策法规信息（发布的地方政策、法律法规等）、为社会各界服务的信息（经济信息、统计信息、科技与人才信息等）等公共信息资源将在两地得到更大范围、更大程度的配置和共享。

如上所述，公共信息资源属于公共物品的范畴。在经济学中，公共物品的供给是一个"囚徒困境"问题，即个体理性与集体理性的矛盾。在广佛这样一个区域内，如果两市都投资兴办公用事业，开发公共信息资源，则广佛区域内所有市民相关的福利都会增加。但问题是：如果广州市投资而佛山市不投资，广州市则会得不偿失；而如果佛山市投资而广州市不投资，广州市就可以占佛山市的便宜，所以，在最初的考量中，两市的最优选择均为不投资，这样的纳什均衡使得两市人民的福利都得不到提高。如果两市政府从长远考虑，两市居民的福利状况则又不同。下面具体以广佛同城为例，运用博弈模型来找出局中人的均衡，以期对区域间公共信息资源进行合理有效配置，这对相关制度的建设和完善有一定的借鉴意义。

### 2. 基本观点和假设

1）该实例用到三个观点：纳什均衡、重复博弈和合作博弈

纳什均衡：假设有 $n$ 个局中人参与博弈，在给定其他人策略的条件下，每个局中人选择自己的最优策略，个人最优策略可能依赖于也可能不依赖于他人的战略，从而使自己效用最大化。所有局中人策略构成一个策略组合（strategy profile）。纳什均衡指的是这样一种战略组合，这种策略组合由所有参与人最优策略组成。在给定别人策略的情况下，没有任何单个参与人有积极性选择其他策略，从而没有任何人有积极性打破这种均衡。

重复博弈，是指同样结构的博弈重复多次，其中的每次博弈称为阶段博弈。重复博弈通常有三个特征：①前一阶段的博弈不会改变后一阶段博弈的结构；②所有参与人都观测到博弈过去的历史；③参与人的总赢利是所有阶段博弈赢利的加权平均值。重复博弈最具代表的例子是赌博博弈。

合作博弈，又称正和博弈，是指博弈双方的利益都有所增加，或者至少是一方的利益增加，而另一方的利益不受损害，因而整个社会的利益有所增加。合作博弈研究人们达成合作时如何分配合作得到的收益，即收益分配问题。

2）前提假设

（1）广佛同城信息资源配置涉及的主体较广泛，包括两市的各级政府、各职能部门、企事业单位甚至个人等。根据对公共信息资源特征的分析，以及分析的方便，这里局中人假设为广州市政府和佛山市政府。

（2）假设广州市政府和佛山市政府均为理性的经济人，即双方都是独立决策、互不影响，且都是精于判断和计算，力图以最小的经济代价去追求和获得本市居民的最大福利。

（3）双方对信息资源建设的态度抽象为两种理想情况：共享或不共享。

### 3. 博弈模型建立与扩展

1）静态博弈模型

进一步假设参与人（广州市政府和佛山市政府）间的博弈是静态博弈。参与人对信息资源建设和配置态度的选择是离散的，且双方同时行动，或者说做出决策之前都不知道对方的行动。两个参与人在进行本市信息资源建设和配置时会面临以下三种情况：双方都共享、双方只有一方共享、双方都不共享。两

市政府在经济活动中选择共享，表示能从信息资源配置和共享中得到 4 个单位的收益，但进行信息资源的建设需耗费 2 个单位收益；选择不共享，表示各自愿意维持现状，维持获 5 个单位的既得收益（由于投资收益具有滞后性，这里假设既得收益比共享后初次收益大），其博弈矩阵如表 4-5 所示。

表 4-5 静态博弈

| | | 佛山市政府 | |
|---|---|---|---|
| | | 共享 | 不共享 |
| 广州市政府 | 共享 | （2，2） | （2，5） |
| | 不共享 | （5，2） | （5，5） |

当广州市政府选择共享时，对佛山市政府而言选择共享，将获得 2 个单位的收益（共享带来 4 个单位的收益，减去进行信息资源建设的 2 个单位的成本）；选择不共享，维持 5 个单位的即得收益，易知选择不共享更为有利；同理，当佛山市政府选择共享时，广州市政府最有利策略也是选择不共享。表 4-5 中的纳什均衡策略为（不共享，不共享），如此，两地政府只能得到既得的 5 个单位收益。

由于各方面的原因，在一次性博弈情况下，地方政府可能更注重眼前的利益（既得利益），如表 4-5 所示，选择不共享行为，这是此次静态博弈的理性选择，现实中的状况可能比上述假设更为复杂。

2）模型扩展——重复博弈

在实际的经济活动中，两地政府的合作往往并不是一次性的，而是长远和多次的。与一次性博弈所不同的是，重复博弈的每个阶段都有收益，且每个阶段都存在时间差，所以重复博弈的总收益并非每次博弈收益的简单相加。

在上面假设的基础上，进一步假设选择共享，表示某市在广佛地区下一轮的信息资源建设中可以得到 8 个单位的长远收益；不共享则不能得到共享后 8 个单位的长远收益，此时的博弈矩阵如表 4-6 所示。

表 4-6 局中人考虑长远利益

| | | 佛山市政府 | |
|---|---|---|---|
| | | 共享 | 不共享 |
| 广州市政府 | 共享 | （10，10） | （10，5） |
| | 不共享 | （5，10） | （5，5） |

局中人考虑长远利益时，广州市政府选择共享，对佛山市政府而言，选择共享，将获得 10 个单位的收益［共享带来 12 个单位的收益（静态博弈中的 4 个单位，加上 8 个单位的长远收益），减去进行信息资源建设的 2 个单位的成

本 ]，选择不共享，维持 5 个单位的即得收益，易知选择共享更为有利；同理，当佛山市政府选择共享时，广州市政府最有利策略也是选择共享。表 4-6 中的纳什均衡策略为（共享，共享），双方得到比既得的 5 个单位收益更大的 10 个单位的收益。

　　作为理性的经济人，广佛两市政府对区域内信息资源建设策略的选择依据依然是收益的大小。在重复博弈的情况下双方为了使各自能够持续稳定发展，广州市政府和佛山市政府在静态博弈模型和重复博弈模型中对信息资源建设的态度发生了明显变化，由当初的不共享（对区域内信息资源建设不够热心和投入）转变为共享（积极、热心支持区域内信息资源的投入和建设）。利益的驱动，使得广佛同城区域内各经济体对信息资源配置态度发生了由不共享到共享的转变。

　　上述静态博弈纳什均衡模型和重复博弈模型，均属于非合作博弈情形，非合作博弈强调的是参与人理性、参与人最优决策。在广佛区域内，既然双方都知道从长期来看，对信息资源建设采取共享的态度带来的收益比不共享大，那么广佛两市政府也可以达成一个具有约束力的协议，约定大家在一定时期内对公共信息资源的建设和配置选择共享的态度，如果一方违背了协议将受到严重的处罚。双方接下来要做的事情就是如何分配由共享带来的收益，这样的博弈属于合作博弈的类型，合作博弈强调的是团体理性，更加注重效率、公平、公正。

　　由于区域创新体系中所共享的知识资源对不同的创新主体具有互补性，在知识共享过程中会产生 "1+1>2" 的协同效应，因此，要最大限度地实现区域创新体系中知识共享的协同效应，推动区域协同创新的发展，很有必要在外部建立良好的知识共享氛围和环境，这是因为，良好的知识共享文化环境有助于消除区域创新体系中创新主体在吸收与学习知识过程中的障碍，有助于增强区域创新体系中创新主体间的合作信任度和知识共享度的建立，进而有利于提高区域创新体系中创新主体共享知识的效率和能力。具体而言，可通过多种途径建立良好的知识共享外部氛围和环境。例如，政府可以建立知识共享公共服务平台，加强中介服务组织建设，建立企业间的有效沟通机制，从而降低区域创新体系中企业的知识共享成本。另外，区域创新体系中企业可以自行建立内部有效的学习型组织文化，如内部知识共享和创新。由于区域创新体系中创新主体在专业知识背景和价值观方面存在一定的差别，因此它们在知识共享过程中肯定会遇到一些障碍，尤其是隐性知识的共享需要在有一致学习型组织文化的指引下实现，只有如此，创新主体才能够在区域创新体系中彼此适应与协调，进而提高知识吸收与转化能力[①]。

# 4.3  基于博弈论的个人信息资源配置模型研究

按照信息所有权人的不同，有学者将信息资源划分为私人信息资源、公共信息资源和自然信息资源。私人信息资源一般是指由自然人或个人生产和提供的信息资源，其生产成本由个人自己独立承担，一般采用等价交换的市场供给方式；公共信息资源一般是指政府基于维护公共利益和社会公平的目标，而向社会提供的免费或低价的信息资源，如免费公共阅读图书馆等；自然信息资源是指一切自然物自身发出的信息，它包括来自无机界和生物界的各种信息资源[②]。从文献调研的情况来看，公共信息资源的配置与共享一直以来是信息化社会中各个学者关注的焦点，而对于个人信息资源的配置的研究，涉猎这个领域的学者并不多。通过建立下面关于个人信息资源配置的演化博弈模型，对个人信息资源的配置效率进行分析，进而说明个人信息资源的配置问题。

## 4.3.1  区域创新体系下个人信息资源配置的内涵

众所周知，个人信息资源配置的研究对象是个人信息资源。一般而言，个人信息资源具有消费上的排他性和竞争性特征，这也决定了个人信息资源是可以参与市场竞争的，因此，个人信息资源配置是一种典型的信息资源的市场配置模式。传统的个人信息资源的配置必须在帕累托最优的基础上进行，同时还必须遵守市场价值规律——供求规律及竞争规律等。帕累托最优是指资源分配的一种理想状态，即假定固有的一群人和可分配的资源，从一种分配状态到另一种状态的变化中，在没有使任何人境况变坏的前提下，也不可能再使某些人的处境变好。在这一原则的指导下，个人信息资源在信息市场机制的自发调节作用，使得信息需求和信息供给形成一种动态平衡，从而有效地提高信息配置效率。综上可以看出，传统意义上的个人信息资源配置过程只注重了个人信息供需的平衡，而且所配置的个人信息资源是分散形成且动态分布的，缺乏有效的质量控制及有序的组织。

---

① 刘明广，李高扬.2012.区域创新系统中企业知识共享策略分析.技术经济，31（5）：29-33.
② 杨玉麟，赵冰，谷秀洁.2009.公共信息资源管理研究综述.图书与情报，（1）：10-16.

区域创新体系侧重于创新活动的实施，包括技术创新、管理创新，尤其是知识的创新，然而任何创新都不可能是单个层面的孤立创新。如果不把其中相关的知识资源系统地开发利用，就不能创造出更有价值的知识。因此，区域创新体系下对个人信息资源进行配置的第一步就是对配置过程中所涉及的信息资源进行整合重组，通过建立信息联盟、信息门户及相应的信息保障措施，对信息配置的效率、信息资源的质量、信息配置的成本及相应的信息服务来进行自发的调节，使得信息资源配置的个体在这四个关键方面拥有着不可比拟的优势，从而实现信息资源的合理开发和利用，促进知识的转移和创新。

### 4.3.2　博弈模型下的个人参与者相关理论

#### 1. 区域创新体系下个人信息资源配置博弈模型的参与者

在区域创新体系中，区域成员之间的合作是区域发展战略的主流。各经济成员既是信息资源的生产者、传播者、加工者，也是信息资源的消费者。假设一个由 $n$ 个经济行为者组成的网络，建立了一个信息联盟，每个经济行为者都拥有一定数量的信息资源，每个人都自愿提供信息资源，用于信息资源共享，同时各个经济行为者也可以在这个信息共享联盟中获取自己所需要的信息。每一个经济行为人都符合"经济人"的假设，即追求自身利益的最大化。也就是说，在信息联盟中，每个成员既有特定的义务又可以享有一定的权利，每个成员都具有信息资源的提供者及获取者两重角色。本书只考虑一种情形，假设在信息联盟中群体 1 是信息资源的提供者，群体 2 是信息资源的使用者，所得的结论同样适用于群体 1 是信息资源的使用者，群体 2 是信息资源的提供者。因此，这一博弈模型中，相关的参与者包括信息资源的提供者（$P$），信息资源的使用者（$U$）。同时，在信息共享联盟中，各个信息资源的提供者提供的信息资源质量良莠不齐，其中大致可以分为优质信息资源及劣质信息资源，其中优质信息资源是指那些具有新颖性、价值性特征的信息，而劣质信息资源是指那些重复性高、价值性低的信息。如果提供不同质量的信息资源的经济行为者在信息联盟中获取信息的权利是相同的，那么就会造成在信息联盟中"搭便车"的现象，最终导致信息联盟的坍塌，不利于创新体系下区域经济的战略发展。因此，在这一博弈模型中，相关的参与者还包括信息资源的管理者（$M$），也就是起到管理作用的组织或机构。

（1）信息提供者（$P$）：在提供信息时，$P$ 面临着两种选择，分别是提供优质信息或者劣质信息。如果劣质信息是 $P$ 的选择，那么其将付出一定成本 $C_1$（$C_1>0$），信息的价值为 0；但是如果优质信息是 $P$ 的选择，那么其将会付出额外的努力，付出的成本将会增加，为 $C_1+g$（其中 $g>C_1$），信息的价值为 $V$（$V \geqslant C_1+g$）。

（2）信息使用者（$U$）：在信息联盟中，信息使用者为了获取相关的信息，需要查找信息，在这个过程中，要付出一定的成本 $C_2$。在查找到相关的信息后，$U$ 无法得知信息的优劣。在此情况下，$U$ 有两种选择：获取或者不获取。若获取信息，$U$ 将支付 $P$ 一定的积分 $W_1$ [（$C_1+g$）$<W_1<V$]；若不获取，则支付为 0，希望通过支付积分来获取优质信息，从而得到信息的价值 $V$（$V>W_1+C_2$），不希望获得劣质信息。

（3）信息管理者（$M$）：在信息联盟中，$M$ 的主要职责就是对于 $P$ 的信息进行管理，如果确定 $P$ 提供的是优质信息，则给 $P$ 一定的奖励积分 $W_2$，若确定 $P$ 提供的是劣质信息，则奖励积分为 0。在此，本书假设若 $P$ 提供的是优质信息，则 $M$ 能够百分百判断出；若 $P$ 提供的是劣质信息，那么 $M$ 将有一定概率的判断失误。即当 $P$ 提供的是劣质信息时，$M$ 以概率 $a$ 判断其为优质信息，并且给予奖励积分 $W_2$。

根据以上假设分析，分三种情况进行演化博弈分析：第一种情况是没有信息管理者的介入，信息联盟中只有信息提供者和信息使用者时演化博弈情况；第二种情况是信息管理者介入下信息联盟的各成员演化博弈情况；第三种情况是充分发挥信息提供者与使用者的主观能动性，去除信息管理者的参与，在考虑未来收益的情况下信息联盟的各成员演化博弈状况。

2. 相关理论基础[①]

演化博弈理论（evolution game theory）源于生物演化论，遵从"物竞天择、适者生存"的基本原则，把新古典经济学和传统博弈论的"完全理性"修正为更接近现实的"有限理性"，它非常成功地解释了生物演化过程中的某些现象，在分析社会习惯、规范、制度或体制的演化形成及其影响因素等方面取得了令人瞩目的成就，并逐渐发展成为经济学研究中的一个新领域。与经典博弈理论不同的是，演化博弈理论假设博弈参与方是有限理性的，即参与方不能对信息

---

① 刘明广，李高扬 . 2012. 区域创新系统中企业知识共享策略分析 . 技术经济，31（5）：29-33.

变化做出迅速准确的反应。由于有限理性假设比较接近实际情况，所以演化博弈理论具有很强的适应性。演化稳定策略（evolutionary stable strategy，ESS）和复制动态（replication dynamics）是演化博弈理论中的两个核心概念。在具有一定规模的博弈群体中，博弈双方进行着反复的博弈活动，由于博弈方只具有有限理性，所以它们不可能一开始就找到最优策略及最优均衡点。于是，博弈方在博弈过程中不断学习、逐渐改正失误策略，进而寻求最有利的策略。经过一段时间的模仿和改错，所有的博弈方都会趋于选择某个稳定的策略，这个稳定的策略就是演化稳定策略。

在本书中，主要用到的理论包括以下两个。

1）重复博弈

重复博弈是指同样结构的博弈重复多次，其中的每次博弈称为"阶段博弈"。重复博弈通常有三个特征：①前一阶段的博弈不会改变后一阶段博弈的结构；②所有参与人都观测到博弈过去的历史；③参与人的总赢利是所有阶段博弈赢利的加权平均值。

2）有限理性博弈 [①]

有限理性博弈分析的关键是确定博弈方学习和策略调整的模式，根据不同层次的有限理性，可分为两种典型的类型：①具有快速学习能力的小群体成员的反复博弈对应的动态机制，称为"最优反应动态"，它是具有较高学习能力、能快速进化的高层次有限理性；②对于学习速度很慢的成员组成的大群体随机配对的反复博弈，策略调整采用生物进化的"复制动态"机制模拟，它是一种较低层次的有限理性。

在本博弈模型中，假设信息提供者和信息使用者是有限理性博弈方，这是因为他们大多都是普通人员，理性有限，而且在博弈的过程中也不容易判断信息的优劣。有限理性意味着博弈方往往不会一开始就找到最优策略，会在博弈过程中学习博弈，即通过多次重复博弈，不断学习和演化，最终找到实现各自得益最大化的均衡点。在反复博弈过程中具有大群体随机配对的特征，较为符合有限理性博弈的第二种类型，因此采用生物进化的"复制动态"机制来模拟这一过程。

---

① 莫祖英，马费成 . 2012. 网络环境下信息资源质量控制的博弈分析 . 情报理论与实践，35（8）：26-30.

### 4.3.3 个人信息资源配置演化博弈分析——无激励机制

#### 1. 演化博弈模型

在无激励机制下，信息联盟中参与博弈的成员只有信息的提供者与信息使用者。信息提供者可以根据自身的意愿及相关状况来选择提供何种信息，信息的使用者在不知道信息质量的前提下选择是否获取信息，博弈双方在博弈的过程中同时做出决策。假设，在这一博弈过程中，信息的提供者提供优质信息的概率是 $b$，提供劣质信息的概率是 $1-b$，信息的使用者获取信息的概率是 $q$，不获取信息的概率是 $1-q$。这一演化博弈的支付矩阵如表 4-7 所示。

**表 4-7 无激励机制下个人信息资源演化博弈的支付矩阵**

| | | 信息使用者（$U$） | |
| --- | --- | --- | --- |
| | | 获取 | 不获取 |
| 信息提供者（$p$） | 优质信息 | $W_1-C_1-g$, $V-W_1-C_2$ | $-C_1-g$, $-C_2$ |
| | 劣质信息 | $W_1-C_1$, $-W_1-C_2$ | $-C_1$, $-C_2$ |

根据上述的支付矩阵，信息提供者选择提供优质信息和劣质信息的期望收益分别是 $P_y=q\times(W_1-C_1-g)+(1-q)\times(-C_1-g)$ 与 $P_1=q\times(W_1-C_1)+(1-q)\times(-C_1)$，相应的总体期望收益是 $P=b\times P_y+(1-b)\times P_1$；信息使用者选择获取或者不获取信息的期望得益分别是 $U_y=b\times(V-W_1-C_2)+(1-b)\times(-W_1-C_2)$ 与 $U_n=b\times(-C_2)+(1-b)\times(-C_2)$，相应的总体期望得益是 $U=q\times U_y+(1-q)\times U_n$。

根据演化博弈的复制动态方程，信息提供者选择提供优质信息复制动态方程为 $db/dt=b\times(P_y-P)=-b\times(1-b)\times g$，同理，信息使用者选择获取信息的复制动态方程为 $dq/dt=q\times(U-U_y)=q\times(1-q)\times(b\times V-W_1)$。

#### 2. 演化博弈均衡点的稳定性分析

根据进化稳定策略，一个稳定状态必须对微小的扰动都具有稳健性。即要求当干扰使 $x$ 出现低于稳定状态的 $x$ 点时，$\dfrac{dx}{dt}$ 必须大于 0，当干扰使 $x$ 出现高于稳定状态的 $x$ 点时，$\dfrac{dx}{dt}$ 必须小于 0，这样才能保证回复到稳定状态。对于博弈方 $P$ 来说，令其复制动态方程为 0，得到均衡点为 $b=0$ 和 $b=1$；对于博弈方 $U$ 来说，令其动态方程为 0，得到的均衡点为 $q=0$，$q=1$ 及 $b=\dfrac{W_1}{V}$。下面分别从各博弈方的角度来分析均衡点的稳定性。

对于博弈方 $P$ 来说，当 $b=0$ 时，$\dfrac{\mathrm{d}b}{\mathrm{d}t}=0$，处于稳定状态。具体来说就是此时信息联盟中所有信息提供者提供的都是劣质信息；当出现干扰因素后，$b>0$，换句话就是，此时联盟中有一部分信息提供者开始提供优质信息，但是由于已知 $g>0$，此时 $\dfrac{\mathrm{d}b}{\mathrm{d}t}<0$，根据上述信息提供者的复制动态方程，可知 $P_y<P$，也就是说采用此种策略的期望得益是小于总体期望得益，根据"经济人"追求最大收益的特性，采取这种策略的人越来越少，也就是提供优质信息的提供者越来越少，最终会没有博弈方采取这种策略，即所有的信息提供者都会提供劣质信息，达到稳定状态；当 $b=1$ 时，信息联盟中所有的信息提供者均提供优质信息，当出现微小的扰动后，即此时很少的信息提供者开始提供劣质信息，此时其他博弈方发现采用这种策略会得到更多的期望得益，于是越来越多的人开始采用这种策略，最终信息联盟中所有的信息提供者都提供的是劣质信息，达到稳定状态。

对于博弈方 $U$ 来说，当 $b>\dfrac{W_1}{V}$ 时，$\dfrac{\mathrm{d}q}{\mathrm{d}t}$ 始终为 0，即博弈方 $U$ 的所有状态都是稳定状态。也就是说，博弈方 $U$ 群体中都会维持自己的初始策略不变。当 $b>\dfrac{W_1}{V}$，$q=0$，$q=1$ 是稳定状态，当出现微小波动后，即 $0<q<1$ 时，即博弈方 $U$ 中个别人采取"获取"策略时，博弈方会发现此时的期望得益大于总体的期望得益，所以采取"获取"策略的博弈方越来越多，最后所有的博弈方都会采取"获取"策略，达到稳定状态；当 $b<\dfrac{W_1}{V}$，$q=0$，$q=1$ 是稳定状态，当出现微小扰动后，$0<q<1$ 时，即博弈方 $U$ 中个别人采取"获取"策略时，博弈方会发现此时的期望得益小于总体的期望得益，所以采取"获取"策略的博弈方越来越少，最后所有的博弈方都会采用"不获取"策略，达到稳定状态。

结论 1：在无激励机制的状况下，提供劣质信息（也就是 $b=0$）是博弈方 $P$ 唯一的进化均衡，对于博弈方 $U$ 来说，当 $b>\dfrac{W_1}{V}$，演化博弈的结果是获取，而这与 $b=0$ 相矛盾，显然不能成立。综合考虑来看，博弈方 $U$ 的最终进化均衡就是不获取。因此，系统最终的均衡状态是信息提供方提供劣质信息，信息获取方不获取。

从信息资源配置的角度来看，信息资源最大程度的共享是配置的最优，在没有激励机制的状况下，信息的提供者不愿意花费更多的成本来提供具有高价值的信息，从而导致信息获取者不愿意获取信息联盟的信息，这也说明了信息资源的私人配置无效，信息资源配置效率低下。最终信息联盟中，所有的信息均为劣质信息，其成员不愿意获取信息，同时由于成员的双重角色性，不获取信息的同时也不会再提供信息，最终信息联盟将成为一摊"死水"，成员将会逐渐退出联盟，联盟瓦解。

### 4.3.4 个人信息资源配置演化博弈分析——有激励机制

#### 1. 演化博弈模型

在激励机制下，就要引入博弈模型中另外一个参与者——信息管理者（$M$），信息管理者主要是审核信息提供者提供的信息，若为优质信息，则给予一定的奖励积分，若为劣质信息，则无奖励积分。信息管理者不影响信息提供者与信息使用者的决策。这样主要是激励信息提供者提供更多高质量的信息，提高个人信息资源配置的有效性。

在此种状态下，信息提供者与使用者演化博弈的支付矩阵如表4-8所示。

表4-8　激励机制下个人信息资源演化博弈支付矩阵

| | | 信息使用者（$U$） | |
| | | 获取 | 不获取 |
|---|---|---|---|
| 信息提供者（$P$） | 优质信息 | $W_2+W_1-C_1-g,\ V-W_1-C_2$ | $W_2-C_1-g,\ -C_2$ |
| | 劣质信息 | $a\times W_2+W_1-C_1,\ -W_1-C_2$ | $a\times W_2-C_1,\ -C_2$ |

同样，仍然假设信息提供者以概率 $b$ 提供优质信息，信息使用者以概率 $q$ 来获取信息，根据上述的支付矩阵，信息提供者选择提供优质信息和劣质信息的期望得益分别是 $P_y=q\times(W_2+W_1-C_1-g)+(1-q)\times(W_2-C_1-g)$ 与 $P_1=q\times(a\times W_2+W_1-C_1)+(1-q)\times(a\times W_2-C_1)$，相应的总体期望得益是 $P=P=b\times P_y+(1-b)\times P_1$；在此种状态下，信息使用者的期望得益与第一种状态下完全一致，所以这里不再赘述。

#### 2. 演化博弈均衡点的稳定性分析

对于博弈方 $U$ 来说，由于其期望得益与第一种状态下完全一致，所以其复制动态方程分析过程与第一种状况一致，具体分析结果参见第一种状态下的分析过程。

对于博弈方 $P$ 来说，其复制动态方程 $\dfrac{\mathrm{d}b}{\mathrm{d}t} = b \times (P_y - P) = b \times (1-b) \times (W_2 - a \times W_2 - g)$。令复制动态方程等于 0，可以发现，当 $W_2 = \dfrac{g}{1-a}$ 时，博弈方 $P$ 始终处于稳定状态，所有博弈方会维持其初始策略不改变；当 $W_2 > \dfrac{g}{1-a}$ 时，博弈方 $P$ 的稳定状态为 $b=0$ 与 $b=1$，当发生微小波动时，即出现了 $0<b<1$ 的状况，即博弈方群体 $P$ 中有少量成员提供了优质信息，此时其他的成员发现采用该策略的期望得益大于总体期望得益，于是采用这种策略的成员会越来越多，最后博弈方群体 $P$ 中所有的成员都提供优质信息，演化博弈达到稳定状态，即 $b=1$；当 $W_2 < \dfrac{g}{1-a}$ 时，博弈方 $P$ 的稳定状态为 $b=0$ 与 $b=1$，当发生微小波动时，即出现了 $0<b<1$ 的状况，即博弈方群体 $P$ 中有少量成员提供了优质信息，此时其他的成员发现采用该策略的期望得益小于总体期望得益，于是采用这种策略的成员会越来越少，最后博弈方群体 $P$ 中所有的成员都提供劣质信息，演化博弈达到稳定状态，即 $b=0$。

结论 2：当 $W_2 > \dfrac{g}{1-a}$ 时，博弈方 $P$ 的最终均衡状态是 $b=1$，即博弈方 $P$ 所有的成员均提供优质信息，而此时 $b$ 显然是大于 $\dfrac{W_2}{V}$ 的，而此时，对于博弈方 $U$ 来说，其最终的均衡状态是 $q=1$，即采用"获取"的策略。也就是说，在激励机制的作用下，系统最终的演化均衡状态是信息提供者提供优质信息，信息使用者获取信息。

对比结论 1，在引入激励机制后，信息联盟中各个成员达到了一种"双赢"的状态，此时信息资源的私人供给是有效的，信息资源的配置效率得到了提高，由于信息联盟中的信息质量非常优质，联盟成员愿意从中去获取所需要的知识，同时由于成员角色的双重性，为了获取更多所需要的优质信息，联盟成员也十分愿意将自己拥有的优质信息拿出来共享，信息资源达到了最大程度的共享，使得个人信息资源的配置最优，社会成效也达到了最大化。此时信息联盟形成了信息配置与共享的良性循环，这种信息交流的良性循环有利于创新活动的发展，从而为区域创新体系的建设做出了贡献。

值得我们思考的是，在激励机制的状态下系统最终演化均衡状态的产生存在前提条件 $W_2 > \dfrac{g}{1-a}$，这反映的是激励积分 $W_2$、信息管理者误判优质信息的概率 $a$ 及信息提供者在提供优质信息所付出的额外的努力 $g$ 三者之间的关系。也就是说，为了个人信息资源配置的最优给出的激励措施，要注意对以下三个方面进行控制：①信息管理者误判优质信息的概率越低越好；②当概率 $a$ 很高时，需要信息管理者给出较大力度的激励；③信息提供者提供优质信息所付出的额外成本必须在一定的范围内，只有当 $g < (1-a) \times W_2$ 时，激励措施才奏效。

### 4.3.5 个人信息资源配置演化博弈分析——考虑未来合作收益

#### 1. 演化博弈模型

从上述分析中可以发现，激励机制并非适用于所有的情形。在给出激励措施后，如果对上述的三个方面没有很好的控制，激励措施往往"有名无实"，在具体实施时往往难以落到实处。此外，在区域创新体系中，区域成员之间的合作是区域发展战略的主流，单靠激励机制不利于信息联盟中各个成员之间合作，当激励机制不再适用时，可以通过未来合作收益来影响博弈方的决策。在演化博弈的过程中，如果博弈方 $P$ 一开始选择提供优质信息，而博弈方 $U$ 一开始选择获取信息，那么博弈双方将获得额外的未来收益 $F_1$（$F_1 \gg 0$）与 $F_2$（$F_2 \gg 0$）；如果博弈方 $P$ 不提供优质信息，或者博弈方 $U$ 不选择获取信息，那么双方的合作破裂，未来的合作收益则为 0。演化博弈的支付矩阵如表 4-9 所示。

表 4-9　考虑未来收益前提下个人信息资源配置的演化博弈矩阵

| | | 信息使用者（$U$） | |
| --- | --- | --- | --- |
| | | 获取 | 不获取 |
| 信息提供者（$P$） | 优质信息 | $W_1-C_1-g+F_1$, $V-W_1-C_2+F_2$ | $-C_1-g$, $-C_2$ |
| | 劣质信息 | $W_1-C_1$, $-W_1-C_2$ | $-C_1$, $-C_2$ |

其相关假设还与前述保持一致。根据上述的支付矩阵，信息提供者选择提供优质信息和劣质信息的期望得益分别是 $P_y=q \times (F_1+W_1-C_1-g) + (1-q) \times (-C_1-g)$ 与 $P_1=q \times (W_1-C_1) + (1-q) \times (-C_1)$，相应的总体期望得益是 $P=b \times P_y + (1-b) \times P_1$；信息使用者选择获取或者不获取信息的期望得益分别是 $U_y=b \times (V-W_1-C_2+F_2) + (1-b) \times (-W_1-C_2)$ 与 $U_n=b \times (-C_2) + (1-b) \times (-C_2)$，相应的总体期望得益是 $U=q \times U_y + (1-q) \times U_n$。

根据演化博弈的复制动态方程，信息提供者选择提供优质信息复制动态方程为 $db/dt=b \times (P_y-P) = b \times (1-b) \times (q F_1-g)$，同理信息使用者选择获取信息的复制动态方程为 $dq/dt=q \times (U-U_y) = q \times (1-q) \times [b \times (V+F_2) - W_1]$。

## 2. 演化博弈均衡点的稳定性分析

对于博弈方 $P$ 来说，当 $q = \dfrac{g}{F_1}$ 时，$\dfrac{\mathrm{d}b}{\mathrm{d}t}$ 始终为 0，始终处于稳定状态，此时博弈方 $P$ 的各成员会维持原来的决策不变；当 $q > \dfrac{g}{F_1}$ 时，博弈方 $P$ 的稳定状态为 $b=0$ 与 $b=1$，当发生微小波动时，即出现了 $0<b<1$ 的状况，即博弈方群体 $P$ 中有少量成员提供了优质信息，此时其他的成员发现采用该策略的期望得益大于总体期望得益，于是采用这种策略的成员会越来越多，最后博弈方群体 $P$ 中所有的成员都提供优质信息，演化博弈达到稳定状态，即 $b=1$；当 $q < \dfrac{g}{F_1}$ 时，博弈方 $P$ 的稳定状态为 $b=0$ 与 $b=1$，当发生微小波动时，即出现了 $0<b<1$ 的状况，即博弈方群体 $P$ 中有少量成员提供了优质信息，此时其他的成员发现采用该策略的期望得益小于总体期望得益，于是采用这种策略的成员会越来越少，最后博弈方群体 $P$ 中所有的成员都提供劣质信息，演化博弈达到稳定状态，即 $b=0$。上述分析的现实意义为：博弈方 $P$ 是否提供优质信息取决于博弈方 $U$ 获取信息的概率 $q$、未来合作收益与提供优质信息付出的额外成本 $g$ 三者之间的关系。当 $F_1$ 远远大于 $g$ 与 $q$ 的比值时，博弈方 $P$ 更愿意提供优质信息，此时信息联盟中信息的质量很高，从而对于博弈方 $U$ 来说获取的概率增大，信息可以得到很大程度的共享，个人信息资源配置得到了优化，可见未来合作收益与博弈方 $U$ 获取信息的概率呈正向增长作用。

对于博弈方 $U$ 来说，当 $b = \dfrac{W_1}{V + F_2}$ 时，$\dfrac{\mathrm{d}q}{\mathrm{d}t}$ 始终为 0，始终处于稳定状态，此时博弈方 $U$ 的各成员会维持原来的决策不变；当 $b > \dfrac{W_1}{V + F_2}$，$q=0$，$q=1$ 是稳定状态，当出现微小波动后，即 $0<q<1$ 时，即博弈方 $U$ 中个别人采取获取策略时，博弈方会发现此时的期望得益大于总体的期望得益，所以采取"获取"策略的博弈方越来越多，最后所有的博弈方都会采取"获取"策略，达到稳定状态；当 $b < \dfrac{W_1}{V + F_2}$，$q=0$，$q=1$ 是稳定状态，当出现微小扰动后，$0<q<1$ 时，即博弈方 $U$ 中个别人采取"获取"策略时，博弈方会发现此时的期望得益小于总体的期望得益，所以采取获取策略的博弈方越来越少，最后所有的博弈方都会采用"不获取"策略，达到稳定状态。

结论 3：在考虑未来收益的前提下，博弈方 $P$ 在当 $q > \dfrac{g}{F_1}$ 时采取的策略是提供优质信息，即 $b=1$ 的状态，而此时博弈方 $U$ 采取的策略是"获取"［因为

$V>W_1$，所以（$V+F_2$）$>W_1$，即 $\dfrac{W_1}{V+F_2}<1$，此时 $b=1>\dfrac{W_1}{V+F_2}$]；博弈方 $P$ 在当 $q<\dfrac{g}{F_1}$ 时采取的策略是提供劣质信息，即 $b=0$ 的状态，而此时博弈方 $U$ 采取的策略是"不获取"（此时 $b=0<\dfrac{W_1}{V+F_2}$）。在考虑未来收益的前提下，系统的演化均衡是（提供优质信息，获取）与（提供劣质信息，不获取）。以上系统的演化均衡的前提条件是博弈方 $U$ 获取信息的概率 $q$、博弈方 $P$ 未来合作收益、提供优质信息付出的额外成本 $g$ 三者之间的关系。

结论 3 表明，未来的合作收益对于博弈方 $P$ 与 $U$ 的演化都会产生很大的影响。未来的合作收益越大，博弈方 $P$ 越容易放弃眼前的利益，愿意花费较多的成本提供质量优质的信息，这一策略也会促使博弈方 $U$ 以更大的概率去获取信息，从而形成了信息共享的良性循环，提高了个人信息资源配置的效率，实现了社会利益的最大化。而同样博弈方 $U$ 在未来收益的驱动下，相信信息联盟中信息的质量，以较高的概率去获取信息，此时博弈方 $P$ 获取的积分 $W_1$ 就越多，从而也促使了博弈方 $P$ 提供优质信息。可见，未来合作收益对于博弈方演化博弈的影响离不开他们之间的合作。良性的合作可以实现未来合作收益的最大化，从而有利于个人信息资源配置的最优。这也很好地解释了为什么在区域创新体系中，区域成员之间的合作是区域发展战略的主流。

对区域创新体系下个人信息资源配置在无激励机制、有激励机制及考虑未来合作收益三种情形下的演化博弈情况进行了分析，得到了如下结论。

（1）在无激励机制的作用下，演化博弈最终的均衡状态是信息提供方提供劣质信息，信息获取方不获取信息。也就是说，信息的提供者不愿意花费更多的成本来提供具有高价值的信息，从而导致信息获取者不愿意获取信息联盟的信息，这也说明了信息资源的私人配置无效，信息资源配置效率低下。

（2）在激励机制的作用下，演化博弈最终的均衡状态是信息提供者提供优质信息，信息使用者获取信息。换言之就是，此时信息资源的私人供给是有效的，信息资源的配置效率得到了提高。同时由于信息联盟成员的双重角色性，为了获取优质信息，联盟成员更乐意去分享自有的优质信息，此时信息联盟形成了信息配置与共享的良性循环，这种信息交流的良性循环有利于创新活动的发展，从而为区域创新体系的建设做出了贡献。

（3）在考虑未来合作收益的前提下，演化博弈的均衡状态取决于博弈方 $U$ 获取信息的概率 $q$、博弈方 $P$ 未来合作收益、提供优质信息付出的额外成本 $g$ 三者的关系。只有合作带来的未来收益很大时，博弈 $P$ 才可能付出较多的努力和成本去提供优质信息，同时才会促进博弈方 $U$ 以更大的概率去获取信息，从而形成了信息共享的良性循环，提高了个人信息资源配置的效率。

　　基于以上分析探讨，得到了如下关于区域创新体系下个人信息资源配置的启示。

　　（1）控制提供优质信息的付出成本。尽管控制成本不能在真正意义上提高个人信息资源配置的效率，但是不失为一种有效途径。由于控制付出成本对于博弈方 $P$ 是否选择提供优质信息至关重要，在区域创新体系中，博弈方 $P$ 应该谨慎地控制提供优质信息的付出成本，选择费用低廉的措施，力求在确保信息质量的前提下，实现成本的最小化。同时激励措施的奏效与提供优质信息的付出成本的高低也有着直接的关系，为了确保有效的激励能够促进个人信息资源配置的最优，信息提供者也应该将付出成本控制在一定的范围内。

　　（2）完善激励机制。从前述分析中可以发现，在激励机制下个人信息资源可以得到更大程度的配置。但是激励措施的制定并不是盲目的，是建立在一定的前提条件下的。除了控制成本以外，还要做到以下两个方面：①信息联盟中的管理机构应该提高自己判断信息质量的能力，建立很好信息过滤系统，减少个人信息资源配置过程中的机会主义行为；②制定力度强、吸引力大的激励措施，完善激励机制。在奖励额度的确定上，由于机会主义行为决策取决于信息的付出成本和收益，奖励额度最好采用基于信息质量、价值高低的变动计算方式，而不宜采用固定的奖励额度。

　　（3）提高未来合作的收益。基于未来合作收益的考虑，信息联盟中的个人信息资源配置可能达到最优，因此在个人信息资源配置时，信息联盟的成员应尽量避免追求利益的短期化，注重提高对于合作伙伴的长期价值，通过战略资源互补、关键技术共享等方式将信息共享提高到长期的高度，实现个人信息供给的有效，提高信息资源配置的效率，实现社会效益的最大化。

# 第 5 章

# 区域创新体系中的信息服务机制与模式

## 5.1 区域创新体系中的信息服务机制

区域创新体系中的信息服务会随着经济、技术的发展和进步而有不同的变化，它始终处于一个动静相对的动态过程之中。尤其是在网络技术、信息技术的支持和推动下，信息服务以区域性、互动性、共享性、创新性、个性化和社交化等方式开展服务，会更贴近创新主体的信息需求。以解决问题为服务目标，区域创新环境下的信息服务机制有以下几种。

### 5.1.1 创新主体为中心的服务机制

创新主体为中心的服务机制，就是基于创新主体的信息需求，一切从创新主体在创新实际活动中涉及的有关信息和知识需求活动出发，并以创新主体信息和知识需求的满足与问题解决为目标的信息服务工作方法，这是当前区域创新体系中信息服务的主流机制，这一服务机制要求把服务看成是创新主体与创新主体之间相互交流的一种活动过程，是一种以创新活动为出发点和立足点、全程跟踪创新主体创新活动的个性化信息服务机制。在这一信息服务机制中，不同的创新主体之间可能是单向或双向的信息传递，也就是说，同一创新主体可能既是信息服务的提供者，也是信息服务的接受者。

该服务机制的运行过程是：创新主体—服务人员—服务策略与方式—信息服务产品—创新主体：需求满足与问题解决—（反馈至）服务人员。

### 5.1.2　问题解决式服务机制

问题解决式服务机制，是一种以创新主体问题解决为目标的信息服务机制。该机制源于创新主体信息用户面临的待解决的问题，创新体系中的服务人员据此对各类信息资源进行收集、整理、加工和分析，形成针对创新主体待解决问题的信息服务产品，在此基础上，再利用合适的策略与服务，最终以解决创新主体的现实问题为目标。

该服务机制的运行过程是：信息用户现实问题—服务人员—信息服务产品—服务策略与方式—创新主体：问题解决—（反馈至）服务人员。

### 5.1.3　主动式信息服务机制

主动式信息服务机制是通过对创新主体偏好、个性、习惯的挖掘和分析，主动向创新主体提供其可能需要的信息和服务。知识经济时代，信息的及时性和可接受性要求越来越高，创新主体信息需求的重点已从信息获取转变为知识创新，创新主体不再满足于一堆原始数据和信息的简单获取，而是希望获得经过整理加工后的知识内容与信息产品。信息服务机制要求创新体系中的中介或服务机构在获得信息后，根据信息的内在特征与价值进行深度分析、加工综合，识别和创造新的知识，提供给创新主体使用。所以，区域创新环境下的信息服务的发展趋势不是简单的信息检索与传递，而是信息服务知识化、个性化。

该服务机制的运行过程是：信息服务机构—信息—知识—用户—（反馈至）信息服务机构。

## 5.2　区域创新体系中的信息服务模式

信息服务是指信息生产者或加工者将生产或收集到的数据或信息经过加工、整理和利用，并通过一定的手段和方法为社会和用户提供某种信息产品或信息服务，将有价值的信息传递给用户，最终帮助用户解决问题。其中计算机和网络技术的产生和发展，改变了信息服务的方式，而且使得信息服务手段变得多样和便捷。

信息服务模式是信息服务的具体表现形式，主要是对信息服务的组成要素及各要素之间相互关系的描述。信息服务的主要组成部分包括信息服务提供者、信息服务内容、信息服务接受者、信息传播载体和信息服务策略等要素。区域创新体系中的信息服务模式，主要是指对区域创新体系中的信息服务要素及其相互关系的描述。

应该说随着互联网的深入普及，迎来了信息服务活动空前活跃、信息服务快速发展的新时期。信息服务的发展与信息服务新模式是息息相关的。新的信息服务模式是信息服务发展的表征，信息服务发展的重要表现就是催生了新的信息服务模式。因此，信息服务活动越是活跃、信息服务越是快速发展，新的信息服务模式就越能诞生。

不难发现，信息服务已不仅是图书馆、信息研究所和经济信息中心等传统机构的事情，越来越多的企业甚至个人都已成为信息服务的主体，即便是上述这些传统机构的信息服务其对外开放程度也越来越高，信息服务已经与产业的发展紧紧地联结在一起，已经与国民经济和社会发展市场化、信息化进程紧紧地联系在一起。在这种情况下，新一代信息服务、下一代信息服务的概念名称时有出现。信息服务的相关因素有许多，主要有社会的科学技术水平、信息资源共享程度等基础性因素，也有政府有关政策、经济和社会发展形势等环境因素，还有生产要素市场状况、其他产业发展水平等外围因素。这些因素与信息服务联系在一起时，会相互作用，特别是其他领域的一些技术方法也被应用到信息服务领域中来，其结果是信息服务在发生作用的同时，自身也获得发展。信息服务型企业的发展和企业信息服务模式的诞生，就很好地说明了这种作用及其结果。信息服务型企业是指主要从事信息服务经营活动的企业，其类型多种多样，其中互联网服务提供商和互联网内容提供商的出现和发展就是信息服务活动受上述基础性因素、环境因素和外围因素作用的结果。如果没有网络技术的支持、没有相关政策的保障、没有企业经营的经验等，这种信息服务型企业就不可能出现和发展，这种企业边实践边探索，又形成了有别于其他企业的各种经营模式，可以笼统地称之为企业信息服务模式。

### 5.2.1　信息服务模式概述

北大陈建龙教授在其文献中提出，信息服务活动是以信息用户为导向、以信息服务者为纽带、以信息服务内容为基础、以信息服务策略四要素为保障的活动，基于此四要素之间的关系，他将信息服务的基本模式分为：传递模式、使用模式和问题解决模式三种模式。随着网络的普及应用，信息服务的范畴有了不同的概念和模式体系，网络环境下的信息服务正从初级服务逐渐向高级专业化方向发展。随着用户需求所呈现出的社会化、多样化、个性化、即时性和动态性、精品化和高效化的特点，信息服务也就有了社会化、知识化、集成化、个性化发展的转型趋势。有学者曾总结了网络环境下 11 种信息服务模式，即用户驱动模式、用户中心模式、两个面向模式、一站式服务模式、中介服务模式、垂直门户模式、网络咨询模式、资源主导模式、创新型信息服务模式、集团作战模式和综合开发模式。

信息交流是人们借助于相应的符号，利用某种传播渠道，在不同的时间和空间中实现的信息传播和交换行为，它是信息服务的核心内容，是信息价值得以实现的重要保证，是建立信息服务模式的基础，也是提高信息服务质量的关键因素。传统飞鸽传信就是最古老的信息传播方式，而在网络技术迅猛发展的环境下，网络交流的便利性和时效性，使得网络交流模式突破了传统信息交流的局限性，如社会化网络等工具已成为科学交流模式发展的主流。由于网络信息交流呈现多元化、去中心化、社交化等特点，根据创新网络发展演进过程中技术创新活动的演化和信息流程的改变，创新网络的信息体制也在不断演化变迁，下面分别介绍并比较两种不同信息体制的创新差异。

#### 1. 信息分散化体制下的独立分布式创新模式

在区域创新体系的初期阶段，大多创新主体的技术创新以内部独立式创新为主，单个主体的创新是分散的、无序的，与创新相关的环境和技术性信息集中掌握在个别主体内部，信息流动性和集中度不高，信息的分散度很低。创新合作网络还尚未形成，主体间的技术关联和产业关联效应不强，合作创新存在偶然性，创新主体间也还没有相关的制度保障，企业的创新成本和创新风险都较高。

由于信息的规范度和集中度较低，信息的交流和共享受到很大限制，创新主体间协调的信息成本很高，信息的扩散只能借助于在时空方面都存在局限的面对面的人际交流。在这种体制下，主体间相互依存性较低，每个创新主体相互独立地观察系统性和特质性环境部分，较少存在信息共享和整体协调，主体的信息成本很高，各组织单元的观察和决策各自为政，彼此缺乏协调和统一行动。主体间的直接水平信息关联不多，各自创新活动呈独立状态，没有实现密切连续的相互合作。

**2. 信息同化体制下的网络一体化创新模式**

一方面人类的认知能力存在有限理性；另一方面社会化大生产带来的专业化分工造成的知识分散，使得与创新相关的技术、经验、信息和知识，必然以分散的方式散布于集群不同参与主体之中。而创新活动是互动式研发，组织间的互动性较高，为了获取与技术创新相关的信息和技术决策，必然需要相关主体的高度协作，特别是高技术创新活动的互补性，通过各种正式和非正式的契约结成互动式研发组织，导致主体间形成创新合作关联网络。随着集群、区域化开始进入一个持续成长的阶段，专业化的服务商和中介服务机构开始出现，主体创新能力不断增强，区域主体创新网络规模逐渐扩大，形成有利于合作创新的整体环境，由此而形成政府、高校、企业、研究机构和中介组织的创新合作网络。此时，技术规范和产业标准基本形成，信息的规范度和集中度得到提高，信息的交流和共享更加便利，分散信息体制转化为信息同化体制下的网络一体化的创新模式。在这种信息体制下，创新合作网络在区域创新中逐渐发挥主要作用。

在任务间技术互补性高，主体的信息处理能力大致相同，而且环境持续但并非剧烈变化的条件下，网络一体化的信息同化体制会更好地实现组织的目标。区域创新网络中的合作也需要有相应的制度保证，如长期演化形成的信任机制、知识共享机制、声誉机制等相关制度。

## 5.2.2    区域创新体系中的不同信息服务模式

**1. 科技公共服务平台建设模式**

各省、市政府部门和各级事业单位建设的各类公共科技服务平台是公共创新信息资源最为集中的地方，尤其是科技部门、高等院校建设得比较多。科技公共服务平台建设一般强调政府主导、公益为主，一方面有利于优化整合公共科技创新资源，提高公共创新资源的共享程度，提供高效信息资源配置服务，但科技公共服务平台普遍存在的一个问题是行业之间的割裂比较严重，部门壁垒或保护易导致信息鸿沟现象；另一方面能够以平台作为载体，集聚更多的各类创新信息资源，如资金、人才、项目和培训等。科技创新公共服务平台建设，要充分依托高等院校、科研机构、企业等现有的科研资源，充分整合和共享，避免重复建设，形成政府资助（主导）、社会多方参与、强调市场化运作的科技创新公共服务平台新模式，要通过制度和政策的制定，积极推动全社会增加对公益性、基础性、战略性科技事业的投入，立足于各创新主体功能和资源的整合，另外在体制创新上，要将科技、商务、金融结合起来，让技术平台与信息平台、技术交易网络进行有效整合[①]。科技创新公共服务平台体系一般包括基础条件平台、专业服务平台、研究开发平台、技术转移扩散平台、部门管理平台等二级平台，以及仪器设备协作共享资源保障平台、科技文献服务和管理决策支持平台、人力资源信息平台、创新技术开发平台、专业技术服务平台、行业公共技术平台、检验检测服务平台、专业技术服务平台、科技创新投融资平台、科技合作交流咨询平台、科技成果转移平台等三级平台。

从 2006 年以来，东莞先后与高校院所共建了广东电子工业研究院、东莞华中科技大学制造工程研究院等 11 个公共科技创新平台。早在搭建这些科技创新平台之初，东莞就明确了这些创新服务平台的发展定位——选择东莞产业发展中急需转型升级的行业，功能定位必须满足东莞产业结构调整升级的技术需求。东莞一共安排了高达将近 20 亿元的专项资金支持这些公共科技创新平台的组建和运营，科技公共服务平台的建设为"科技东莞"吸引来了大量的科技人才和科研机构。

### 2. 科技园区开发建设模式

科技园区是通过政府规划、引导，推进企业与高校、科研院所、中介服务机构之间的有效结合，促进科技知识成果产业化，科技园区是进行区域创新的重要载体，是产学研联合的重要形式和通道。科技园区是个资源洼地，是各种创新资源的集聚地，是集研发、生产、交易、服务、人才于一体的新型组织系统，具有聚集、融合、交流、创新、孵化、示范、扩散、输出等功能，是区域创新生态环境中不可或缺的重要组成部分，合理规划和建设科技园区，是有效

---

① 李福华 . 2009. 区域创新资源整合模式分析与政策建议 . 中共青岛市委党校青岛行政学院学报，（10）：24-28.

整合科技创新资源的重要方式。

科技园区最早始于 1951 年斯坦福大学的斯坦福研究院，以及由此衍生发展而形成的著名创新基地——"硅谷"。科技园区的具体模式主要有：孵化器、科学园、产业园、创客空间、创新创业基地、技术城、高新技术产品出口加工区等。目前，全球著名的科技园区主要有：美国的"硅谷"、128 公路，英国的剑桥科学园、苏格兰硅谷，日本的筑波科学城、九州硅岛，中国台湾的新竹，等等。我国的科技园区是改革开放以后在高新技术产品出口加工区的基础上演变而来的，是我国城市地区出现的一种新产业空间类型，是大城市地区新的经济增长点。

以美国为代表的科技园区、以日本为代表的技术城和以发展中国家为代表的高新技术开发园区，代表了科技园区发展的三种不同类型和层次。目前，我国科技园区也面临提升和转型的发展要求，当前我国各类区域科技园区发展和建设的重要任务主要是，实现我国科技园区由引进型向内生型、由高新技术产业开发区向科技新城的转变升级。

例如，广州萝岗区一直定位于全力打造深层次、多功能、高服务的区域科技创新服务体系，通过多年建设，形成了以广州火炬高新技术创业服务中心、广州高新技术创业服务中心的两大创新服务中心，同时其作为广州产业服务体系龙头的国家级创业服务中心，聚集并整合各类科技创新资源，形成了以创新苗圃、科技企业孵化器、创新创业基地、中介服务机构、投融资风险机构、知识产权交易和评估、高新技术产品展示和交易等一体的综合性科技创新服务平台。区内拥有国家级"火炬"创业中心、国家级留学人员创业园、国家"863"软件孵化基地、中国科学院生命科学研究院、广东软件园、广州国际企业孵化器、广州开发区科技创新基地等国家、省、市、区级和民营孵化场地共计 50 多万平方米，涵盖了"互联网＋"、电子信息、生物医药、新材料、环保产业、物联网、电子商务等各类专业孵化器，充分满足了不同企业的资源需求。同时，广州萝岗区建立了各类公共的研发实验室、技术测评公共服务机构、技术创新和专利服务机构、商标申报服务机构，并与国内外多所大学、科研机构建立了产学研科技项目合作双向互动机制，与几十家国家和省级重点实验室建立研发资源共享机制，形成了企业、大学和科研院所联动的资源共享平台，并引进股权交易、知识产权服务、人才培养、法律法规、会计事物等一系列科技中介服务机构。此外，以政府领投、企业跟投的方式，组建了多家风险投资公司，并同时积极引进 IDG、红杉资本等国内外著名风险投资公司，从而形成了区域性的开放式、立体化、全方位科技创新服务体系，尤其是为中小科技型企业提供全方位的个性化服务。截止到 2014 年年底，进驻萝岗内的各类研发中心、工程中心和创新团队达上千个，其中经认定的国家、省级工程研究中心 26 个、省级企业技术中心 8 家、博士后工作站 10 家；全区累计实施国家级"火炬项目"、"863 项目"和其他国家、省、市级科技项目多项；另外汤姆逊、索尼、三星、意法微电子和摩托罗拉等著名跨国企业也相继进入萝岗区，并设立研发分支机构和区域运营中心。萝岗区营造的良好科技创新土壤催生了一大批新兴的自主创新型科技企业，区内已形成电子信息产业、生物医药、新材料三大高新技术产业基地，科技进步正逐渐成为区域经济发展的原动力。

### 3. 企业建立研发机构建设模式

企业根据自身的需要在内部成立附属研发机构，如企业研究院、企业大学、企业研究中心，是有效整合创新资源、开展产学研合作的一种特殊形式，如吉利大学、唯品大学等。与大学和政府科研机构相比，企业建立的研发机构具有独特优势：第一，企业是以市场需求为导向而设立研发机构或研发中心。企业的最大特点是了解市场、贴近市场，尤其是能战略性地了解和掌握市场中存在的潜在需求，从而使其研究和开发的目标更精准、更有针对性，一切研发是以市场需求为导向。面对激烈的市场竞争，企业研发机构必须主动在研发方向或选题上把握自主性，同时，企业只有持续把握住新技术的制高点，才能获得或保持在竞争中处于领先地位。第二，企业设立研发机构的创新动力较大。企业任何投资都必须考虑一定的投入产出比，企业进行新技术的开发和投资，就是为了获得新技术带来的商业价值，而这在很大程度上取决于研发产品在市场上的竞争力。具有市场竞争力的企业，不仅要有强大的技术创新能力，而且更重要的是，正是这样的企业才能保证技术带来的足够利润，去回收创新成本。因此，企业研发机构具有较大的创新动力和压力。

广东的许多企业如华为、中兴等所属的研究开发机构都是成功的案例。这些企业不仅发挥自身所属研发机构的自身优势，进行产品研发，同时还开展产学研合作，与外部高校、科研院所开展技术合作，通过整合各自创新资源，实现资源效益最大化。

资料显示，2012 年华为公司研究开发人员有 70 000 多名（占公司总人数的45%），并在德国、瑞典、美国、法国、意大利、俄罗斯、印度及中国等地设立了 16 个研究所，华为公司组建的企业内部实验室，承载集团创新、研究和平台技术开发的使命。同时和来自工业界、学术界、研究机构的伙伴紧密合作，华为还与领先运营商成立了多个联合创新中心，把领先研发技术以最快、最有效的方式转化为获取客户的竞争优势，并获得商业成功。截至 2012 年 12 月 31 日，华为累计中国专利申请 41 948 件，国际 PCT 专利申请 12 453 件、外国专利申请 14 494 件，累计共获得专利授权 30 240 件。

### 4. 联合实验室或工程技术研究中心建设模式

建立联合实验室、研发中心或博士后工作站等的模式主要由政府引导，这种模式可充分发挥大学、研究机构和企业的各自优势。目前，国家和地方政府利用政策优势和资金优势，在大学、研究机构或企业资助建立了各级重点实验室和工程研究中心，它们聚集了各类高级专门人才、精密或大型仪器设备，在推动区域经济建设、社会发展和技术创新中发挥着越来越重要的作用[①]。

例如，广州市根据区域创新和产业结构调整的需要，依托驻粤高校（中山大学、华南理工大学等）和科研机构现有的省部级重点实验室和研发中心，采取多方共建方式，加强科研基础资源整合，借助国家的先期投入，适当注入地方和本地企业财力，瞄准科研的中游目标，接续上游，推进下游带动行业产品升级，形成了具有广州特色的创新模式。广州市在科技和信息化局设立基础科研处，专门为各高等学校、科研院所提供服务，建设促进源头建设的科技服务平台，整合、利用全市的科技资源。广州近年来重点实验室建设表现出三个特点：一是向上承接国家投入，形成上游技术，同时瞄准中游目标，非常注重应用型基础研究；二是注重研发和技术的转移和扩散，与中试和孵化基地紧密结合，向产业园区和企业扩散，形成上中下"一条龙"，有效提升研发成果的市场转化；三是瞄准高新技术产业发展的制高点，立足实现部分产业的转型升级，同时大力培植新的经济增长点。

### 5. 成果转化及合作研发模式

成果转化及合作研发大致可分为三种模式：一是高校或科研院所研发的成果，直接转化为成熟技术或产品，服务社会的"一步到位"模式；二是高校、科研院所与企业联合投入研发，研发的成果为企业无偿使用的"合作共赢"模式；三是高校或科研院所以技术入股方式，双方联合投入、研发、生产、经营

---

① 李福华 . 2009. 区域创新资源整合模式分析与政策建议 . 中共青岛市委党校青岛行政学院学报，（10）：24-28.

的"同舟共济"模式。

"一步到位"模式：高校或科研院所整合自身科技和创新资源，通过基础和应用研究，开发出有市场需求的新技术、新产品，这是高校或科研院所自身直接服务社会的形式，这种形式最直接、最有效。

"合作共赢"模式：企业和高校、科研院所之间形成良好的分工。由于企业直接接触市场，企业比高校、科研院所更了解市场和用户需求，所以，企业根据市场需要制定的研发项目更具有针对性，而企业委托高校和科研院所开发项目，充分利用高校和科研院所基础研究和智力资源，充分发挥双方的优势资源，企业获得智力支持，高校研发经费有了保障，又不用担心研究成果的转让问题。

"同舟共济"模式：研发技术或成果作为资本要素投入到生产中，企业和高校、科研院所在互信基础上的技术入股、共同合作生产经营方式，实现了风险共担、利益共享，将双方的利益紧紧联系在一起，能够充分激发合作双方的积极性。

## 5.3　Web2.0 环境下的信息服务模式

随着电话的发明而出现的电信网和因广播电视的发明而发展起来的广电网，以及以 TCP/IP 协议为标准的互联网的建成，对包括信息服务在内的人类社会产生了重大而深远的影响。"三网"的发明对推动社会进步和人类发展都起到了积极而巨大的作用，特别是互联网的诞生和快速发展，对人类社会和实践活动的影响比以往任何一次发明和进步的影响和作用还大。

就信息服务而言，互联网环境不仅是技术环境，还是信息环境、管理环境、文化环境、经济环境和政治环境。与最早出现的只能在科技情报领域，并依靠专家辅助的计算机联机信息检索系统相比，互联网的成功，更多并在更大程度上是在民用和商用领域获得了巨大的发展，任何上网用户基本无需专家指导或专业培训，就可以利用互联网寻找自己所需要的信息，并加以运用，而且互联网技术的信息传播速度和范围、信息搜索和处理能力，以及其使用的便利性都是前所未有的。因为互联网的开放性和共享性，信息的可得性和易接近性大大增强，也就是说，用户通过网络获取信息的手段多样，信息量巨大，用户信息环境有了根本性改变。而且，互联网的出现带来了所谓的"网络文化""网络经济"，这些网络产物都对信息服务产生了巨大影响。不难想象，互联网环境下人们的思想观念、行为方式、生活方式等方面也发生了巨大变化，这种变化比传统电信网或广电网对人们的影响有过之而无不及。比如，阅读印刷型报刊的人越来越少了，而浏览各种网页、门户网站的人越来越多了，主动学习和接受的知识和信息越来越多了；而且利用网络获取信息的方式本身也在发生变化，利用 PC 端的用户越来越少，利用移动端的用户越来越多了，显而易见，这些方面的变化也给信息服务带来了许多新的课题和机遇。

以上网络环境下信息服务模式的变化对信息服务活动提出了新的要求，这主要体现在信息用户、信息服务者、信息内容、信息媒介和信息服务策略等都要进行调整和改变。信息用户和信息服务者的变化除了他们作为信息使用者和信息服务者所受到的深层的思想观念等方面的影响和所发生的变化外，网络及网络资源自身发展带来的问题，如信息爆炸、信息过载、垃圾泛滥、用户隐私、知识产权保护等都对信息用户、信息提供者和信息服务者提出了新的和更高的要求。另外，服务内容的变化也非常明显，表现在服务产品的载体形式更加多样化（文字、图片、音频等）、产品与技术的融合程度更高、信息产品的易接近性和可获得性更强、特定服务更专等变化；信息服务策略也随着服务者、服务对象和服务内容的变化而出现新的变化，如早期缺乏实名制的管理，对用户的管理和监管异常困难。

信息服务各要素的变化必然推动信息服务活动的战略和战术调整。战略调整就是创造性地将传统信息服务与互联网相结合，提出构建互联网＋信息服务新模式、新方法；战术调整的主要体现就是在网络环境下信息服务具体如何实施；特别是 Web2.0 环境下，社会化媒体日趋成熟，用户信息需求表现为社区、虚拟、自治、交互、即时、分享和个性化的特点，这彰显了用户对开放网络、开放环境、开放资源和开放服务的本质需求。传统以生产、资源为导向的信息服务模式只能为用户提供统一的标准化服务，难以满足网络环境下不同用户个性化的信息需求。在 Web2.0 信息环境下，信息服务机构或企业要以"信息用户"为中心，以"用户满意"为唯一标准，来挖掘用户价值，满足用户需求，而这必然要求信息服务机构或企业在功能定位、资源建设、服务流程、管理模式和组织架构等方面进行重新变革与重构，坚持围绕用户信息需求为第一的原则，以合适的方式为用户提供满意的个性化服务。Web2.0 环境下的信息服务是围绕着用户，以用户为导向的，为用户随时随地提供个性化服务，它提倡信息服务内容和技术的开放，针对用户的需求系统能够自动组织相应的服务。

总之，基于 Web2.0 的信息服务是对传统信息服务的理念、方式、手段和内容的重大变革，网路环境下随时、随地、随心获取信息是信息服务机构满足用户需求所追求的最高境界。随着 Web2.0 时代的到来，信息服务机构在观念、技术和服务方式方面都应做出相应调整和改变。Web2.0 为用户提供了直接参与资源平台建设的可能，为资源共建共享与用户无障碍获取信息创造了条件，信息用户、信息提供者和信息服务机构的界限越来越模糊，传统由少数资源控制者自上而下集中控制主导的模式转变为自下而上的由广大用户共同智慧和力量主导的网络体系，每一个信息使用者可能同时就是一个信息提供者，这种众包模式催生了新的信息服务模式，它采用用户之间"自助"＋"互助"的方式让用户获得和利用信息，摒弃了以信息服务产品为中心的传递模式，使传统信息服务模式向"社会化"和"去中心化"方向发展[①]。

### 5.3.1　Web2.0 相关应用技术

#### 1. 众包模式

2005 年先后出现的 Web2.0 与威客（Witkey）理念，以及近年来大量的用户生成内容（user generated content，UGC）网站蓬勃发展，都可以理解为众包模式的具体表现。众包技术，国内也称威客技术，是近年来出现的一种互联网信息服务新模式。

众包是指把传统上由企业内部员工承担的工作，通过网络以自由、自愿的形式转交给企业外部的大众群体共同来完成。互联网的出现使用户信息获取和交流成本大幅降低，是现代意义上的众包模式得以实现的直接原因，维基百科的创始人吉米·威尔士曾经创办过一个由专家编写的百科全书项目 Nupedia，但这个严格采用同行评审体系的项目，在几个月时间里只完成了十几个词条的编写，而当威尔士改用维基方式，允许一般大众为百科全书贡献内容后，新诞生的维基百科网站在一年时间里就创建了 1.5 万个词条，访问量也大幅增长。

众包模式中的信息服务采用用户之间"自助"的方式，解决用户信息获得和利用的问题，也就是去"中心化"，去掉传统信息服务以资源为中心的方式。这种模式以用户的需求和任务为中心，它是连接着问题获取系统、方案解决系统和数据记录系统的综合系统。从合成的形式上讲，这种新的信息服务系统逐步向"原子"（用户）化方向发展。通常，这些新的"原子"服务独立传递，它由一些具体的个体信息需求驱动，然后再经过其他第三方信息服务机构或组织

① 郎宇洁. 2012. 基于长尾理论面向"众包"的信息服务模式研究. 情报科学，（10）：1545-1549.

整合而组成满足用户信息需求的大的服务 [①]。

从资源的有效配置和利用来看，众包的形成机理有以下几个方面 [②]。

1）资源基础理论

资源基础理论将一个企业视为一个生产资源的组合，一个企业的成长依赖其多方资源的使用状况，该理论关注的是企业内部资源和能力的分析。基于资源基础理论的战略，企业关注的不仅是现有资源和能力的配置，而且还关注公司资源和能力的开发，同时为了既充分发掘公司现有的资源和能力，又发展公司的竞争优势，就需要从外部补充公司所需的资源和能力。实现企业战略目标所需的资源与组织自有的资源之间存在一定的缺口，通过众包模式获得外部的资源可以在一定程度上弥补这些资源不足，尤其一些创意、设计类需求，通过众包可以获得远超企业内部的自我解决。

2）资源依赖理论

资源依赖理论关注的是企业外部资源环境，该理论认为在网络环境下，一个企业不能单独靠自身资源获得成功，在地理位置上，它必然要与周边环境中的其他公司或企业形成密切相关，企业的成功和生存要依赖于周边别的公司或组织给其提供部分必需资源。这种对于外部资源的依赖是由于外部的组织掌握或控制着一些企业自身缺乏的资源或要素，如资金、人才、技术、信息或特定的产品和服务等。因此，资源依赖理论强调组织要学会适应外部环境，要应对与外部企业或组织之间存在的问题，且要积极地管理或控制资源流。众包产生的原因，某种程度上也是由于企业对外部资源的依赖，这些资源不仅包括土地、资金、原材料或特定的产品和服务等有形资源，还包括知识、信息、创意、技能等无形资源。

3）交易成本理论

交易成本理论认为企业经济行为的出发点，根本在于维持生产成本和交易成本之间的平衡。交易成本理论为评估企业内部和外部之间的交易问题提供了一个有效的方法，为区分众包或外包模式的选择提供了一个有效的分析框架。外包的根本出发点是考虑评估究竟是由组织内部提供服务还是采用外包服务商提供服务。由于外包服务提供商专业度更强，而且通常具有规模性和可复制性，其成本较低，所以组织可以通过外包来寻求生产和管理成本的降低，但是外包同时也带来了交易成本的提升，如沟通谈判的成本、项目合同执行的成本及监

① 刘高勇，汪会玲. 2009. Web2.0 环境下信息服务的变革. 图书情报工作，（7）：39-40.
② 张晓霞. 2010. 众包与外包商业模式比较及其启示. 商业时代，（16）：18-20.

控管理的成本等。而众包企业通过网络机制，巧妙地将某些原本应由企业自己完成的工作分包给不特定的大众，通过网络每个用户可以表达不同意见与想法，通过众多用户集思广益和一定评价机制的运用，可将大众的精华智慧作为决策与运作的重要参考，企业只需付出较少的成本就可以完成任务，而且在众包的生态圈中，所有参与者都可获得一定的利益，这是保证众包模式常态、持续发展的必要条件。

Web2.0 环境下信息服务的核心理念就是鼓励个人、用户都参与到信息服务的建设中来，这样的结果会带来越来越多的"原子服务"，而信息服务机构及其支撑要素的作用就是这些把原子服务合成紧凑的、以用户为中心的信息环境，而不是仅仅为用户提供信息。

## 2. 云计算技术

云计算是随着 Web2.0 的兴起而逐步得到应用的。2006 年 8 月，Google 首席执行官埃里克·施密特（Eric Schmidt）在搜索引擎大会首次提出"云计算"（cloud computing）的概念。2007 年 10 月，Google 与 IBM 开始在美国大学校园，包括卡内基梅隆大学、麻省理工学院、斯坦福大学、加利福尼亚大学伯克利分校及马里兰大学等，推广云计算的计划，这项计划希望能降低分布式计算技术在学术研究方面的成本，并为这些大学提供相关的软硬件设备及技术支持，而学生则可以通过网络开发各项以大规模计算为基础的研究计划。

目前人们对云计算的认识还处于一个逐步了解的阶段，但普遍认为"云计算"是利用大规模数据中心，通过网络将计算资源免费或按需租赁给信息用户使用，用户不用单独去开发数据系统。在云计算的模式中，信息用户所需的应用程序并不运行在用户的个人电脑、平板、手机等终端设备上，而是运行在网络大规模的服务器集群中，用户所处理的数据也并不存储在本地，而是保存在网上数据中心里，提供云计算服务的企业负责管理和维护这些数据中心的正常运转，保证足够强的计算能力和足够大的存储空间可供用户使用即可[1]。云计算是基于网络相关服务的增加、使用和交付模式，通常通过网络来提供动态、易扩展且经常是虚拟化的资源，从某种意义来说，云计算就是利用互联网上的软件和数据的能力[2]。例如，全球知名 Salesforce 公司被业内称为"软件终结者"，其聚焦在客户关系管理领域，它可为企业提供随需应用的客户关系管理平台，

---

[1] 李开复 . 2008. 数据在云不在端 . 中国教育网络，（12）：15.
[2] 尹雪梅 . 2009. 从云计算到个人数字档案馆 . 山西档案，（2）：18-22.

用户可以避免购买硬件、开发软件等前期投资及复杂的后台管理问题，直接购买服务即可。

云计算所提供计算资源的服务不仅是一项新技术，也是业务模式上的创新。云计算是分布式计算（distributed computing）、并行计算（parallel computing）、网络存储（network storage technologies）、虚拟化（virtualization）和负载均衡（load balance）等传统计算机技术和网络技术发展融合的产物。它旨在通过互联网把多个成本相对较低的计算实体整合成一个具有强大计算能力的完美系统，并借助 SaaS、PaaS、IaaS 等先进的商业模式把这强大的计算能力分布到终端用户手中。云计算的一个核心理念就是通过不断提高"云"的处理能力，进而减少用户终端的处理负担，最终使用户终端简化成一个单纯的输入输出设备，并能按需享受"云"的强大计算处理能力。

云计算包括三个层次的服务：基础设施即服务（infrastructure as a service，IaaS）、平台即服务（platform as a service，PaaS）和软件即服务（software as a service，SaaS）。

1）IaaS

IaaS 是指用户通过互联网可以从完善的计算机基础设施中获得所需服务，如硬件服务器租用。

2）PaaS

PaaS 实际上是指将软件研发的平台作为一种服务，以 SaaS 的模式提交给用户，因此，PaaS 也是 SaaS 模式的一种应用，但是，PaaS 的出现可以加快 SaaS 的发展，尤其是加快 SaaS 应用的开发速度，如软件的个性化定制开发。

3）SaaS

SaaS 是一种通过互联网提供软件的模式，用户无需购买软件，如我们购买自来水、购买电一样，而是向提供商租用基于 Web 的软件来管理企业经营活动。

云计算的出现，尤其是云计算所带来的虚拟化运营的发展，极大地改变了传统信息服务模式，促进了互联网和信息服务业的进一步繁荣，让用户获取信息资源的方式变得更加灵活多样。云计算环境下的多源信息服务系统是提供用户便捷云服务的交互工具，是保证云计算环境切实有效运行的可靠载体，在感知用户特定云应用需求时，通过选择和集成信息资源以提供高效、便捷和可信的云计算服务，并通过服务过程控制与协调支持面向服务演化的云服务过程动态优化。

目前，主要形成了基于大服务商和基于数据中心的两种云计算环境下的多源信息服务模式。前者如目前流行的苹果 IOS 平台及其相关服务，第三方服务提供者可以在平台上设计、开发相关的信息服务，并在苹果商店（App Store）中进行发布和销售，拥有苹果终端的用户则通过 App Store 进行查询、选择和购买所需的服务；后者如经常使用的 Google 搜索，Google 搜索引擎对用户需求进行分析、匹配，并进行排序，将结果反馈给用户，当用户点击相应链接时，就能通过后台数据中心获取相应的信息资源。除此之外，还有针对网络信息服务过程中出现的安全性问题，设计的云计算环境下基于可信第三方监督的多源信息服务模式，从可信第三方监管角色、服务过程、监管策略及监管成本等方面进行分析和设计，为信息服务提供安全性保障，在这方面，作为双边市场的电子商务平台及第三方网络平台因拥有供需双方所有的互动数据，掌握了独特的全方位的市场信息，具有一定优势[①]。

### 3. 大数据

随着互联网技术的不断发展和应用，数据的价值越来越凸显，数据本身是资产，这一点在业界逐渐达成共识。如果说云计算是为数据提供存储、访问的场所和渠道，那么数据资产的挖掘使用和价值体现，则是大数据的核心议题，也是云计算发展的升级方向。最早提出"大数据"（big data）时代已经到来的是全球知名咨询公司麦肯锡，麦肯锡在 2012 年研究报告中指出，数据已经渗透到每一个行业和业务职能领域，逐渐成为重要的生产因素，而人们对于海量数据的运用将预示着新一波生产率增长和消费者盈余浪潮的到来。事实上，全球互联网巨头都已意识到了"大数据"时代数据的重要意义，包括 EMC、惠普、IBM、微软在内的全球 IT 巨头纷纷通过收购"大数据"相关厂商来实现技术整合。

大数据通常用来形容一个公司创造的大量非结构化数据和半结构化数据，这些数据在下载到关系型数据库用于分析时会花费过多时间和金钱。大数据分析常和云计算联系到一起，因为实时的大型数据集分析需要像 MapReduce 一样的框架来向数十、数百或甚至数千的电脑分配工作。适用于大数据的技术，包括大规模并行处理数据库、数据挖掘、分布式数据库、云计算平台、互联网和可扩展的存储系统等。

大数据有四个层面，归纳为四个"V"：第一，Volume（数据体量大），从

① 张斌，马费成 . 2014. 大数据环境下数字信息资源服务创新 . 情报理论与实践，（6）：28-32.

TB 级别，跃升到 PB 级别；第二，Variety（数据类型繁多），如网络日志、视频、图片、地理位置信息等；第三，Velocity（处理速度快），可从各种类型的数据中快速获得高价值的信息，这一点和传统数据挖掘技术有着本质的不同；第四，Value（价值密度高），只要合理利用数据并对其进行正确、准确的分析，将会带来很高的价值回报。

尤其是社交网络的兴起，大量用户生成内容（user generated content，UGC）音频、文本信息、视频、图片等非结构化数据出现，从数据量来说，我们已进入大数据时代，大数据分析包括以下几个方面。

1）可视化分析

政府、企业、学者和一般用户都可能是数据的使用者，他们对于大数据分析最基本的共同要求之一是可视化展现，因为可视化分析能够直观地呈现大数据的特点，同时可视化分析非常容易被用户理解和接受，就如同看图说话一样简单明了。

2）数据挖掘分析

大数据分析的理论依托数据挖掘中的各种算法，这些数据挖掘的算法基于不同的数据类型和格式才能更加科学地呈现出数据本身具备的特点，也正是因为各种统计方法的运用才能深入数据内部，挖掘出公认的价值。

3）预测性分析

大数据最重要的应用就是通过统计、挖掘进行预测分析。通过收集各类数据，利用数学建模，预测未来业务的发展趋势。

4）数据管理

大数据分析离不开数据质量和数据管理，高质量的数据和有效的数据管理，无论是在学术研究还是在商业应用领域，都是分析结果客观、真实的有力保障。

从实践层面看，近年以来各级政府、科研机构和产业界对大数据都产生了浓厚的兴趣，并积极推动了系列发展政策和应用。特别在产业界，IBM、麦肯锡等著名企业和机构快速跟进并大力推广这一新兴服务理念，Google、苹果、Salsforfce 等企业都先后建立了各自的云计算商业服务平台，Google 更是从 2004 年就开始推进 Hadoop 和 Bigtable 分析数据基础设施的构建。信息服务机构 OCLC 于 2009 年宣布在 Worldcat 的基础上，应用云计算技术实施数字图书馆的网络级管理服务，利用云计算技术更好地整合全球图书馆的信息资源，为全球用户提供一个更快捷、便利的信息平台。美国政府在 2010 年出版了《规划数字化未来》的专门报告，报告中指出网络环境下数据呈指数级增长的发展趋势，同时提出数据分析和数据挖掘日趋重要，提出政府各部门应制定应对大数据的战略。其中，美国国会图书馆就在积极应对 1700 亿 Twitter 评论的大数据挑战，2011 年美国政府发布了《联邦政府云战略》报告，提出打造 Data.Gov.5 开放数据平台，2012 年 3 月奥巴马政府宣布了"大数据研究与发展先导计划"，该计划旨在通过提高从海量、复杂、多结构的数据集中抽取和分析知识的能力，帮助解决国家正在面临的一系列最迫切的问题，如防范恐怖主义，计划重点提出在以下领域发起和支持大数据研究计划：提升收集、存储、整理、保护、分析、共享和海量数据所需的系列数据处理核心技术，利用这些技术加速科技研发的步伐，增强国家安全能力，改善教育和学习，开发和使用大数据技术所需的劳动力市场。此外，英国、加拿大、新西兰、德国、日本等国都建设了相应的国家公共数据开放网站。

从信息资源管理的角度看，大数据环境下信息和信息资源的空间和时间结构也发生了大的变化。从空间和存储结构看，2005 年以前，业界普遍一直认为政府是信息资源的最大建设和保有者，各级政府信息机构，如信息中心和图书馆等，是信息资源体系中的核心节点，但 2011 年美国著名咨询企业麦肯锡公司的报告显示，政府拥有的数字信息资源只占总量的 12% 左右，信息服务商生产和占有的数字信息资源总量远远超过传统信息机构，大数据环境下数字信息资源的空间结构趋向于更加扁平化和多样化，无论是传统信息机构，还是新兴的信息服务商，二者都面临如何在竞争激烈的数据丛林中寻求网络信息资源服务创新和突破的巨大挑战。而从时间结构看，信息生命周期理论是信息资源管理的核心理论，大数据环境也在某些方面突破了传统信息资源管理的理念。一直以来传统信息资源管理理论集中于信息资源的采集、加工和处理，而大数据环境更加凸显了数据管理、数据汇集和交换效率（云计算）及数据存储（云存储），并使得不同生命阶段的数据之间的内部关联性大大增强，信息生命周期模型逐渐从一个描述信息资源管理理念的概念模型演变为可行的架构模型。因而，大多数环境下数字信息资源的纵向与横向关联更加紧密，如何在全生命周期管理过程中强化信息资源服务质量，促进数据、信息向知识、情报的转化也是当前面临的核心问题[①]。

从上面分析来看，互联网和电子商务的发展使大数据成为热点，而网络数据爆发式增长及对数据处理高效率的要求，使得企业或用户都对大数据的应用

---

① 张斌，马费成 . 2014. 大数据环境下数字信息资源服务创新 . 情报理论与实践，37（6）：28-33.

提出了迫切要求，在这样的背景下，大数据的应用对信息资源管理理论、信息资源服务理念及信息机构乃至业务部门的发展都具有重要影响。

### 5.3.2　基于 Web2.0 的信息服务重构

Web2.0 技术的出现带动了信息服务的变革和重新定位，Web2.0 环境下用户主动、个性化需要的发展，要求信息服务在信息资源建设、信息服务业务和信息服务对象等方面都需要进行重构和调整[①]。

#### 1. 基于 Web2.0 的信息资源重构

在 Web2.0 环境下，用户对信息产品和服务的要求越来越高，信息资源的提供必须满足用户社交、即时、精准、个性化的要求，这就需要在信息服务中重新考虑信息资源重构问题，为用户个性化服务的拓展提供基础条件。

信息资源重构是根据用户的需要，对原有各个独立的信息资源系统中的数据格式、数据对象、功能结构进行融合、清洗、聚类和重组，在保持分散系统独立性的基础上，通过虚拟技术使分散系统形成一个新的有机整体，构成一个效率更高的信息资源体系，从而让信息资源发挥更大的效用，提高信息资源的利用率。

1）信息资源重构的层面

信息资源重构包含三个方面内容：一是将内部信息资源和外部信息资源进行有机融合；二是构成一个高效合理的信息资源体系；三是提高信息资源的整体利用价值。信息资源整合与重构可以从以下不同的层面进行。

（1）数据集中。数据是组成信息的基本要素，各种原始数据的积累与集中是信息机构开展业务的底层基础，当各种内外数据达到一定数量时，才会有分析的价值。而利用长尾理论的思想和众包理论的模式，信息资源的重构可以充分利用网络技术让所有用户和信息服务机构共同实现数据的集中。

（2）信息集成和整合。在 Web2.0 环境下，信息机构功能可以主要就定位在数据的集成和整合上。在信息机构内外部存在大量分散、隐性的结构化和非结构化的信息源，信息资源的集成和整合强调对这些资源的整体规划与管理，这不仅包括对信息源的整体架构、内部信息人员的配置和业务流程的重构，而且

---

① 胡昌平，邓胜利 . 2006. 企业电子商务的信息资源整合分析 . 情报理论与实践，29（5）：552-555.

包括在此基础上的基于用户的资源集成。

（3）信息机构合作与融合。对信息机构而言，其内部信息资源是可控的，而外部信息资源则难以控制，因此可以通过建立虚拟企业联盟进行机构间的协调和融合。

Web2.0 环境下，对用户而言，需求的多元化、个性化和综合化要求为其提供多功能、集成化的信息服务，这就要求信息机构实现跨系统的资源重组与服务整合。但在整合过程中，充分建立起信息服务机构、网络用户和其他机构之间的协作同盟，对提升数据资源建设质量和效率、提高综合服务水平是必要的，也是可行的。

2）信息资源重构的深度和广度

信息服务中用户满意的前提是信息资源的整合能够满足用户个性化的信息需求，在基于 Web2.0 的信息资源整合定位中，应关注用户满意度。

（1）信息资源整合的深度。信息资源整合的深度显示了信息资源价值链的延伸。信息机构提供的资源服务集成深度，可以从数据集成、处理功能集成及服务集成的角度进行深化。在一定条件下，信息资源整合的难点不是技术，而是服务集成，服务集成要求对服务流程进行简化、规范和优化，以便为用户提供最简单、方便、快捷的服务，让用户充分参与到资源的建设和使用中来。

（2）信息资源整合的广度。就整合实践而言，不仅传统信息机构之间缺乏协作，而且在观念上，信息资源建设限于有限部门或机构之间，缺乏整合用户的意识，信息服务集成缺乏广度。2005 年乐高积木玩具公司推出虚拟的"乐高工厂"，允许用户下载软件设计自己的模型，再将设计图上传到乐高网站并进行购买，这些乐高玩具的业余设计者，构成了乐高顾客价值传播链条上的中间环节，是乐高玩具口碑营销的中坚力量。笔者认为在 Web2.0 时代，跨部门、跨机构、跨行业的信息资源整合，特别是区域创新体系必须在广度上将各类"信息用户"整合进来，扩大信息资源整合的对象，这不仅可以充分提高信息资源的共享程度，同时可以充分提高信息资源建设的效率。

## 2. 基于 Web2.0 的信息服务系统重构

Web2.0 环境下，信息服务系统的技术基础、功能结构、设计理念都发生了较大变化。从信息系统层面上看，Web2.0 改变了 Web 信息体系设计的架构和重心。Web2.0 是对传统网络世界的重组与再造，打破了系统间功能分离造成的信息孤岛问题，依托系统间的交互标准，把原有的一些不相关的甚至是竞争对

手的网站数据和服务结合起来，重新组合与再利用，创造出一个可以被称之为
"共享、重组、再造"（mash-ups）的新网络系统。

1）用户参与式架构模式

用户参与式架构模式，是指以人为中心，把人作为系统架构设计中的人件
（human-ware），在系统功能模块设计中嵌入人的要素，或将人的要素纳入到系
统的计算中，这也称之为主体参与式架构模式。Web2.0 技术应用基本场景就是
人机互动，强调人和电脑之间的交互，包括数据、信息或知识。Web2.0 环境下
系统完整功能的实现必须把人作为主体，参与系统整体架构设计。例如，基于
网页的用户行为个性化分析或研究，就离不开用户的参与，没有用户参与，该
研究就无法开展。如果系统所有功能模块都围绕着人进行设计，以人为核心，
把人的参与作为系统完整功能必要的组成部分，那么该系统就是一个主体参与
式架构系统。

豆瓣网是主体参与式架构系统的典型应用，该网站是一个关于图书、电影、
音乐等方面的第三方用户评价和推荐网站，它所采用的豆瓣评论系统就是基于
Web2.0 的典型代表。豆瓣网把大量的自组织机制、反馈机制及大规模的网络数
据分析与计算嵌入信息系统之中，同时很好地综合了各类社会性软件系统中的
功能，如在系统中普遍采用了社会性标签的设计，以集众人智慧形成各种对象
的分众分类；借鉴社会性网络服务（social network software，SNS）的思想，在
系统内让用户自主发展社会关系（友邻），并可公开分享社会关系，这些技术大
多都实现了在个人行为和集体行为集合效应间建立反馈。因此无论是数据还是
功能，豆瓣都是一个多继承来源的信息服务混合体。

2）可编程架构模式

Web2.0 最突出的特征就是"共享、重组、再造"，即对各种开放功能调用
的网络服务的综合集成，这种综合是直接调用方式的松散集成，所谓直接调用，
是在一个系统内不用自己开发，而是直接采用第三方的某些功能。

随着开放式 API 的兴起，大量网站服务都开放了自己的功能，让原来面
向直接用户服务的 Web 服务成为可编程的 Web，方便其他系统集成。例如，
Programmable Web 是一个可编程 Web 网站的集合，目前已经列出了 58 个大众
化的 Web 服务，相当于一个 Web2.0 时代的应用编程者的开发指南，方便开发者
随时把自己开发出的 Mash-up 添加到对应的组合位置中去。为了方便没有编程
经验的普通用户们也可以根据需要自由组合集成各种可编程服务，出现了一种
专门方便普通用户混合集成其他可编程服务的系统，叫做 Web2.0 组合。它采用

了开放式架构体系，新的第三方的 Web 功能可以不断地添加集成其中，从而不断地丰富了整个系统的功能。

### 3. 基于 Web2.0 的信息服务业务重构

Web2.0 技术的发展与广泛应用，为信息服务提供了新的发展空间，企业管理领域中新的管理思想和商业模式的应用，也在面向创新的信息服务业务重构中得到应用。所有这些，使 Web2.0 环境下信息服务的业务重构既具备了必要性，也拥有了可行性。

在 Web2.0 环境下，信息服务业务重构的目标在于更好地开展社会化信息服务，满足所有用户个性化、主动参与和嵌入式的信息服务需求。在业务重构的组织过程中，应着重考虑信息服务的知识整合、个性化集成和网络虚拟服务（虚拟联盟）开展等问题，如图 5-1 所示。

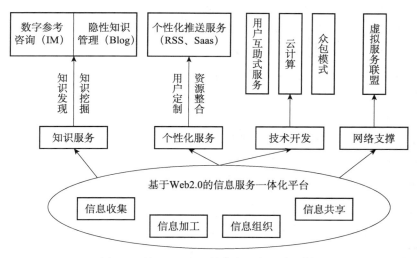

图 5-1　基于 Web2.0 的信息服务业务重构

#### 1）知识服务的整合

知识服务是信息服务的更深一个层次的应用和阶段，从信息服务的发展来看，面向知识服务的主体用户不仅是传统专业从事知识创新和服务的企业内部人员，如研发人员、管理人员，随着 Web2.0 的出现，外部企业的人员，甚至任何信息用户都可能成为知识创新和服务的提供者，每个用户既是知识提供着，也是知识使用者。从信息服务业务组织上看，其包括知识生产、知识发现、知识挖掘、参考咨询和知识管理等服务，这些具体的服务业务在一定的社会环境下，可以进行有效整合，将业务作为一个整体来认识。为此，可以设想构建基于 Web2.0 的一体化知识服务的战略平台，以需求为中心构建服务体系在服务平台的前端组织知识咨询、参考服务，在平台的后端组织数据存储、数据挖掘、知识发现与组织业务，在平台管理层推进知识收集、开发、组织和利用管理一体化。

2）面向用户的个性化信息服务 [①]

面向用户的个性化信息服务一般要基于网络化、知识化、数字化信息服务平台，针对用户需求的深度信息服务业务，可构建基于 Web2.0 的可定制、合乎用户特定要求的业务模式，其基点是面向用户客观需求层次的多维信息服务整体集成。当前，从战略上推进信息服务的要点是在信息资源共建、共享的基础上，开展面向用户的主动性、灵活性和多样性的组合服务，包括服务对象、服务内容、服务功能、服务资源的重构。在个性化服务组织上，其业务重构的关键是借助 Web2.0 技术进行主动推送服务、按需定制、个性化信息资源重组和用户定制的集成。

3）基于 Web2.0 的核心业务拓展

在信息服务中，随着 Web2.0 应用的深入开展和扩展，传统信息服务派生出许多新的服务业务，当前的用户互助式信息服务、个性化知识服务、网络知识搜索、网络知识挖掘、网络知识共享服务等就是基于 Web2.0 的技术在信息服务业务中的拓展。在核心业务的拓展上，传统信息服务机构必然拓展在信息资源数字化基础上的业务和推动传统服务的新发展，特别在 Web2.0 技术应用上，为了实现基于该技术的服务业务拓展目标，应组织以完善信息服务为宗旨的 Web2.0 技术在信息服务中的应用研究。

4）网络化虚拟服务的组织

当前，随着数字信息资源共享工程及数字图书馆关键技术的突破，数字化信息服务的建设变得可行和必要，同时，基于 Web2.0 的信息服务的开展与深化，开拓了基于网络的信息服务新视角和新内容。在 Web2.0 环境下，虚拟信息服务得到了迅速发展，新的信息服务组织完全可以在网络支撑下实现虚拟现实模拟，按虚拟服务融合机制，可以建立基于 Web2.0 系统的信息组织服务集成联盟，其联盟成员可以超出传统信息服务网络的范围，实现一定规则下的服务内容、形式、功能和用户之间的双向沟通，形成面向网络用户的虚拟服务体系。

---

① 胡昌平，向菲 . 2008. 面向自主创新的图书馆信息服务业务重组 . 图书馆论坛，28（1）：9-12.

### 5.3.3 基于 Web2.0 的信息服务模式

传统信息服务一般基于专门服务机构，如咨询机构、图书馆、科技信息中心等，其组织建设和服务模式各自独立，而且其机构都独立于用户任务空间。用户必须到"信息服务空间"——信息服务机构才能获得相应的信息服务，这时，用户应用环境与信息服务空间之间相互隔绝（封闭系统），二者缺乏有效沟通和协调。

#### 1. 基于 Web2.0 的信息服务特点

基于 Web2.0 的信息服务模式必须在功能上重新定位，强调信息服务的社会化、个性化、主动参与等。

1）社会化

随着 Web2.0 时代的推进，用户需求在向深度转变，信息服务也开始由单向传播向基于用户参与交互的社会化方向发展，信息服务已由单纯的网络信息服务模式向用户群体的社会化网络信息服务模式转化。Web2.0 在用户交互沟通和知识共享等方面的优势，使其在信息服务活动方面具有巨大的潜力。

当前网络经济和网络社会发展所出现的新特点，其实是蛰伏在旧有的经济和社会形态中的某种因素被网络激活了，从真正意义上来说，用户的需求并没有改变，网络也没有改变用户本身，它只是提供了某种可能性，把潜在用户的信息需求挖掘出来了。Web2.0 和长尾理论带来的信息服务模式的变化，必然要求信息服务组织在定位上做出新的改变，并能够满足用户个性化信息服务，并服务于所有信息用户的需求，这是当前 Web2.0 环境下用户需求日益深化的体现，也是未来网络应用不可阻挡的趋势。

2）个性化

在 Web2.0 时代，信息服务方式已从"标准化服务"向"个性化服务"转变，企业竞争方式也已从"产品为王"向"服务为王"转变。惠普认为"一切皆服务"（everything as a service），Salesforce.com 提出"软件即服务"（software as a service），都强调了服务的重要性。依托云计算平台，企业可以将门户网站、客户关系管理、供应链管理等业务都"外包"给专业化的云计算信息服务提供商。Web2.0 环境下的个性化服务就是提供面向用户的服务，一切服务都是依据用户不同的需求指向特定不同的用户，用户可以根据需要主动提出自己感兴趣的信息，云端服务器可以将用户定制的最新信息及时传递给用户。同时，基于

Web2.0 的信息服务可以从用户日常使用信息服务的过程中，了解和推测用户的需求，并根据这种新的需求来搭建个性化服务的平台①。

3）主动参与

Web2.0 不同于 Web1.0 服务的重要特征是用户角色不同，前者强调用户主动参与，Web2.0 环境下的信息服务是将各种各样的信息资源和信息前端服务应用系统，以互动、便利的形式推送给用户，用户可以以低成本或免费的形式参与信息服务的共同建设。

从本质上来说，Web2.0 利用云计算和大数据技术，将众包模式应用到信息服务中，这种新的信息服务将网络中大量的分散资源和用户整合起来，同时又为网络中的每个用户提供服务。在这个过程中，最重要的就是大数据技术的应用，数据越来越成为网络发展的核心资源，而数据最主要的来源是终端用户，也就是说，信息服务机构或部门必须有强大的数据采集技术，也必须分析和挖掘一些创新性的应用，让用户主动参与，把数据贡献出来。而以上基于 Web2.0 的信息服务模式和特点的分析，可以充分应用到区域创新体系中各主体之间的信息资源配置和共享中来。

### 2. 社会化信息服务模式

基于 Web2.0 的社会化信息服务模式区别于一般网络信息服务模式，它是一种新的网络信息服务模式。基于 Web2.0 的社会化信息服务模式，重视信息服务者的特定服务、信息用户的互动性及信息的使用情况，是在社会化网络环境下，通过社会化软件、网站或社会网络人际关系发起的一系列信息需求，并为用户提供信息服务的过程。

一般信息服务包括信息服务者、信息用户、信息内容和信息策略四个要素。社会化信息服务模式中四要素之间的关系均发生了变化：信息服务者与信息用户的界限已经模糊，用户既可以是信息的服务者，也可以是信息的使用者；信息内容已不是单一的文本形态，呈现出多媒体化、多样化、交叉性质的特点；信息策略从服务者指向用户的单向策略转变为服务者与用户之间互动的双向策略。随着社会网络服务的普及和广泛应用，社会对知识信息的需求也呈现出全方位与综合化、开放化与社会化、电子化与网络化、集成化与高效化等特点。

社会化网络环境下，信息服务始于用户当前的具体问题。例如，企业为了

---

① 冯小婵. 2006. 基于用户隐性需求显化的互动式服务组织. 情报杂志，25（10）：90-92.

进行产品创新，由此会提出产品设计和客户满意度提升等方面的信息需求，传统信息服务过程中信息流动是单向的，主要根据信息用户当前问题组织服务内容，采用某种策略向信息用户提供所需信息，而社会化网络环境下，信息用户、信息服务者可通过社会化软件形成一个关系网络，信息服务转变成一个以解决问题为目的，用户与用户、用户与服务者之间可进行实时信息交流，因此，社会化网络环境下的信息服务是基于用户问题的双向信息服务交流过程。

社会化信息服务模式的信息服务方式，是根据网络环境下用户和信息内容的特点，基于社会网络平台和协作联盟，将信息服务者、信息用户、信息内容及信息策略高度融合，以（平台）自助的方式开展信息服务。在平台中，信息用户并不是被动地接受信息服务而是主动地获取信息，当用户产生问题时，信息用户一方面可以在平台上发布问题寻求帮助，通过社交网站在网络中发布信息需求，同时也可以在数据库或者资讯平台上主动查找信息或通过订阅获取信息服务。另外专业信息服务机构也可以凭借社会化软件和社交网络寻找合作伙伴和客户、信息用户。例如，信息服务者通过对微博、微信或即时通信工具中信息用户的数据挖掘和数据分析，获得用户的信息需求，为用户提供更有针对性的信息内容或服务。

# 区域创新体系中信息资源配置
# 与服务建构战略

## 6.1 区域创新体系中创新环境建设战略

### 6.1.1 区域创新体系中政策环境的建设战略

区域创新体系的建设是个系统工程，其中创新政策环境的设计和实施，是区域创新体系能正常运转的制度保障，它不仅包括建立有利于创新的制度和政策体系，还包括与创新活动直接相关的知识产权制度、技术和行业标准、风险管理制度、产权交易制度、技术评价体系、科技咨询和服务体系及不直接相关的金融制度、政府补贴体系、分配制度等。此外，与创新体系相关的制度还包括与市场机制的健全相关的合同、人事、雇佣等制度。

有利于区域创新活动相关政策的制定，一般包括政府制定的直接促进创新的政策，以及分配激励政策、社会保障政策等，这些政策有些并非直接以促进创新活动为目标，但是对创新活动有很大的影响，如税费减免、人事优惠等。健全创新制度框架，可以防止制度缺口导致的系统失灵，并且通过制度的建立，可以促进市场的良性发育，从而使各种相关政策互相协调、相互配合，为创新活动和创新资源的配置创造良好的外部政策和制度环境。

第一，健全创新财政政策。保障财政对于创新活动中信息资源及其配套设施建设的直接投资力度，形成稳定的财政投入机制，加强财政、税收等政策引导，鼓励企业加大知识产权研发投入，鼓励企业申报各类高新技术企业资质，调动社会各界对科技创新投入的积极性，形成以企业投入为主体、高校和科研机构为辅的多渠道科技创新投入格局。加大各级政府财政投入力度，在政府设立区域创新体系建设专项资金，逐年增加财政对信息资源建设和开发的投入，其年增长幅度要高于财政收入的年增长幅度。科学合理地安排区域科技财政的重点投入，将资金集中于公共科技基础平台设施和公共信息资源的建设上来。

第二，建立和完善创新融资投资体系。坚持政府引导与市场推动相结合的原则，切实加强创新与金融、科技与金融的结合，拓宽技术创新的融资渠道，积极推进投资主体多元化，积极探索政府财政、企业、高校科研机构和金融机构共同投入、共担风险、共享利益的创新信息资源投入机制，以增强创新信息资源投入的金融支持力度，大胆设计政府引导基金的投入，由政府牵头，金融机构跟投的多方投资模式。加强各类孵化机构、产业园区与金融、投资机构的联合，促进知识资本、产业资本和金融资本等关键性创新和创业资源的有机结合。加速建立和完善科技信贷机制和信资机构评估机制、保险机制和担保机制，建立一批具有较强实力的第三方独立融资担保机构、贷款担保基金和相关金融服务机构。

第三，完善知识产权制度。加大知识产权的宣传、保护、实施力度，积极扶持科技含量高、确保有市场前景项目的专利申请，加大对拥有自主知识产权的技术开发和技术创新的补贴。在区域创新体系内，通过政策导向和激励机制，大力推行技术要素参与股权和收益分配，积极引导企业、高校和科研机构等创新主体建立健全知识产权制度，切实维护知识产权保护，降低创新企业知识产权维权成本，提高创新成果转化、经营的水平。实施专利战略，协同政府、企业和高校科研机构共建共享专利知识库，引导各类创新主体和科技人员树立正确的知识产权观念，不但要尊重和保护他人的知识产权，更重要的是提高自身知识产权保护能力，学会把知识产权作为创新、创业、产业扩张、市场开拓的重要武器，科学地经营和转化知识产权。

### 6.1.2　区域创新体系中市场环境的建设战略

为了适应市场经济的发展，提高区域信息资源的配置效率，提升整体创新能力，需要不断地建立和完善有助于激励创新的良好市场环境，加强区域创新体系内各创新主体之间的联系，提高创新环境对创新活动的支持能力，提高区域信息资源的配置效率，从而最大限度地发挥区域创新体系的创新功能。

首先，在区域内加快信息资源利用的市场机制的健全和完善。企业能否成为创新的主体，关键因素之一在于市场机制是否健全，市场能否在基础资源（信息资源）的配置和经济活动的调节中起主导作用。市场环境建设战略包括健全市场的制度建设、法律建设，规范市场的行为准则，消除区域与区域之间，尤其区域体系内创新主体之间不利于市场经济发展的各种限制和障碍，在创新体系内为创新主体的发展创造一个公平、公开和公正的竞争环境，减少政府直接行政干预，使市场对创新的需求能够直接有效地反馈到创新主体的经济活动中。促进优质创新信息资源向企业的流动，加强企业的研发和创新能力，同时提升企业与高校、科研机构等创新主体的协同合作，加强企业利用人力、物力、财力和信息等各种综合资源的能力。

其次，充分发挥市场在信息配置方面的主导作用（政府辅导作用），优化创新信息资源的布局和创新信息资源的配置，使从事应用研究和技术开发的研究力量能够在市场机制的作用下向最能够产生创新成果和效益的方向流动，使其在市场经济的竞争中生存。制定适应市场经济的知识产权制度、社会保障制度等，鼓励高校和研究院所创办高新技术型企业。从事基础性研究的高校和科研院所也要将市场机制引入到日常的科研管理中，提高科研工作的效率，从而为区域创新体系建立坚实的基础。

再次，以市场机制为基础，促进政府、高校与科研机构和企业等创新主体之间的有机联系和分工合作，做好区域创新体系中基础性资源的配置和优化，促进技术创新成果更好地转化为生产力，加速新产业发展和传统产业的升级，加快经济技术开发区和大学科技园的建设，使其成为培养和发展新产业的基地。

最后，建立以市场机制为主导的市场激励与政策激励相结合的创新激励机制。一方面，针对竞争性的非基础研究领域和创新领域，应该着力加快技术市场建设，促进技术创新成果的转化，建立相应政策与法规，保障科研人员或企业通过创新成果产业化后获取的正当收益，以激励科研人员和企业的创新积极性。另一方面，在重点扶持的高科技领域和基础研究领域应该加强政府激励的主导作用，注重物质激励，以弥补市场激励的不足。同时，还应大力调动全社会的力量，积极鼓励并大力发展民间激励主体，借助社会进步力量完善创新激励机制，加强激励的力度。

### 6.1.3　区域创新体系中人才环境的建设战略

人才是创新活动和创新成果转化的行为主体，人才资源往往和知识资源、信息资源有内在关联。知识可分为隐性知识和显性知识，隐性知识更多是以经验或口头的形式存在，而这种口头或经验的知识从本质上就依附在个体或团队的自然人身上，具有某类经验的人或团队的流动其实质就是信息或知识的流动，这种强调人才环境建设重要性的策略，从另一种角度来看就是一种知识或信息资源的管理和配置策略。

因此，在区域创新体系建设的过程中，必须坚持"人才第一"战略、以人为本，在政府的引导和调控下，充分发动区域的力量，全面调动起政府、企业、高校、科研机构和中介等各方面的积极性，建设并保有一支多层次、高素质的创新人才队伍，打造区域创新体系内坚实的创新人才基础。

高校与科研机构是培养、造就科学技术人才的重要基地，人才可以放出去，也可以引进来，可以坚持以"不求所有，但求所用"为原则，建立灵活、开放的人才管理机制。培育高水平的学科带头人，以人才吸引人才；加大投资力度，建立先进的实验室，以优良的试验条件吸引人才；紧跟国内外科技研究发展的形势，和企业联系设立具有较强先导性和实践性的科研项目，以项目吸引人才；建立健全以知识型人力资源薪酬制度为核心的一整套激励机制，以优厚的待遇吸引人才。

加大力度引进区域创新体系建设所需要的各类技术和管理创新人才，包括引进各类专业的国家工程院院士或科学院院士；引进国际领先或国内一流水平的领军人物、学科带头人和技术带头人，"985""863"重大项目的负责人；引进拥有自主知识产权、掌握高新技术的专门研发人才；引进自带资金创业的经营管理和技术人才；引进熟练掌握实用技术的高级技工类人才。实施兼职专家计划，建立访问学者制度，结合高校、科研机构和企业的力量，建立开放式研究机构，邀请国内外的专家做短期讲学、提供咨询、参加产学研科研项目合作等，设立科技合作专项奖励基金，对专家参与创新合作给予房屋、住宿补贴和奖励，解决科研人员家庭成员再就业，小孩入学、入托的问题。在区域内选取有条件的企业和高科技园区建立科研工作站、博士后工作站，提供先进的科研环境和优厚的待遇，吸引区域外的优秀科研人才进站进行研究工作，针对国内外重点科技领域和对产业发展有重要影响的科技领域进行攻关，作为科技创新的先导力量，同时带动省内高校与科研机构的科研工作发展。

# 6.2  区域创新体系中创新主体建设战略

　　研究创新的学者最早开始认为创新只存在企业中，其中约瑟夫·熊彼特（1997 年）列举了五种存在于企业中的创新类型，即创造新的产品、采用新的生产方法、开辟新的市场、取得或控制原材料或半成品的新的供给来源、实现新的产业组织方式或管理方式，不难看出，熊彼特提出的创新主体仅指企业。但随着创新活动的不断发展和后续对创新研究的不断深入，人们发现创新不仅存在于经济生活和企业层面，作为一种促进社会和经济发展的不竭动力与有效手段，创新存在于人类社会活动的所有环节中。目前我国学术界较为一致的看法是，创新的主体除企业外，还包括高等院校、科研机构、培训机构及中介服务机构等，但并不包括政府。他们认为，政府制定的制度、政策等虽然也影响创新体系的运行，但只是为创新体系营造良好外部环境，不是构成创新体系的决定要素，不是创新体系的内生变量。但本书认为，上述观点有失偏颇，创新并不完全同于技术创新，从众多成功商业模式来看，管理创新甚至比技术创新更重要。事实上，任何创新均是在特定的社会制度政策环境中进行的，创新行为与创新环境相辅相成、不可分割，好的创新管理政策可以起到创新"加速器"的作用。从这种意义上说，政府作为制度创新的主体，其作用不容忽视。

　　总之，区域创新体系运行的过程就是高校科研机构、企业、中介机构与政府四大创新行为主体协同创新的过程，它们紧密联系，各自发挥着重要的作用，如图 6-1 所示。

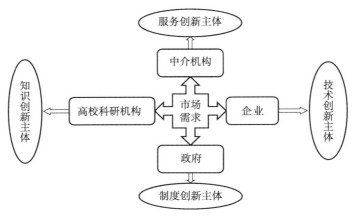

图 6-1　区域创新主体体系示意图

　　综上所述，政府是制度、政策、管理创新的主体，为区域创新提供有效保障；高校科研机构是知识创新主体，是区域创新的源头；中介机构为创新的主体提供配套服务，是区域创新的纽带和润滑剂；企业为技术创新的主体，是区域创新的最终归宿；市场需求是区域创新的心脏，为创新提供源源不绝的动力。

## 6.2.1　区域创新体系中政府创新主体建设战略

　　从经济思想史的角度来看，资本主义经济的发展经历了从自由主义到政府参与的转变，而政府参与的程度也随着人们认识的不同有不同的深度。在不同的情况下，政府作为社会中的特定行动主体，其行为有时候直接决定了整个社会的运行，因此在不同的情况下，政府的"有为"与"无为"成为能否促进社会发展的重要因素。本书认为，作为区域创新体系的重要行动主体，在"有为"与"无为"之间，政府应该根据实际情况进行适当的选择，既不能完全放任自流，也不能参与过多，而应该根据一定的经济社会和产业发展状况，以及社会对政府行为的需求制定适当的策略支持公共资源的建设和开发，这也是政府公共功能的一个重要体现。作为区域创新体系的一个重要组成部分，政府的角色与其他创新主体行为之间应该如何做到相互适应，是构建区域创新体系的重要内容，在"有为"政府与"无为"政府之间到底应该如何选择，将直接影响经济社会的发展。

　　所谓不能完全放任自流是说，政府应该担负起某些其他主体无法完成的任务，特别是那些具有公共性、规模较大而单个主体又无法承担的任务，如各地由云计算概念兴起的各类云中心、云服务等大项目的建设，就是这类具有公共特性，但又投资巨大的基础资源建设项目。这些任务就应该由政府作为公共品或者通过其他形式给予适当的发展，当然在具体的建设过程中也非政府以一己之力来投入和建设，而应该是政府从资金、用地、政策、人才等方面来牵头，多个主体来参与建设的模式。所谓的不能过多参与是说政府在"有为"的过程中不能胡子眉毛一把抓，而应该有所为有所不为，使自身的行为与自身的社会责任相适应，避免过多涉入经济运行造成经济发展活力不足。由于我国发展的历史上曾经出现的经验教训，以及参考国际上其他国家在构建区域创新体系过程中的经验，政府的作用已经成为考虑问题的一个重要出发点，也成为政策制定的依据。

　　传统看来，政府对企业、对市场是管得太多，而不是太少了，而且从近几年的发展来看，许多领域已出现了"国进民退"的现象，值得我们警醒。在区域创新体系建设的进程中，应转变政府职能，剔除过度行政行为，保证企业是创新主体中的主体。政府职能转换的主要特征是"退"，由过去政府用行政的办法，变为现在主要利用法律和经济手段，运用经济政策，间接地调节生产经营，为企业发展与创新创造良好的市场环境，使企业能够公平竞争、合理发展。加强政府管理、积极培育市场主体，确保市场在经济运行中的基础性地位，将政府的资源配置方式作为市场机制的补充，以促使市场机制恢复其功能，使企业成为区域创新体系的承载主体、成为研究开发的主体、成为利益分配的主体，而政府在创新体系中的角色定位应主要围绕着培育创新主体、引导产业发展方向来进行，为此，作为制度创新的主体，政府在区域创新体系建设与运行中的主要职能包括以下几点。

### 1. 创新规划的制订与实施

区域创新网络的构建与运行，必须置于区域创新体系的整体框架之内。建设区域创新体系必须制订明确的区域创新发展规划，地方政府的首要职能是制订基于区域实际发展的中长期发展目标和切实可行的实施计划，可以分为宏观创新战略、中观创新计划、微观创新执行三个层次。其中，宏观创新战略主要是从区域发展的全局对创新活动进行指导和控制的政策；中观创新计划主要以产业政策和计划等形式，对某一领域或产业的创新活动进行规范和调控，如我国地方政府曾主导的各类经济开发区、创意产业园区和信息产业园区等；微观创新执行主要是针对某一地区、行业创新活动所存在的共性问题提出的具体方法和措施，对创新活动实施管理和监控，如美国的新一代汽车合作计划（PNGV）、日本的清洁能源汽车开发计划、中国科学院的"知识创新工程"等。

### 2. 创新主体的协调与集成

区域创新网络的各个创新主体之间能否实现资源共享、优势互补，发挥系统的集成作用和协同效应，政府作为倡导者和主导者，起着重要的协调作用。企业是创新活动投入、应用和利益分配的主体，市场机制占主导地位；研究机构和高校则主要从事知识创新、知识传播和人才培养；中介机构在各个创新构成要素之间提供信息、法律、财务和知识产权等服务。政府根据区域发展目标，通过产业发展战略与政策，组织重大创新计划和项目，推动产学研合作，推广创新成果，开展国际合作交流，促进知识技术和人才的合理流动，从而引导各主体在工作目标和职能上的协调一致。政府的强干预是日本创新模式的特色，政府对技术创新活动的积极引导和重点扶持被证明为日本经济腾飞的关键。相对而言，美国则属于弱干预政策，市场机制起着配置资源的作用。即便如此，联邦政府仍然通过资金扶持、税收减免和知识产权保护等政策，支持基础研究和民用科技，鼓励高校与企业进行科研与生产的紧密合作，硅谷便是高新技术产业区的成功典范。

### 3. 创新资源的供给与配置

现代科学技术呈现出高度分化和高度综合的特征，并以综合为主，每一项重大突破、技术创新和产业升级都需要大量的资金投入、人力投入和完善的基础设施。在创新资金供给方面，政府首先通过财政拨款对 R&D 经费及教育经费的直接投入、税收间接投入、创新融资等金融政策对创新活动提供支持和进行控制。其次，政府制定支持创新的风险投资金融政策，建立多方投入、风险共担、利益共享的风险投资运行机制，发挥不同投资主体的作用。在人力资源供给方面，政府通过加大在公共教育的投入力度，完善职业技术教育体系，积极推进终身教育，提高国民的整体科学文化素质；加强教育与社会的联系，加快人才在各部门的流动和合作，带动知识在全社会范围内的传播与应用。最后，政府投资建设信息网络及公共服务设施等硬件基础设施，同时建立基础性公共信息和知识资源，为区域创新体系的建设和企业创新网络的运转提供有力的保障。

### 4. 创新成果的扩散与应用

创新成果的扩散与应用实质上就是创新成果向社会系统输出并与社会经济相结合的过程。只有转化为现实的生产力，创新成果才能够真正实现其经济效益和社会价值。政府的作用在于理顺各创新环节之间的关系，协调创新要素在各阶段的配置和流通过程中的衔接。具体措施包括：政府制定相应的政策措施，鼓励和促进创新成果的转移，全力推进科技与产业的紧密合作；制订和实施合作计划或工程项目，提高成果转移效率，发挥示范和带动效应；制定鼓励创新人员流动的政策，完善信息技术设施建设，完善创新成果传播与应用的中介服务体系，在创新成果的供给方和需求方之间搭建桥梁。中介服务体系靠市场机制难以自发形成，还需要政府政策的大力推动，包括建立健全技术市场和人才市场在内的中介服务市场，促进各种中介组织和咨询机构的建立和发展，鼓励和规范它们开展技术咨询和技术服务活动。

### 5. 创新环境的培育与完善

建设区域创新网络需要有一个良好的外部环境。政府的作用体现在两个方面：首先是建立鼓励创新的社会氛围和激励机制。政府通过直接拨款、贷款优惠和税收倾斜政策，对企业的创新行为进行鼓励和扶持，对创新主体实施生产要素参与利益分配机制。其次是建立知识产权保护制度，知识产权是创新价值的重要表现形式，保护知识产权，不仅是通过法律制度保护创新者的利益不受侵害，更重要的是，它是最为经济有效、持久的创新刺激手段，可以鼓励创新者通过所占有的创新成果创造更多的个人财富和社会财富。

## 6.2.2　区域创新体系中高校科研机构创新主体建设战略

高校和科研院所是科技创新的传统主力军，但是其地位正在逐渐被企业所代替。随着我国创新型国家建设的推进，企业作为科技创新的核心主体，在科技创新中的地位正在逐步提高，这对高校和科研院所作为我国科技创新主力军的地位造成了巨大的冲击。

当前，在区域创新体系中，高校和科研院所应该说还是缺失或者作用不足的，如何弥补这种不足，正是高校和科研院所发展过程中的机遇。由于国家创新体系与区域创新体系的不同，其主体要素是可以缺失的，也就是说，区域创新体系中可以没有研究机构，但是在国家创新体系的建设过程中却不能缺少。这种可缺失性，使得科研院所正好可以弥补这种缺失，在发展中紧密结合与其相关的区域的产业特点，发挥竞争优势，与区域建立更紧密的联系。

本书认为，不论是科研院所还是高等学校，作为科技创新的主要力量，在区域发展中如何发挥自身竞争优势，与区域建立更加紧密的联系，突破行业和地域限制，融入区域的产业发展中，是这些科研机构能否在区域创新体系建设中发挥作用的重要问题之一，当然存在这些问题并不妨碍它们成为区域创新体系的主要要素。

在科研院所与区域发展的联系上，是否能够紧密结合某些地区的产业发展，并提供符合其产业发展需求的科技成果，也是科研院所面临的主要问题。虽然科研院所在改制的过程中遇到了很多的困难，但是在面临挑战的同时，科研院所的机遇也是其他机构所不可比拟的，问题就在于科研院所如何在发展的过程中发挥自身的优势，与相应的区域建立比较好的联系，紧密结合这些地区产业发展的需求，为区域产业发展提供源源不断的动力。

高等院校由于聚集了大量的高素质人才和众多的科研成果，对于建设创新型国家和区域创新都具有非常积极的推进作用。但是需要注意的是，区域创新地域性和高校地域性的差异特征，使得区域与高校的结合相比科研院所与区域的结合更加显得困难。这主要是因为高校的人员流动更加频繁，高校的科研成果理论性相比院所要强，而且大部分高校的活动范围也比较小，相比科研院所，高校在科研方面更为封闭。因此高校作为区域创新体系的一个重要组成部分，其能够发挥作用的范围与科研院所相比还存在一定的差异。如何融入区域发展，突破高校的自身限制，与区域建立起比较长久的合作关系，是高校在区域创新体系中发挥作用的关键问题。

充分发挥高等院校和科研院所在基础理论、应用技术和人才培养方面的作用，使其真正成为区域科研知识中心和科技创新的主力军团，发挥各个高校和科研院所在学科和科研上的特点和优势，进行特色创新基地建设试点，提高高校在基础研究和应用基础研究领域的整体水平，促进区域经济全面发展。

在区域创新体系内，通过政策引导和激励，鼓励企业、高校和科研机构跨体系开展联合科学研究，加强联合建设工程研究中心、重点实验室。加大对重点实验室等基础性资源的投入力度，以支柱区域产业和高校优势研究领域为主要方向，在高校和科研机构建设重点实验室，为区域创新体系的建设和发展建立知识基础。注重与传统产业技术改造和可持续发展相关的基础研究和应用基础研究，与现有的各级实验室相结合，共享信息资源平台，建成能够持续增强创新能力、为技术创新提供强大科技资源的知识生产平台。

### 6.2.3　区域创新体系中企业创新主体建设战略

企业是经济活动的核心主体，更是经济活力的源泉。事实上，企业的科技研发投入越来越多，科技研发活动越来越多，知识成果和专利产品也越来越多。更多的企业已经将科技研发、知识投入作为一种战略性活动纳入到企业的发展战略中去。

对于区域创新体系而言，区域的经济社会活动围绕着企业的活动展开，企业是区域经济的核心。不同类型的企业在同一个区域内围绕着相同或相近的目的展开竞争，但是有的企业成功有的企业却失败，就是因为它们掌握或者应用了不同的资源，而科技在这些资源中，对于每个企业都是一样的意义重大。科技创新能力的高低直接成为衡量一个企业水平的重要标准。拥有了高科技的企业可以在管理、生产、销售等每一个方面都胜出一筹。

对于区域创新体系而言，共性技术和资源利用不应该仅仅是科研机构的事情，更应该有企业参与到其中，而且还应该让企业作为重要的参与要素参与其中。一方面，通过企业的参与，可以提高知识成果与生产实践的对接，加快科技成果转化为现实生产力；另一方面，企业参与共性技术研发，可以提高自身的竞争力，发挥企业作为经济活动主体地位的优势。随着企业对研发的重视和加强，已经有一些企业具备了自身进行独立科技开发的能力，同时也有一些企业与其他科研机构（包括院所和高校及其他类型的研究机构）建立了良好的科技研究合作机制。因此，企业作为区域创新的核心主体，不仅是承担科技成果转化应用的主力军，同时还可以参与基础性知识资源和技术的研发，这对于区域创新体系的建设，特别是加强区域创新的基础具有非常重要的意义。

在区域创新体系中企业居于主体地位，主要是基于以下几个方面。

（1）创新活动从根本上来说是一项经济活动，在区域创新体系的要素中，只有企业是以服务于市场获取经济利益为最高目标的组织，创新对于企业生存发展至关重要，企业创新的意愿最强烈。

（2）创新是否成功的标志是市场是否接受，在区域创新体系的构成要素中，企业与市场的联系最紧密，其他要素的创新活动必须通过企业才能流向市场，被顾客所接受，因此企业在区域创新活动中处于核心地位。

（3）创新活动是围绕顾客需求展开的，只有准确把握顾客需求，创新活动才能有效开展。在区域创新体系的构成要素中，企业对于市场需求的感知最敏感、最准确，企业可以通过对顾客需求的把握来指引其他要素参与创新活动，否则创新活动只能是"闭门造车"，不同区域创新绩效之所以存在差异，根本原因在于是否确定了企业在区域创新体系中的主体地位。只有明确了企业的主体地位，才可能建立起高效的区域创新体系。

由于体制原因，我国在很长的时间内，尤其在计划经济时代，国有企业并不是创新主体，它们依据垄断地位，既无创新的动力，也没有实施创新应具备的体制，在这种情况下，整体区域创新体系的效率及绩效都很低，因此，构建有效的区域创新体系的前提是完善和优化企业的创新主体地位。使企业，特别是某些民营企业，真正成为技术创新的主体，这是区域创新体系建设和发展的关键。企业要成为技术创新的主体，需要具备其应有的创新体制和创新能力。

可以说，重塑企业作为创新主体的过程就是不断提高其创新能力的过程，也是真正健全创新体系的过程，这个过程有赖于以政府为主体的制度和管理创新，政府应主要通过改革为企业创新主体化奠定外部制度基础，而不是通过行政计划的手段来约束或改造企业，在顺应推动市场在资源配置中的基础性作用的前提下，促使企业，尤其是国有企业摆脱对于政府的长期依赖，并改变政府以往在技术创新方面起主导作用的做法，充分把改革的能动性还给市场这只最好的手。

区域创新体系最大的特性就是使创新主体在空间上形成集聚，企业空间集聚不仅可以降低企业运输成本和企业间交易成本，而且使企业在空间集聚的产业中能获得更多的产品信息和市场信息，这是因为创新主体在空间上的集群能加快技术和知识扩散的速度，形成区域创新网络，主要包括两个方面[①]。

（1）区域集中有利于创新网络的形成。企业创新是一个投入高、周期长、风险大、演化极为复杂的过程，特别某些行业的颠覆或革新，靠单个企业的资源和实力毕竟有限，一般难以完成创新的全过程，因而企业与外部的联系就显得十分重要。企业可以与多个企业、高校或科研机构形成一种网络关系，依赖资源整合和外部技能，消化由区域集聚带来的知识外溢等优势。因此，现代企业为了在创新和竞争上取得优势，通过资源整合，可以分别向产业上游和下游组织开放，包括向同行开放，这样易于结成网络。而区域的集中为形成创新的企业网络提供了充分条件。创新网络主要体现了企业之间的竞合关系、企业内部管理者与员工之间的权威关系、激励与信息交流，以及在区域内部通过人才流动和信息共享等建立起来的网络关系。企业创新网络在特定的区域中更容易形成，这是因为在集聚区域中，技术的扩散更为迅速。

（2）空间集聚能促进企业员工间的非正式交流。在区域创新体系内，尤其在有些地方的高新技术产业区中，许多超前性知识或者介于隐含经验类知识和清晰知识之间的知识，都以未编码化的知识形式存在。这些知识内容丰富、涉及面广，深埋在社会和企业内部，不易从正式渠道获得。非正式交流正是这类隐含经验类知识传播的重要途径，非正式交流能够丰富信息、知识和促进知识创新，非正式交流在促进知识创新方面扮演着重要的角色。首先，在非正式交流中，充分利用社会化网络的沟通与碰撞效应，可以激发出大量的创新，非正式交流中大量的信息及各种思想的碰撞，是产生创意的条件和手段；其次，非

---

① 傅兆君，陈振权 . 2003. 知识流动与产业空间集聚现象分析 . 地域研究与开发，22（3）：5-8.

正式交流增加了每个人所拥有的知识量，从而加速了知识创新；最后，非正式交流促进隐含经验类知识向编码化知识转换，改变了知识的存在形态，同时，知识形态的改变又加速了知识的扩散速度。非正式交流之所以得以进行，得益于企业的地域集中。我们很难想象在相隔上千公里或更远距离以外的企业，它们的员工在工作之余能经常进行非正式交流。企业的空间集群使得企业间形成网络，使得一些在正常上班时间内未能解决或未能达成共识的问题在工作之余能成为探讨和交流的话题，集聚区内的一些公共设施和娱乐设施也会得到最高效率的使用，这种情况在大多互联网公司内是比较常见的。

### 6.2.4　区域创新体系中中介机构创新主体建设战略

区域创新体系运行链条的终端环节，是创新成果的市场化、社会化，即创新成果必须转化为现实的生产力，促进经济与社会的发展进步。然而，我国区域创新体系中科技成果转化率低、创新主体之间壁垒深厚、知识和信息资源"孤岛"现象等一直困扰着科技界与学术界。据介绍，我国科技成果的市场转化率不到 20%，最终形成产业的只有 5% 左右，不仅远远低于发达国家 70%、80%的水平，也低于印度 50% 的水平。而高校的科技成果转化率与高校所完成的科研任务相比更是偏低。我国高校每年取得的科技成果实现转化与产业化的还不到 10%，表明我国的科技投入和科技资源存在着巨大浪费。较之发达国家，近 20 年来美国高校技术转让为美国经济做出了 300 亿美元的贡献，科技成果转化率高达 80%。究其原因，诸如科研人员对市场转化的关注不够，只关注论文或论著数量，缺少商业化、市场化经验，实现成果转化的动力和资金匮乏，等等。笔者认为，实现我国科技创新成果市场化缺乏的动因很多，但有个关键问题是中介服务体系尚未健全。现实中，我国大部分的中介机构，尤其科技中介机构在发展早期乃至于发展的过程中都是与其所承担的咨询业务密不可分的；其发展过程也与我国的经济社会发展相应。科技中介机构主要是指那些为科技创新提供专业化、社会化服务的支撑和交流平台。主要包括生产力促进中心、工程技术研究中心、科技评估中心、情报信息中心、知识产权事务中心、技术市场、人才中介市场、技术产权交易机构和各种科技咨询机构等。这些机构虽然名称各异，但是其功能却大同小异，基本都是为科技创新的主体提供各种中介和服务，目的是促进创新的进行，在科技创新的各个流程中间搭建支撑和交流的平台。

科技中介是区域创新体系中重要的平台构建者，同时也是科技创新的重要参与者。首先，科技中介机构通过搭建各种信息和资源沟通的渠道与平台，为科技资源的流动与合理配置提供基础。例如，各种信息和情报服务机构，在我国改革开放之初的科技交流中起到了非常重要的促进作用，特别是在当时缺乏信息沟通渠道的历史条件下，各种信息情报研究机构成为科技工作者搜集整理获取信息的主要来源，从而有力地推动了科技创新的进行。另外，各种技术条件市场为科技创新资源的获取提供了专业化的服务，使得科技创新基础资源（知识资源和信息资源）的获取不再困难，从而提高了创新效率，降低了创新的成本。其次，各种中介机构在"为他人作嫁衣裳"的同时，自身也积极投入到科技创新的过程中去，成为科技创新的重要参与者。例如，各种科技孵化器，它们在孵育创新型企业的同时，自身也得到了一定程度的提高。同时孵化器作为科技创新的摇篮，也参与到创新的过程中，通过人才、资本、信息等创新资源的注入推动创新的不断发展，从而实现孵化器的社会价值、经济价值和科技价值。

从创新体系的角度来看，中介机构是创新网络不可或缺的重要组成部分。它在构建创新网络的过程中，既是不同网络节点（创新主体）相互连接的桥梁，同时本身也是非常重要的节点平台。特别是在基础性信息资源的利用与扩散过程中，中介机构所起到的作用远大于一般主体在其中起到的作用。

区域创新服务体系必须跨部门、跨机构，进行利益整合和放大，很难单一通过市场推动自发形成。因此，在区域创新服务体系建设的过程中，要建立和完善创新中介机构的组织制度、运行机制和管理方式，整合中介结构，发挥集群优势，以开放、交流、规范、发展为宗旨，建立区域科技中介机构发展信息网络，进行中介机构管理和提供创新中介服务的综合性平台，具体来讲包括以下几个方面。

## 1. 推动信息技术成果转化

在区域创新体系内，以政府支持和资助为主，设立一些信息咨询服务机构，向创新主体提供产业和技术发展动向，帮助企业对技术进行鉴定和评价，在企业与科研机构之间起桥梁作用，提供合作研发的机会、技术成果转化的信息和创新管理方面的知识等。

## 2. 促进信息中介服务活动的社会化和产业化

政府资助的公共服务机构在促进技术创新中虽然起着重要的作用，但这些机构的数目终究是有限的，不可能满足广大企业日益增长的需求。因此，必须加快信息服务中介服务活动的社会化和产业化，这是信息服务中介服务体系发展的根本方向。同时，注重相关从业人员的资格认定及管理办法、培训制度、职业规范等，以实现规范化、制度化管理。

## 3. 发展民营信息服务体系

这是促进技术创新中介服务体系社会化和产业化的重要方面。要鼓励高校、科研院所、企业、社会团体建立各种信息服务机构，鼓励一批科研机构向服务性科技企业发展，鼓励科学家和工程师开展业余咨询服务活动，努力促进信息服务中介服务产业的发展。

## 4. 以企业孵化器为主要方式，完善创业信息服务

作为创新服务体系的重要组成部分，企业孵化器有三个主要功能：①培训企业家，通过孵化器将科学家和技术人员培训成为具有较强技术管理能力和市场知识的科技企业家；②促进高新技术成果的商品化；③通过孵化器向高新技术开发区输送运行良好的企业。

温家宝同志在 2006 年全国科学技术大会上的讲话中要求健全科技中介服务体系，为各类企业的创新活动提供社会化、市场化服务。在区域创新体系内部，除了政府、企业、科研院所与高校，科技中介机构的作用亦不可低估。它不仅可以促进技术创新资源和知识创新资源按照市场需求和市场规则整合与利用，而且还可以在风险投资、科技成果转让、知识产权保护等诸多方面为区域内的中小企业提供综合性配套服务。笔者之所以把科技中介服务体系的健全、反应灵敏、节约高效，作为提升我国区域科技创新力对区域创新体系的内在要求之一，是因为只有建立健全科技中介服务体系，才能保证包括科技中介服务机构在内的各创新主体得到良好的、全方位的中介服务。

## 6.2.5  区域创新体系中创新主体之间的交互与重构

综上所述，在一个区域内，各创新主体的积极配合、相互作用，实现着本

区域的知识创新、技术创新及创新成果向现实生产力的转化，最终推进该区域经济、社会的不断发展。提升区域科技创新力，对不同的创新主体而言，具有不同的要求：它既取决于政府提供的基础设施、创造的环境氛围及对创新活动进行人、财、物投入的决策能力；取决于科研院所、高等院校的知识创造能力；也取决于企业的原始创新能力、集合创新能力和引进消化吸收再创新的能力；还取决于创新成果与区域内经济社会发展的结合程度，即中介组织牵线搭桥的公关与协调能力。四者各司其职，可谓一个都不能少。

### 1. 创新主体的框架体系

基于不同的分析视角，区域创新网络呈现出不同的框架体系，该框架体系分别从横向和纵向两个维度形成稳固结构。横向区域创新体系研究关注的是创新网络中各种主体之间的相互作用，在这个过程中各种创新主体不断进化和相互转化，从而进入知识生产的空间。亨利·埃茨科威兹等将这种创新主体之间的关系简化为大学、产业和政府的三元一体模型。随着创新和社会化分工的发展，各类社会主体功能逐步细分，各自承担着不同的角色，这种角色决定了它们的社会行为与创新的关系。区域创新是一个非常复杂的过程，这体现在它有着复杂的创新动力、创新过程和创新成果。同样，区域创新体系下的知识共享和技术创新也是一个非常复杂的过程。

就政府功能来讲，不论是干预主义还是自由放任主义的经济，都需要考虑政府在创新中的作用，而事实上，最后发展的结果是政府不可能完全参与到创新的过程中去，同时也不可能一点都不参与其中，这样一个有限的使用政府特定资源的创新体系就需要政府根据自身的社会角色进行社会活动。不仅是政府，大学也是如此。事实上，大学具有三个社会化功能：人才培养、知识积累和社会服务。一方面大学本身承担着传递社会文明和文化的重任；另一方面，由于当代科技的发展，大学在科技发展中的功能更加重要，如何通过区域创新体系使大学能够在促进创新、提高社会生产方面起到作用，就显得更加重要。

创新是一个复杂过程，需要有体系支撑。体系不仅要有横向企业、政府、大学多创新主体的互动，同时需要有纵向层次上的融合。知识经济时代，科技与知识相互交织日益密切，而创新过程中各种创新资源缺乏利用效率，所以对创新主体纵向关系的分析，能够看到创新主体之间的互动并理顺其相互之间的关系。在纵向的角度上，创新是一个过程，这个过程和人类的任何社会实践活动一样，是物质、能量、信息等各种资源从创新结构的底层向更高层次流动的过程，低一层次的资源作为高一层次资源的来源，而高一层次的成果又是低一层次资源的发展。所以从这个角度来说，纵向的创新结构是从低级向高级发展的过程，是各种资源不断流动和进化的过程。当然，创新的过程中不论哪种分析角度，其实都是围绕着创新的过程和创新所需要具备的基础条件展开的，在内容上并没有脱离创新作为一种社会活动的视野范围。

首先，创新的各种资源平台（技术平台、知识平台、信息平台等）为创新活动创造了物质基础，在这个基础上各种资源汇集于此，通过资源和信息的沟通，实现创新过程中的"基础设施"的完备，从而为下一步的创新奠定基础。其次，基础科学创新是一种知识生产过程，技术创新也是一种知识生产的过程，技术创新的成果就是技术知识。知识作为一种具有社会性的生产活动过程，同时也是这种生产活动的产品。知识的生产需要基础性的知识为其提供基础，而知识生产出来以后也需要流动到需要的地方去，所以，知识的流动也就是知识流，是科技创新的最高层次。

### 2. 创新主体之间的互动

区域创新体系作为一种创新网络，通过不同的主体角色定位和不同要素资源之间的相互作用，构成一个完整的区域创新系统，同时，基于不同角色的创新主体之间的互动是区域创新网络形成的前提。

从发展的角度来看，创新的社会网络的形成不是一个静态的过程，而是不同的主体角色之间通过相互的信息、资源交换而形成的互动过程，这个过程是动态的、可变的过程。

1）政府与科研院所之间的互动

理论上讲，在没有外部压力的情况下，那些具有长期性和基础性的研究工作，都应该由科研院所来完成，在这个过程中，大学作为一种独特的科研机构也同样可以担负起这样的责任。美国在第二次世界大战中就极大地将科研院所和大学的功能发挥了出来，既大力地支持了美国在第二次世界大战中的科技需求，同时也促进了科技研究自身的发展，但这种情况在第二次世界大战之后的一个相当长的时期受到了人们的质疑。政府在推动科技发展的过程中是否应该将大量的资金和精力放在研究院所上，研究院所又做出了什么样的成就，这些成就的实用价值到底如何……，这些问题使得政府与研究机构之间的关系变得复杂起来。

（1）政府如何对科研院所支持，直接影响到政府与科研机构之间的互动。

科技创新的不同阶段具有不同的特征。基础研究阶段是以知识的挖掘和生产为主要内容，主要是发现科学规律、产出科学知识。这一阶段是一种纯粹的"公共产品"生产阶段，理所当然应该由政府进行资助。在应用研究阶段，科研机构产出的知识产品被拿到特定的领域进行再加工，创造出新的、具有特定用途的知识成果，具备了一定的"非公共性"——当然有时候这个阶段是处在混合体的阶段，因此这个时候对政府支持的依赖有所降低，对社会其他要素的依赖逐步提高。在商业化阶段，知识创新的成果完全转化为现实的生产力，直接是以盈利为目的的经济活动，这个时候已经完全不再需要政府的支撑。

（2）科研院所发展的依托、存在以政府为主还是以市场为主的选择。以市场为导向的机构，面向市场，通过在市场上获取资源，实现自身的运营与发展。而以政府为导向的研究机构则面向政府，通过获取政府对项目的支持，实现研究与开发的持续。它们的研究并不都是直接面向市场应用，更多的是面向国家政策，为产业发展提供较为宏观的支撑。在这种情况下，公共信息资源就是研究机构可以选择的一个重要内容。不同的产权所属造成了科技创新的制度结构会有不同，而不同的结构又会使得创新的效率有所不同。因此，政府与科研机构的产权关系如何定位，是影响技术创新和知识产出效率的重要问题。由于产业发展中，对基础性、公共性较强的共性知识的需求较高，而共性技术知识的研发过程又离不开科研机构的参与和政府的支撑，所以对于产权安排和配置的要求也就相对较高。因为在共性技术知识的供给过程中存在市场失灵和机制失灵的问题，都要依靠政府参与其中，才有可能获得一定程度的解决。因此，政府在这个过程中的责任相对而言比较大，而且在关系国计民生、区域发展的一些领域，对共性技术知识的需求更迫切，政府参与的意义也就更大。政府为增加共性技术知识的供给，就需要通过设置一定的科研项目任务，面向社会进行资助。而面向政府的研究机构由于长期从事那些具有一定的基础性的研究工作，其工作基础较好，又具有这种大型项目的研发经验，因此是承担这种共性技术研究的合适选择之一。

2）政府与企业之间的互动

在市场经济中，企业是市场的主体，是属于市场公共空间的范围，但是企业的内部行为却是属于私人部门的范围。也就是说，企业的活动是在公共空间进行的私人部门的选择，这样的特征决定了企业在选择自身行为时，应该有两个层面的考虑。

（1）在公共空间中进行社会活动的企业应该遵循一定的社会规范。公共空间的行为规范是与"公共场域"的出现分不开的。布尔迪厄认为：场域可以定义为位置之间的客观关系的网络或构型。就这些位置的存在及其强加于它们的占据者（无论是行动者还是机构）的种种限制而言，这些位置在客观上是由它们在不同类型权力（或资本）的分配结构中实际或潜在的处境及它们与其他位置的客观关系（支配、服从、类似等）所决定的，而拥有权力或资本，则意味着可以获取场域中利害攸关的特定利润。也就是说，场域就是不同主客体之间由于不同地位而形成的网络或者构型。在这个里面，不同的主体——包括个人和社会组织等主体被场域所影响，进而做出自身的行动选择。对于政府而言，历史上一直就存在"有为"政府与"无为"政府之争，政府对于私人部门的干预如果从有限政府的角度来分析，是不应该的。但是当市场出现缺陷或者为了保护更多公众的利益时，政府应该干预到私人部门的活动中来。

（2）在私人部门的活动应该完全由企业自身对其社会行动负责，也就是纯粹的私人部门的活动是企业得以存在的一个重要前提。市场经济要求企业有自主选择自身发展的权力。但是在计划经济条件下或者其他类似经济体制下，企业的选择权被剥夺了，一切活动都被限定在一个既定的社会模型中。这种情况下的企业不论内部还是外部都被社会所限定，因此也就失去了选择自身行动的权力，同时它也不必为自身的社会行动负责。但是事实上，企业作为一个社会行动主体，它的行为直接与其外部发生能量、信息等交换，不可能脱离社会而独立运行，因此企业的私人部门性质仅是就企业的选择而言的，不是就企业与外部世界的关系而言的。

事实上，政府和企业是处在同一社会场域中的不同主体，它们在进行社会活动时不过是发挥着不同的作用而已。对于政府而言，由于行政制度和行政体制的不同，在不同的条件下，政府发挥作用的范围和作用方式有所不同。对于企业，由于企业是社会经济活动的核心主体，所以企业在社会活动中也不是理论上的纯粹受动者，相反，企业也参与社会规则的制定，并且成为社会规则和社会规范的维护者。

政府与企业之间的互动形成了错综复杂的局面，传统认为政府制定规则，企业遵守规则的观点受到冲击。政府与企业之间的互动局面更加复杂，特别是在科技创新的领域，政府不可能承担起推动科技发展的全部责任，相反，企业作为科技创新的主体其作用却是越来越大。在这个过程中，政府与企业之间的合理互动，能够促进科技创新的不断进步，但是如果情况相反，则其后果必然是影响或者阻碍创新的进行。

3）高校研究机构与企业之间的互动

事实上，科学技术的研究机构可以分为好多种，并不是所有的科研机构都需要承担那些大型的甚至世界级的科技研究课题，倒是那些与区域生产紧密相关的课题需要人们给予更多关注。对于不同的研究机构从其承担的任务或者说从科学与技术的区别可以分为多种。一种是以科学研究为主的机构，这种机构主要是承担具有国家战略意义的科学研究任务。它们在与企业的关系上极为疏松，因为这种机构的研究成果并不具有现实或者短期的应用价值，而是更加偏向于基础性科学研究，其目的是增加人类的知识，而非直接面向生产和市场。另外一种是以技术创新为主的机构，这种机构的研究直接与市场和生产相关联，是促进科技产品走向市场的重要源泉。技术创新为主的机构与企业的关系极为密切，这是因为它们的研究对象和课题有时来源于企业，只有能够紧密联系市场的研究成果才能够在未来实现生产后获得更大的利润。另外还有一个原因是这种研究有时候需要企业或者其他社会主体为其提供进行科技创新的条件，特别是在中试阶段，如果没有企业提供的条件，这些科技创新转化为直接生产力的可能性就会变得微乎其微。因此，为了能够将自己的科研成果迅速转化为现实的生产力，技术创新型的研究机构与企业的良好互动是科研成果获得巨大发展的重要前提。

但从总体来看，研究机构与企业之间的互动，是基于二者的不同社会功能的。对于企业而言，一方面，企业要在市场中获得发展就要掌握具有自主知识产权的科研成果，并采取适当的市场策略，才有可能获得发展；另一方面，企业自身的技术创新能力未必能够完全满足这种需求。所以，企业与科研机构的合作能够为其带来良好的发展机遇和空间。

4）创新主体的信息机构重构

传统知识创新主体大多离散，科研机构、大学、企业、政府等分属不同的管理部门，在知识创新中各自为政，对创新知识的需求、创新知识的交流及知识的传播缺乏联系与沟通，不利于协同创新。

区域创新体系内信息机构的重构会对创新知识的有效获取产生影响。一方面，区域创新体系内各创新主体的连接紧密度是影响知识资源组织的主要因素。如果仅从地理分布的空间上构建所谓的"区域创新体系"，但各创新主体在体系内还完全是一个个相对独立的机构，各创新主体的知识资源或信息机构如果没有任何有效的重构和整体规划，那所谓的"区域创新体系"也只是概念和形式上的所谓区域体系而已，仅停留在"拉郎配"阶段。另一方面，体系内各个创新主体中员工（人力资源）的地位差别和层级也是重构的重要方面。不同地位的人在沟通时，地位高的通常处于沟通的主导地位，地位低的则处于被动地位，会影响信息和知识的正常交流和沟通。与此同时，体系内创新主体的层级结构对信息资源组织也会产生很大的影响。层级越多、越复杂，信息资源组织的效率就越低，信息失真率就越大。

由于多个创新主体或利益主体的介入，区域创新体系必须要打破传统单一创新体系的层级结构，在创新主体之间组成跨组织的虚拟团队和机构。这些虚拟团队和机构，类似于产业集群内形成的动态产业联盟或集群，同时充当着知识源、知识处理、知识传递和知识利用的角色，它需要在一定程度上改变以前单一主体的知识组织结构。传统动态联盟组织的实质是不同服务系统之间基于合作关系的联合，它是共享成员群体的动态重组行为。动态联盟是虚拟联盟和网络联盟的综合表现形式，其最终目的在于快速开发或实现联合体的知识服务职能，使共享成员在时间、质量、成本和服务这四个关键因素方面具有优势。

另外，解决区域创新体系中信息机构重组的关键就是从系统论的观点出发构建基于区域创新体系的信息保障机构。该信息保障机构是整个区域创新体系的一部分，并同周围环境（消费者、竞争者、供应商等）存在着动态的相互作用，通过内部和外部的知识反馈网络，能够不断地自动调节，以适应环境和自身的需要。

一般来说，重组的信息保障机构采用层次分析方法与复杂工作流控制系统来解决产业集群知识创新与转移过程中的信息流程再造与信息构架重塑等问题。重组的信息保障机构也对区域体系内知识资源组织与服务过程中涉及的用户访问权限、企业商业秘密保护与知识产权保护等方面的问题做出规定，并建立统一的知识资源组织与服务的制度规范与监督评价体系。

## 6.3  区域创新体系中信息资源配置服务平台建设战略

### 6.3.1  区域创新体系中信息资源配置纵向结构

区域创新体系中信息资源配置服务平台可从用户层、信息服务层、信息资源配置层、信息资源层和支撑环境层共五层纵向结构进行配置，如图 6-2 所示。

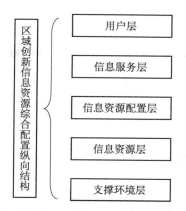

图 6-2　区域创新信息资源综合配置纵向结构

### 1. 用户层

用户层是区域创新体系内所有信息资源的最终使用者，包括企业、高校、科研机构、政府部门和中介机构等，各信息用户具有不同的信息社会背景、信息需求方式和需求习惯，因此信息资源配置要考虑用户不同的需求特点进行配置，通过制订系统的规划，使用户的现实和潜在的信息需求得到满足。

### 2. 信息服务层

信息服务层包括信息收集、信息整理、信息存储、信息加工、信息传递等服务，目的是提供信息，满足用户信息需求。信息服务层介于用户层与信息资源配置层之间，通过一系列服务将信息资源配置的结构传递给用户。

### 3. 信息资源配置层

信息资源配置层是信息资源配置结构的核心所在。通过宏观上区域信息资源的战略建设，从中观层面建立地方和行业信息资源配置中心，从微观层面构建具体的企业、政府、科研院所和高校等的信息资源配置节点，通过三层层级结果，实行多主体协作配置模式，形成合理的信息资源配置体系。

### 4. 信息资源层

信息资源层包括文献信息、数字化信息、增值信息等。它是实现信息资源有效配置的基础。信息资源层包括各类型、各种分布状态的信息，这些信息形成一个有机的整体，是信息资源配置的内容资源。

### 5. 支撑环境层

支撑环境层包括信息技术支持环境、网络设施环境、配置机制等，它是信息资源配置的支撑环节。

### 6.3.2　区域创新体系中信息资源配置横向结构

区域创新信息资源综合配置平台是采用市场和政府的双重手段，利用现代管理和技术手段，运用共建共享的机制，贯彻面向创新主体的理念，对大型科学仪器与设备、科技数据与文献、自然科技资源、信息网络资源等进行战略重组与建设，构建布局合理、功能齐全、开放高效、体系完备的物质和信息资源保障服务系统。

区域创新信息资源综合配置横向结构包括：创新文献服务系统、科技数据共享系统、仪器设备共享系统、试验基地资源协作系统、专业技术信息服务系统、技术转移服务系统、创业孵化服务系统和管理决策支持系统8个子要素，具体框架如图 6-3[①] 所示。

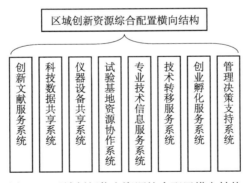

图 6-3　区域创新信息资源综合配置横向结构

### 1. 创新文献服务系统

建立创新综合信息收集与分析支持系统，围绕各类创新主体、用户需求的一站式信息服务系统，其职能包括：为用户提供科技信息资源在线联合目录查

---

① 解凌. 2011. 浅谈 Web Service 技术在标准文献信息系统中的应用. 大众标准化,（6）: 47-50.

询、建立用户跨系统数据库检索服务；建立馆际互借和原文远程传递系统、虚拟参考咨询和用户培训系统、情报咨询与检测系统等；组织联合书目采购和专题信息数据库建设。

### 2. 科技数据共享系统

打破原有数据鸿沟，整合集成区域内内各种独立科学数据资源，建设一批服务于区域体系的特色主题数据库；充分利用国内外科学数据资源，为区域内创新主体和人员提供及时、系统、全面、便捷的科学数据服务。

### 3. 仪器设备共享系统

推进各类大型服务器、计算机设备、通信和网络设备的开放共用；减少硬软件设备的重复购买和闲置，推动创新体系内仪器设备共享共建策略。

### 4. 试验基地资源协作系统

建立各类科研基础试验基地之间的协作，整合研究力量，促进对外开放和交流，进行项目合作研究和信息资源共享，根据优势学科和重点行业的需要，规划新建重点实验室，完善布局，加速国家及各级重点实验室的建设。

### 5. 专业技术信息服务系统

围绕重点产业发展相关新兴领域，布局并新建若干重要的行业综合信息服务平台，形成系统和完善的专业技术服务链。不同专业技术服务平台可以根据不同行业的特点，提供诸如前沿领域、研究热点、发展趋势等专业信息服务。

### 6. 技术转移服务系统

鼓励高校、科研院所等与企业共建技术转移中心，构建本区域技术转移体系，建立与全国技术市场互动、服务全国的技术交易信息网络。组织从事技术转移的有关力量，形成区域技术转移联盟，构建跨区域、跨单位、跨部门的技术转移信息服务平台，促进资源共享和技术交流合作。

## 7. 创业孵化服务系统

提供中小科技企业创业孵化的综合信息服务，包括政策、开办场地及专业化支撑等，其主要目的是降低企业创业门槛，提高科技小企业成活率。

## 8. 管理决策支持系统

基于电子政务系统，建立服务于各类政府资助的科技项目、人才、成果和试验基地信息在内的管理决策支持系统。优化政府配置资源的决策管理功能，减少科技资源的重复投资，提高资源的投入和产出比，面向政府、高校、科研院所、企业和中介机构等提供分级分类的信息服务。

### 6.3.3 区域创新体系中知识服务技术平台构建

技术平台构建是知识信息服务实现创新服务目标的操作性保证。知识服务技术流程包括对分布式信息和知识资源进行采集、筛选、解构、规范、组合、整序，提供有序化、增值化、知识化信息资源，满足用户创新信息需求，其功能主要体现为两个方面：一是无缝存取；二是综合集成。

在技术方面，由于区域内部各个创新主体原先的信息系统基本上是各自规划、分散建设，具有异构性、分布性及自治性，其数据格式与信息标准也互不相同，造成了其系统互操作、语义互操作等方面的困难。架构基于网络的知识资源整合平台是开展区域创新服务的基础，这要求充分利用信息技术和骨干通信网络系统，把区域创新体系内的各种知识资源、软硬件技术、管理机制和相关的支撑条件有机结合起来，构建统一的用户界面，能向跨系统、跨部门、跨企业、跨学科的用户提供快捷有效的知识集成服务。

区域创新体系中的知识资源整合与服务平台应是中央级知识资源整合服务平台，是由政府、企业、高校科研机构和中介服务机构四大子平台及镜像资源服务系统组成的网络知识服务平台系统，如图 6-4[①] 所示。

通过建立多级知识资源整合服务平台系统，对知识资源整合与服务进行统一管理、统一协调，按照协作分工的原则，中央级服务平台负责区域创新体系内知识资源整合与服务，各企业、高校科研机构、中介服务机构及政府负责所属范围的知识资源组织和开发、利用，最终形成统一的综合知识库。

---

① 马玉根 . 2007. 科技中介服务在区域创新系统中的功能研究 . 科技创业月刊，（2）：16-18.

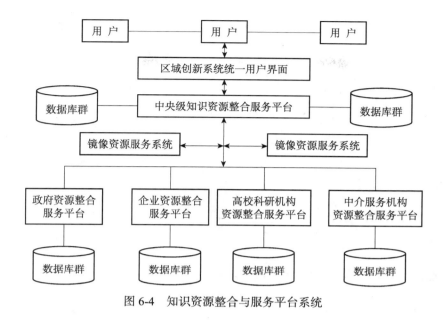

图 6-4　知识资源整合与服务平台系统

### 1. 中央级知识资源整合服务平台

这是区域创新体系内基于网络环境的知识资源管理和服务中心，承担知识资源加工整合、提供服务、业务协调和组织管理等任务。中心制定统一的数据加工标准、规范和格式，采用逻辑上集中、物理上分布的运行体系，一般在中央级平台和特定子平台系统中对分布式数据库进行标准化、规范化加工和管理，分别建设中央级知识库群和有特色的行业或地方知识库群，中央级资源整合服务平台的网管中心将加工后的相关资源进行整合并装入中心服务器，向集群内企业和机构提供服务。

### 2. 政府、企业、高校科研机构和中介服务机构资源整合服务平台系统

受我国信息资源共建共享历史和现状的影响，资源整合服务平台系统要为用户提供切实有效的信息保障，必须在中央级平台的统筹规划和协调管理下，设立若干保持各自独立性的分布式平台系统。区域创新体系内的地方政府、企业、高校科研机构级和中介服务机构平台系统要适当考虑原有的信息机构设置、特色资源建设和服务状况等，完成中央级平台系统分配的资源采集和加工任务，负责完成原文提供等服务任务，构建中央级的知识库系统。系统与部门级平台

系统主要是面向系统、部门内的特定用户和学科用户的需求，行业级平台系统主要是根据行业发展要求和企业实际需求而适当设立。

### 3. 镜像资源服务系统

在区域创新体系内重点选择一些科技信息机构、高校、政府有关部门和企业内部信息部门等，设立资源服务网站或 EKP，拷贝或部分拷贝中央级知识资源整合服务平台系统，方便、快捷地对本地用户提供资源服务。镜像资源服务系统的数字资源放在本地服务器上，用户可以直接访问本地服务器。

## 6.4　区域创新体系中信息资源优化配置建设战略

### 6.4.1　区域信息资源优化配置基本准则

针对区域信息资源利用现状及创新主体的创新能力、存在的问题与缺陷、发展中的制约因素，结合区域创新活动实际状况的分析，区域信息资源优化配置和创新能力的提升要遵循如下基本准则[①]。

#### 1. 要有利于区域创新资源的合理利用和优势互补

区域创新资源整合的目的，就在于借鉴国内外整合发展的模式和经验，在对区域创新资源现状进行全面了解的基础上，对区域创新资源进行整体规划和部署，以最大限度地实现区域创新资源的合理利用和优势互补。因此，区域创新资源的整合，必须在保证区域创新资源合理利用和优势互补的准则下进行。

#### 2. 要有利于区域创新资源结构的合理化和高级化

合理化和高级化，是产业结构优化的两个方面内容，是产业结构相辅相成的两个方面。合理化是高级化的基础，而高级化则是合理化进一步的目的。区域创新资源的整合，必须在保证区域创新资源结构合理化的基础上，进一步实现区域创新资源的高级化。

① 马一德.2012.北京市构建区域创新体系的综合战略研究.北京市经济管理干部学院学报，27（2）：16-21.

### 3. 要有利于促进区域创新能力提升

整合区域创新资源是发展区域创新能力的前提和基础，也是提升区域创新能力的手段和途径。提升区域创新能力，是整合区域创新资源的目标和主线，因此，区域创新资源整合，要始终向着有利于提升区域创新能力的方向前进。

## 6.4.2　区域信息资源优化配置模式路径

目前信息技术和网络技术飞速发展，政府信息化水平已有显著提高，但信息资源合理优化配置的程度仍然比较低。根据静态非合作博弈、重复博弈及合作博弈三种情形下，对区域内创新主体信息资源配置动因的分析，结合国外在信息化建设方面的发展经验，笔者提出基于"政府—单经济体—市场"三位一体的区域创新体系信息资源优化配置模式。

### 1. 政府层面：从长远角度看待公共信息资源的建设，改良地方政府政绩考核标准

在静态非合作博弈情形下，创新主体因短期利益（既得利益）的束缚，在区域内信息资源共享问题上，未能积极参与投入。在我国，公共信息资源的占有者往往是政府的一个或多个部门，因此政府在信息资源优化配置中应发挥主导作用，对公共信息资源的建设、共享和配置要有战略眼光。在贫穷和偏远地区，为了发展经济，不能只看重眼前利益，仅投入那些投资回报率高的项目，而忽视公共信息资源开发、共享等基础性、长远性的投资。

另外，公共信息资源的开发利用带来的收益并非立竿见影，其效益很难在各地官员任期内全部发挥、觉察和利用，因政绩考核，官员们势必缺乏对区域内公共信息资源共享的重视，更不用说加大投入了。未来应逐步改变对官员和地方政府的政绩考核唯 GDP 论的方式。区域内的最上级政府，应积极营造一个让政府部门及相关单位能实现重复博弈的环境，在重复博弈内在机制的影响下，各级部门为了切实利益，在区域内的公共信息资源共享问题上会自发地加强合作。

### 2. 经济层面：充分利用现代网络技术促进公共信息资源公开

近些年来，从国家到地方都非常重视信息共享制度建设，各级政府都在积

极实践政府信息公开的立法活动。《2006—2020 年国家信息化发展战略》指出要逐步形成统一规范的政府信息管理制度。在中央政府的推动下，各地方政府也在积极探讨信息共享与服务的相关制度建设，如北京的"政府信息资源共享制度规范"、广州的"政府信息共享制度"等。今后应充分利用信息和网络技术的优势，增强网络服务的功能，改善网络环境下公共信息资源的生产、采集、整理、加工、传播和共享等环节，建立跨部门的公共信息服务集成系统，以满足不同类型信息用户的需求。

同时各创新主体之间可签订相应的合作协议，在合作博弈的情形下，区域内各创新主体在选择自己的公共信息资源共享配置策略时，可通过协商签订具有约束力的合作协议，建立彼此间长期合作机制，并对各自的责任和义务做详尽说明。

### 3. 市场层面：发挥市场的灵活性，逐步改善信息服务的质量

在各地信息化建设和信息资源积累达到一定程度后，部分公共信息资源共享和服务可以引入市场机制。这样一则可发挥市场在资源配置方面的优势，弥补政府的不足；二则可减轻政府的负担，充分吸取民间的力量和资本来更好地对公共信息资源进行配置。

例如，在就业信息服务方面引入市场机制，以广佛两地的"春风行动"为例。"春风行动"中很重要的一点是：政府搜集企业的用工信息，以合适的媒介平台向社会大众发布相关信息。目前的做法是广州市政府将企业的用工需求信息收集来之后，依托南方人才市场等一系列的平台免费向求职者发布。佛山市则在佛山市劳动和社会保障局的组织下，依托人才市场等渠道来免费发布信息。其实，这两个环节中包含的大量公共信息，可以更加全面、彻底地借助市场机制加以运作，两地政府均可以委托相应的人才市场收集企业的用工需求，然后依托人才市场的平台来向求职者发布这些信息，政府起把关作用即可。让人才市场等非政府部门更多的参与有很多益处：人才市场有现成的渠道，可以降低成本；人才市场更专业，可提供更加个性化的服务，提高服务质量；为人才市场等非政府部门提供了一个回馈社会、为社会作贡献的机会。

### 6.4.3  区域信息资源优化配置区域特点

区域的特点决定区域经济的特点，区域经济的特点决定区域经济规划的特

点，区域经济规划的特点决定区域创新体系的特点。区域创新体系或区域创新体系资源优化配置建设，都应该从本地特点出发，结合本地人口、资源、经济、文化、政策等多因素来考虑。不同区域由于自然地理、人口资源、社会发展、经济基础、文化传统、民族特性等的差异，经济发展的模式和途径是有很大区别的，完全相同的区域是没有的，完全相同的区域发展模式也是没有的。每一个区域创新体系作为区域经济规划的一部分，也受到这些因素的深远影响，其中区域自然条件、资源状况、经济基础的差异性是决定其创新体系的构建与发展方向的关键因素之一。因为基于自然资源非均衡分布的特点，由不同的资源种类、数量组合而成的区域优势是最容易看到的，在一定的经济技术条件下，地区资源禀赋一方面有利于区域经济的发展，但另一方面也有可能成为制约区域创新发展的障碍，规划一个合理的区域创新体系就要做到因地制宜[①]。

举例而言，位于中国西北部的甘肃省，是一个干旱、半干旱地区分布面积广，生态环境脆弱，并且破坏严重的地区，该省区域创新体系建设重点就在于生态环境恢复与重建、水资源合理利用及节水农业示范工程；而地处西南的云南省，水资源、矿产、生物及旅游资源丰富，该省区域创新体系建设重点就集中于矿产开采技术研发、卷烟制造利用、旅游资源开发等方面；位于中国东北平原的黑龙江省，是国内的老工业基地，而且以国有企业居多，创新活力不强，其区域创新体系的一个重点就是结合老工业基地改造，大力发展私营经济或混合制经济，全力发展电子信息和制造业信息化工程技术，建立焊接、石化、新材料、电站设备、支线飞机工程技术研究中心；而处于中国南部的广东省，毗邻港澳台沿海地区，尤其是民营经济发达，制造业繁荣，未来可把建立工程中心、软件研究开发中心、集成电路设计中心、现代制造技术中心、现代物流中心和现代服务业中心等作为其区域创新体系发展的重点内容。

要加速区域创新体系的建设，推进区域经济发展，必须要基于区域的个性化特色，不搞千篇一律的重复投入，聚焦发展特色产业。硅谷的信息技术研究开发与制造、加利福尼亚州的多媒体产业、新加坡的国际商务、中关村的 IT 技术、浦东的国际金融和外贸保税区、长江三角洲的制造中心与外包中心、陕西杨凌的高新农业示范区、广东佛山的制造业产业链等各区域经济都具有各自鲜明特色。可见，在区域创新体系建设过程中，必须根据当地经济和社会发展的需求，针对地区经济和科技发展的特点和优势，充分考虑各地的地理位置、资

---

① 胡艳，雷春晓 . 2005. 我国有关省市区域创新体系共性分析及启示 . 工业技术经济，（6）：71-73.

源环境、生产力发展水平、劳动力市场、文化背景、经济发展史及产业结构的差异，有的放矢地制定区域创新政策，构建各具特色的区域创新体系。

    要建立适合本地实情的区域创新体系，科技管理部门应在科技投入中强化政府行为和顶层设计原则，突出先导性和服务性。可以根据各地的相对条件和比较优势，在高新技术企业相对集中、产业特色比较明显的地区，优先发展高新技术特色产业基地，大力培育和发展有特色的企业集群；同时，通过建立区域科技创新服务中心、重点联合实验室等，创造特色创新服务环境，提升区域科技创新能力和水平，提升核心竞争力，以此来真正让区域创新体系落到实处。

第 7 章

# 区域创新体系中信息资源配置
# 与服务运行的发展研究

## 7.1 区域创新体系中信息配置与服务运行机制

### 7.1.1 区域创新体系中创新主体选择机制

区域创新体系或网络是建立在共同利益的基础上、主要以协议或合作方式组成的战略共同体，因此选择或遴选正确的合作伙伴是创新体系获得发展和成功的关键因素之一。区域创新体系可以有多个合作对象，包括政府相关部门、各行业企业、高校和科研院所、金融机构、各类协会和科技中介服务机构，甚至包括现有或潜在竞争对手，从众多对象中综合化的选择符合区域创新体系战略的合适合作伙伴是创新体系构建的重要一步。

据统计，传统"战略联盟"出现解体的因素，70% 涉及联盟中融洽性、承诺和文化等伙伴关系因素，30% 涉及优势互补性、资源共享等自身问题，缺乏选择战略合作伙伴的专业能力是创新网络失败的重要原因之一。创新体系内创新主体之间的协同创新、文化融合等至关重要，保持高度的战略协同是维持创新体系有效的最重要的基础。瑞克曼（N. Rackham）则从成功战略联盟的伙伴关系总结出贡献、亲密和愿景三个共同要素组成的合作景框。其中贡献表示每个伙伴能够为联盟发展创造的具体成果，以改善双方的获利情况；亲密意味着超越市场交易关系，给予合作对方更多的信任和依赖，又在合作的基础上产生更多的共同利益；而愿景则是对伙伴关系要达成目标与依赖的路径所产生的生动想象。盖瑞格（J. M. Geringer）更强调选择原则的操作性，从任务相关和伙伴相关两个视角分析联盟的伙伴选择。前者强调项目运作的变量，包括资金、员工、技术、市场、制度环境和公共政策等因素；后者则重视文化、结构、先前合作基础及高层管理者之间的兼容性和信任关系。尽管这些观点主要是针对企业联盟而言，但是对于区域创新体系或网络同样有指导价值。优势互补性、战略协同性和文化兼容性，三者构成了区域创新体系中创新主体选择的三维模型，如图 7-1 所示。

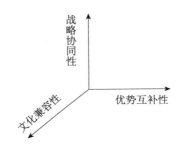

图 7-1　区域创新体系中创新主体选择三维模型

### 1. 优势互补性

区域创新体系出现和形成的一个重要原因就是创新主体之间能够实现资源共享、优势互补。在区域创新体系内，如果单个创新主体自身没有独特的资源和优势，无法对创新网络做出其贡献，而只是想借用别的创新主体的资源，这就失去了合作的意义。在评估创新主体的优势时，要用动态发展的眼光，即不仅关注当前的优势，还要关注合作伙伴潜在的资源或优势，因为在未来长期合作过程中，各种资源或优势会出现此消彼长的变化。明确创新主体各自竞争优势之后，就要分析这种优势对于区域创新体系中其他主体是否具有互补性，确定这种互补性是否为区域创新体系所需要。互为补充和互相需要的特性是优势组合之后能否产生协同创新效应的基本前提。只有满足区域创新体系合作各方的互补性需要，共同降低交易成本，才能产生协同效应，实现各组织独立运作时难以获得的可持续竞争优势。

现代科技发展趋势呈现出既高度分工，又充分综合的特点，近代几乎每一个重大突破性发现和创新,都是多种资源聚集、多个主体大规模合作研发的结果,而涉及区域、行业发展的重大关键技术更是如此,如美国"阿波罗登月"计划就涉及几千家科研机构、高校和公司之间的协作。对于单一创新组织或主体来讲,其不可能从研发到市场整个产业链中都处于主导或优势地位,而只能是在某个方面或者某些领域具有一定优势,同时,越是重大创新,越具有高投入、高风险和高回报的特点,单一企业或组织无法承担所需要的巨额投入及失败带来的巨大风险,需要政府、企业和风险投资的共同参与,确保项目的顺利进行。因此,建设区域创新体系之前,首先明确参与各方在基础研究、应用研究、试验发展、信息服务、基础设施和政策环境等方面,具有哪些独特的竞争优势,这种优势是否为区域创新体系所需要,对于实现创新网络的整体战略目标可以做出哪些预期贡献,其次在此基础上,建立能够整合各自优势、发挥协同效应的架构设计、组织安排和管理体制。这样,通过企业创新网络建立起来的合作机制,为研究工作提供了政策环境、资金保障和信息渠道,使创新过程中的不同环节、不同组织之间能够进行充分的人员交流和知识交流,达到资源共享、优势互补,并迅速形成强大的研发能力,加快研发速度和产业化进程,获取市场竞争优势。

## 2. 战略协同性

创新体系内各创新主体会各有近期和远期的目标或战略,在区域创新体系整体目标的大前提下,各方通过资源和能力上的互补性,可实现各自的战略目标,而战略目标的协同性表现为创新体系内各主体的长期目标与区域创新体系的发展整体战略基本吻合和保持一致。利益和收益是驱使各方缔结和建立网络组织体系的原始动力,如果创新体系中各主体的战略目标无法实现有效协同,参与各方不能从创新体系中获得更大的利益,区域创新体系就很难有效维持下去。因此,在选择区域创新体系的合作伙伴或合伙人时,首先要考虑到参与方的发展目标与区域创新体系发展目标是否有共同点,其次要考虑合作伙伴之间的发展目标尽量不冲突,同时也必须考虑到合作伙伴能从区域创新体系中获得预期收益。创新主体对区域创新体系发展战略的吻合程度,直接影响到他们的选择意向和参与的积极性,因为合作伙伴需要从区域创新体系的战略中找到符合自身发展的基本点,并对自身的未来收益有一定的预期。

区域创新体系的战略目标是全面增强创新体系的整体核心竞争力和创新能力,战略重点是进行具有战略性、前瞻性和基础性的自主创新研究,解决区域或行业的共性关键技术问题。另外，创新主体之间发展战略的差异也直接影响他们对于建设区域创新体系的投入程度和合作程度。因此，创新体系内的合作各方必须基于共同认识：面对社会化大生产环境下的高度专业分工和外在不确定性的激烈竞争环境，通过彼此合作创新，实现市场和科研资源、信息知识资源的优化配置，把握新的发展机遇，改造传统产业，带动新兴产业，共同做大市场，从而实现双赢和可持续发展。值得注意的是，区域创新体系可积极争取与跨国公司、国外大学或科研单位、海外风险投资公司合作，主导或参与制定新的国际行业标准，这样有助于中国企业绕开贸易壁垒，提升竞争力，更好地参与国际市场竞争。

### 3. 文化兼容性

正如每个人一样，每个组织或企业都会有自身独特的企业或组织文化，而参与区域创新体系的每个组织或企业，能否建立基于彼此信任的创新文化对于创新网络体系的生存和发展尤为重要。而各方在文化上的彼此适应和认同，在很大程度上可以避免创新主体之间的内耗、道德风险和逆向选择行为。组织文化不是孤立存在的，它的形成来自战略、架构、制度、风格、员工、技能和总目标等多个方面的贡献，改变一个组织的文化绝非易事。一般来讲，文化上相容或相似的组织相比文化差异较大的组织更容易合作，如互联网企业之间的收购潮，很大程度上就是因为都有互联网基因和文化底蕴。但是，缔结体系的一个重要目标就是互相学习，即学习各自的长处，过分强调文化的相似性就削弱了组织学习的差异性。

对于区域创新体系而言，涉及政府、高校、企业、科研院所和中介组织等组织文化和管理模式迥然不同的多种组织，实现文化同化是不现实的，而彼此之间的文化抵制所带来的消极合作，只能导致创新体系的低效或快速解体。文化差异对区域创新体系的建设和运行存在潜在冲突，因此，在挑选合作伙伴时，对各方的文化差异必须有一定的了解，而且这些差异必须可控和管理。可行的方式是在创新体系内让合作各方互相尊重和理解不同文化与管理模式上的差异，建立一个有效的沟通协调机制，面对冲突时能够找到一个有效解决方案。互相尊重、求同存异是选择合作伙伴的基础前提，在合作过程中，相互借鉴和吸收对方的优势，不断加强组织学习，充实和改善自己的竞争力，实现自身文化的提升。各种文化在区域创新体系中相互影响和渗透，最后形成创新体系内合作伙伴能够认可的共同创新文化，既融合各种文化特色，又有鲜明的网络特征和共性,从而确保区域创新体系所有主体有相互信任的文化基础。

文化相容和相互信任是相辅相成的。合作伙伴能否建立起基于信任的组织文化,对于区域创新体系的走向具有决定性的影响。只有各方围绕共同的战略目标长期合作,建立互相信任的价值观和行为模式,区域创新体系才能长期存在、持续发展。尤其是当面临外部环境重大变革时,高度信任有利于维护区域创新体系的存在和发展。但是强调信任,并不意味着在原则问题上的迁就,对于知识产权、利益分配等方面需要事前做出明确的约定。

建设区域创新体系,并不是将诸多合作伙伴组成一个新的独立法人实体,而是通过政府的宏观指导,以区域创新为目的,充分利用企业技术创新主体地位,充分调动其他机构的社会资源,探索新的合作运行模式或体制,共同建设富有区域或产业特色的联盟。区域创新体系的建设是一项复杂的长期和系统工程,创新主体并非多多益善,一般保持一定的规模或数量。创新主体的选择是关系到区域创新体系能否成功的关键因素,要从资源的互补性、战略目标的协同性和组织文化的相容性三个维度考察合作伙伴,其中,优势互补是选择创新主体的关键前提,实现战略协同是合作成功的基础,而文化相容则是创新网络体系平稳运转的关键,三个因素之间是相辅相成、互相促进的,缺一不可。需要指出的是,创新主体选择只是区域创新体系建设过程中的一个关键环节,成功创新体系的建设,还需要建立一系列的制度和组织安排,才能保证参与各方在资源、战略和文化上的充分协同。

## 7.1.2　区域创新体系中信息资源协调机制

区域创新体系是动态设计的,体系运行过程中的矛盾无时不在,由于各种原因而产生的矛盾直接影响着创新体系的运转和创新的效率。当不同创新主体之间的矛盾和冲突发展到一定阶段,网络成员失去了合作的基础,创新网络就不可避免地面临解散的结局。引起不同网络主体之间冲突的根本原因,在于网络主体组成的多样性及各个行为主体追求自身利益的最大化,直接原因是部分网络节点对于整个网络的贡献不足,存在搭便车的投机行为。区域创新体系必须构建有效的信息资源协调机制,来维护创新网络的稳定性。

知识是一种能够创造价值的资源,获取知识的过程可以看成是一种投资的过程。如果一个行为主体没有参与研发,也没有通过市场交易,免费获取其他主体创造的知识,就是知识溢出。知识溢出构成集群创新能力的本质特征,是形成创新体系聚集效应的主要动力之一。创新体系中的知识溢出，可以使创新体系中的其他主体享受到网络公共知识而提高竞争能力，并随之获得更多的创新收益；但同时，溢出知识的创新主体将面临更多的竞争对手，承受因知识溢出而导致的激烈竞争。

面对知识溢出效应，每个创新主体面临着一个两难选择：是自主创新还是等待模仿。激励知识溢出可以导致整体创新体系收益提高，放任投机行为又会导致网络知识积累的停滞并随之带来创新体系的萎缩。要解决这个问题，本书认为，需要在创新主体之间建立扁平互动的沟通机制，并引入第三方监督协调机制。同时充分发挥基于信任和道德的创新文化的约束作用，对创新主体实行动态选择的进退机制。

### 1. 扁平互动沟通机制

区域创新体系的一个重要特点是创新主体组成的异质性，一方面创新主体由企业、政府、高校科研机构和中介服务机构组成，存在异质性；另一方面，创新主体的任何一个个体，如企业自身也存在异质性，来自不同行业、企业乃至于同一行业的上下游企业等，因此角色不同，利益需求不同，必然导致在合作创新过程中出现矛盾和冲突在所难免。一般情况下，创新体系中的冲突激烈程度随着合作时间的变化而变化。相对而言，合作初期的各个创新主体为了实现优势互补、资源共享、降低风险、尽快受益的共同目标，冲突烈度较小，即使意见不一致，也可以迅速达成妥协方案。随着合作的深入，合作创新的收益也逐渐增大，出于自身利益最大化的考虑，参与各方总是希望在整个创新体系中以较小的投入获得更多的回报，因投入不均或分配不均产生冲突的概率大幅增加，这一时期是创新体系最容易发生破裂、解散或出现低效的时期，在这种情况下，创新体系各个创新主体之间建立良好的沟通机制，变得十分必要。

创新体系各主体之间没有清晰明确的组织界限，而是存在较强的融合性与关联性。如何协调各个创新主体的行为，保持创新体系的运行效率，需要规划设计创新体系内部的调节机制，并保证协调机制的落实和管理。鉴于创新体系主体组成复杂和科技创新的自身特点，网络管理体制要尽可能减少管理层次，加强各方沟通，实施扁平化的互动式知识管理，而不是单纯的市场交易方式或传统的层级控制模式。通过项目分解和实施，使创新体系各个主体能够各司其职、各负其责，便于管理和评价。而充分的信息沟通与交流，不仅可以消除相互的误会，增强彼此的信任程度，而且可以促进创新主体之间的相互学习，促进技术诀窍的双向转移，增强网络共享知识的积累和提高网络创新能力。创新主体之间的交流越是充分，部分主体产生投机行为的动机和行为越容易得到有效的抑制和防范。

### 2. 第三方协调监督机制

区域创新体系是一个开放的，类似于"虚拟企业"或"知识联盟"的体系，其内部各个创新主体处于平等的地位，主要通过网络组织自身的自我调节功能，即各创新主体间通过相互的交流，参与创新体系的运行，形成创新体系的价值，为创新体系各成员所共享，并约束创新主体的行为。然而由于创新体系的开放性与动态性，难以有效地制约各个创新主体的行为。所以，创新体系网络组织仅仅依赖自发调节机制难以保持创新体系的有效运行，必须引入一种第三方监督机制，以有效地监督创新主体的行为，使得一次性博弈变为重复博弈，促使各个创新体系从长远利益出发，约束和消除投机行为。政府和中介服务机构可以很好地起到这种作用。

地方政府等有关部门是区域创新体系中的重要节点，政府可以采取税收、补贴、奖励等转移支付方式、限定性行政措施和法律手段将溢出效应内在化。其中，行政矫正外部性的主要措施包括：限制溢出受益方生产规模，通过行政契约方式使其经营权的获得附带其他条件，用行政权力干预企业，使其改变生产函数，达到溢出方和受益方的成本趋于一致。政府的法律干预更具严肃性和权威性，因为法律的权威性使其更具有可实施性和稳定性，法律的预设性和程序化更能为厂商所接受。除了政府部门，创新体系内的行业协会、中介机构也可以很好地起到监督和协调作用。一方面可以帮助和鼓励企业从知识溢出中获得创新收益。实践证明，两个创新主体通过与第三方获取其合作者信息的互动效率，明显高于没有任何外部联系的节点；另一方面，可以及时发现某个创新主体的不良行为，及时通报创新体系，甚至将其排除创新体系之外。

### 3. 创新文化约束机制

信任是一种非常重要的生产性社会资本，基于信任的创新文化是一种重要的治理机制。众所周知，市场经济是信用经济，具有自身的道德标准和道德规范。企业道德规范的核心是责任与权利的统一，而这正是知识溢出效应内在化的基本原则。信任是创新体系内主体之间进行合作的前提，也是维系创新体系稳定运转和创新效率的重要因素。创新体系要实现协同创新的目标，需要各个创新主体之间的相互信任，降低知识创新所需信息的搜寻成本和交易成本，提高知识尤其是隐性知识的可获得性，减少"搭便车"投机行为和其他不轨行为。通过创新体系主体之间的持续互动，主体不仅可以相互了解，更重要的是，可以发展出基于知识的信任或平等的标准。这种信任可以促进创新主体之间预期行为的一致性，在一定程度上代替正式的合同约束机制。基于信任的知识交易对具有长期合作关系的节点十分重要，因为它提供分享机会和有价值的信息的渠道，是创新体系成员共同创造价值的重要基础。

前面讨论创新体系的构建原则时，提出建设包容性的创新文化。这种创新文化是一种开放的文化和共赢的文化，帮助创新体系主体在体系内共享学习、吸收、融合创新知识，提供创新能力。同时，创新文化是一种建立在信任基础上的约束机制，直接影响着创新主体的偏好和行为，降低交易成本和监督成本，有利于减少不确定性和促进共同创新。更重要的是，区域创新体系作为依赖于共同利益和战略合作而产生和发展的组织形式，创新主体之间关系具有比市场紧密、比层级制松散的特点，市场控制功能和层级制官僚控制功能在创新体系内的协调管理机制难以发挥效用。而创新文化作为创新体系价值标准和行为统一的集合体，在创新体系中真正发挥作用。

在价值观上，依附于创新文化的各个主体，将会调整期目标和行为，使之符合创新体系的总体目标和行为。因此，创新体系文化作为官僚控制和市场控制的一个替代控制系统，是一种团体控制。这种控制模式是通过组织准则和价值系统来控制，具有隐含性、长期性和自我强化的特点，对于创新体系的控制特别有效，有助于产生基于信任的创新文化下的网络创新收益，对于提高主体创新绩效有显著影响，并且随着时间的推移，创新文化的协调和约束作用越来越突出。

### 4. 动态选择进退机制

区域创新体系是一个开放的复杂系统，在与外界环境进行技术、信息、人员和资金交换的过程中，创新主体不断集聚和分散，呈现出很强的动态选择性，这种选择性来自两个方面的原因。

1）外部环境变化

区域创新体系不是封闭系统，它与外部环境也存在信息和知识的互动，外部环境的快速变化和市场竞争的加剧，会导致技术创新具有强烈的不确定性和巨大的市场风险，创新体系的战略目标和组织结构也需要随之进行适应性的变化。

2）创新主体变化

创新体系是动态体系，其主体不会一成不变，主体的数量会不断变更，主体有进入同时也有退出，同时原有网络关系也随时有可能改变，如企业与大学和科研机构的合作也常常因为企业家、研究人员的变动或兴趣转移而发生变化。所以创新体系的稳定性只是相对的，动态变化是绝对的。动态选择性是创新体系实现自我更新的基础，也是实现可持续发展的必要条件，每个创新主体应根据自身所处的社会环境、区域位置、行业特性、自身条件等选择适合的创新体系。

创新体系并不意味着排除竞争，竞合关系共存于创新体系主体的各项活动之中。竞争是企业在市场中的基本生存法则，合作则是企业为了自身更好发展而进行的战略选择。为了发挥区域群体优势，各个创新主体在保持差异的同时相互协作与联合。区域创新体系类似于一个在有限空间范围内共生互惠的生物群落，竞争与合作的统一是体系发展的原动力。创新体系内主体之间的知识溢出效应，以及外部规模经济带来的收益递增，会促使众多中小企业集聚加入创新体系。集聚程度的提高又促进了创新体系内知识溢出效应的增强，产生新的规模经济和品牌效应。但是大量创新主体，尤其是企业的集聚，会导致生态的过度重叠，造成企业对创新体系内有限资源的激烈竞争，导致企业成本的提高、竞争的加剧和环境的恶化，一些企业为了保护自己的关键技术不外溢而选择退出网络，同时一些创新主体因为享受不到预期的溢出效应也选择退出。这样"集聚力"和"分散力"在创新体系同时存在，同时发挥作用。当知识溢出的正面效应起到主导作用，创新体系的集聚力便得到增强，创新体系向更加集中的方向演化；当知识溢出的负面效应占上风，创新体系的分散力增强，创新体系则向衰落和解体的方向演化。鼓励创新主体向创新体系贡献知识，共享网络创新收益，限制投机行为，保持创新体系内集聚力与分散力的适度均衡，是保证创新体系及其网络组织可持续发展的重要前提。

## 7.2　区域创新体系中信息服务体系的构建

由于区域创新体系中传统信息配置和服务存在弊端，迫切需要构建有益的矫正信息配置障碍机制来降低交易成本，从而促进区域创新体系的形成与成熟，实现创新主体协同效应增进。但因区域创新体系发展过程中信息扭曲的特殊性，市场治理和政府治理均有优劣势，两者应是互补而非替代，要充分发挥各自的优势，扬长补短，共同构建创新体系过程中的信息服务体系。

### 7.2.1 构建开放创新网络体系

构建集政府、企业、大学、科研机构和中介服务机构多位一体的开放创新网络体系是推动区域创新体系建设的基础保障。政府重在外部环境和政策的构建，企业是技术创新的主体，大学和科研机构是技术创新所需知识、思想和人才的重要来源，中介是各方资源的有效承载和转化器。创新体系建设的一个重要方面是将产、学、研等创新行为主体通过信息和知识资源的配置组织起来，加强它们之间的交流与合作，形成有利于知识、信息、人才等创新资源流动的开放的创新网络，使主体分散、无序、盲目的创新行为变成集中、有序、目的明确的区域创新活动，通过各个创新主体所拥有的资源提高创新的效率和成功率，从而推动区域创新体系内技术的产业化和高新技术产业的发展。同时政府要有意识地通过规划、协调、服务和管理，通过体制改革、组织创新和政策诱导，促进区域创新网络的发展与完善。

同时，创新网络应该是开放的和多层次的。所谓开放是指信息沟通和资源流动网络要在本区域内外延伸，使区域创新网络与全国及国际创新网络联为一体。所谓多层次是指创新网络中既包括企业之间、企业与大学、科研院所等多主体之间稳定的合作关系，也包括这些创新行为主体之间的动态联盟；既包括由创新主体组成的组织网络，也包括技术创新所需要的技术信息、市场信息的沟通网络，以及技术、人才等创新资源的流动网络。

在构建开放创新网络方面，可以从以下三个方面开展工作。

#### 1. 消除创新资源流动的体制障碍

打破条块分割，信息鸿沟，消除人才、技术、信息等创新资源流动的体制障碍，是发展与完善区域开放创新网络的关键。在这方面，政府可以做的工作有三点：一是引导、促进从事应用研究和开发研究的大学、科研机构进入企业或与企业合作，鼓励科研机构或大学承担政府或企业委托的研究课题，进行产学研合作，为企业技术创新提供服务；二是要进一步深化企业，尤其国有企业制度改革，提升企业的创新动力，增加企业对科技成果的有效需求；三是改革人事管理制度，解决好人才流动时流出人才和原单位双方权益的保护问题，促进人才及其所携带的知识（显性知识和隐性知识）的合理流动。

### 2. 建设区域信息网络系统

信息网络是在信息的提供者、加工者和使用者之间，通过一定软硬件投入建设而成的互相联系、互相依存、互利互惠的网络系统。完善、快捷的信息网络是技术创新和高新技术产业发展的重要条件之一，也是创新主体之间进行资源共享和利用的必要基础设施。建设区域信息网络系统，一方面要统一规划，加强信息网络的软硬件建设，切忌各行其是；另一方面要开发面向政府、企业的各类信息资源，建设综合公共信息资源库和公用信息网交换平台，实现信息共享。

### 3. 培育创新动态知识联盟

近年来，企业组织创新方面的一个新动向是动态联盟的出现。动态联盟又译为虚拟组织（virtual organization），是拥有互补资源和核心能力的企业或机构为适应多变的市场环境，基于共同的创新目标而组织起来的临时性联盟。动态联盟可以针对不同的情况采用不同的组织形式与运作机制，没有固定的组织结构，形式灵活多变，是一种无确定边界的动态性网络组织。动态联盟的成员之间的关系是多样的，如合作关系、合伙关系、合资关系、承包关系、委托代理关系、母子公司关系等，关键是如何将不同成员企业互补的核心能力整合起来，尤其是与成员间知识创新能力相结合，形成一个有机的虚拟知识联盟，实现知识的有效共享、利用和转化。各成员企业间的信息和知识共享、合作是动态联盟形成的基础，因此，需要有一个由相关企业组成的知识网络作为动态联盟的承载器。组织知识网络是建立在成员之间相互信任关系基础上的，是由多个合作伙伴组成的开放无边界的知识共享体。政府部门、公司集团、高校院所、科研机构和中介服务组织构都可以在组织知识网络的形成中找到其定位，并发挥其重要作用。例如，校办、院办企业与作为其母体的大学和科研单位具有天然的组织联系，很容易形成创新的知识联盟。各地要充分利用有利条件，加强和扩展作为动态知识联盟承载器的组织网络，使动态知识联盟成为区域创新网络的重要形式。

## 7.2.2　建立信息服务支撑体系

建设完善的信息服务支撑体系是区域创新体系建设的重要内容之一，这一支撑体系的主要构成如下。

### 1. 专业中介信息服务体系建设

同其他创新活动相比，技术创新和高新技术产业化都属于知识高度密集型领域，二者对各种咨询、中介、代理等专业服务的需求更为迫切，包括产学研合作、专利代理申请、知识产权申诉、技术研发查新、合同纠纷仲裁、法律咨询服务、信息推送服务、技术中介服务、产权交易等比较复杂的中介服务体系。专业中介信息服务体系的建设和完善有助于形成活跃、开放的创新要素市场，协助创新有效发展。为保证中介信息服务机构的服务质量，政府要制定相应的制度和市场规范，加强对中介信息服务市场的监控指导，帮助中介信息服务机构拓宽服务领域，并与国内外的中介信息服务机构建立起业务联系，为技术创新和高新技术产业化提供高水平、全方位的信息服务。

### 2. 创业服务体系建设

区域地方政府应加强创新创业服务体系的建设。要激发各个方面的积极性，鼓励发展多种形式的创新创业基地、创客空间、高新技术企业孵化器，建立区域高新技术成果孵化网络。要提高创业服务机构的服务水平，深化其服务层次，延伸其孵化功能，扩大其服务范围，增强为被孵化企业提供政策宣传、技术评估、项目孵化、管理咨询、人才培训、财税咨询、团队管理、信息咨询、融资服务等更深层次综合服务的能力。

### 3. 技术支撑体系建设

政府除了要为科技创新活动提供必要的基础设施和政策支持以外，在关键技术领域支持研究型大学、科研机构和企业的基础研究与应用研究之外，还要为科技成果的中试和转化提供支持。中试环节是科技成果向商业应用领域转化的关键环节，必不可缺，但因其投入高、风险大、周期长，单个科研机构和企业没有实力也不愿独立完成，因此，有能力的地方，可让政府投入一定的引导资金，让企业共同参与来建设中试基地。由于不同技术领域的科技成果对中试软硬件条件的要求不同，有限的中试基地显然不能满足众多需要。在实践中，可以由政府牵头，通过区域创新网络设立"虚拟中试基地"，针对不同科技成果的特点，组织包括政府、投资方、技术拥有方、设备拥有方和成果使用方的"多方动态联盟"，并设计完备的联盟管理体制和制度，有效利用多方资源整合的方式，降低各方投入风险，建设中试基地。

### 7.2.3 以企业为创新主体体系

区域经济的发展和升级，最终要落实到大量创新型企业的衍生、成长和成熟，而区域创新体系的竞争力最终以创新型企业的竞争力来体现，培育创新体系的工作重点就是孵化、培育创新型企业。在区域创新体系中，政府、高校、科研机构和中介服务都是为企业服务，企业是技术创新的最终载体，企业最终以自身或外部知识的吸收、融合和利用完成技术和产品的创新。培育创新型企业要从两个方面入手：一方面要扶持已有骨干龙头企业，树立龙头企业的标杆作用，为龙头企业的技术创新活动提供资源支持，引导这些企业加大转型升级、技术创新的力度，帮助这些企业在关键的高新技术领域提高自主创新能力，并提升参与国际市场竞争的核心能力，做全球化布局，以形成地区的产业支柱；另一方面，要创造有利条件，孕育、孵化新的高科技企业，创新型中小企业包袱少、机制灵活、反应迅速，往往是区域经济中最具成长性和最有活力的成分，特别是在互联网、电子商务、智能机器人等领域，高新技术中小企业大量出现，是推动高新技术产业形成和发展的主要力量。但新成长起来的创新型高新技术中小企业，由于处于初创阶段，融资能力弱，人才队伍建设等都还不健全，抵御市场风险的能力低，在市场进入、人才吸引、知识产权保护等方面受到诸多制约，地方政府要充分重视高新技术中小企业的培育，在政策上支持初创中小高新技术企业的发展。

特别要指出的是，民营科技企业是技术创新和发展高新技术产业的一股重要力量，地方政府要充分重视民营科技企业的发展。要创造有利于民营企业发展的公平竞争的市场环境，要鼓励和支持大学和科研院所的科技人员创办民营科技企业，鼓励民营科技企业按照自愿、平等、互利的原则，通过技术合作、转让、专利利用等多种形式，参与国有小型企业的资产重组，鼓励和帮助民营科技企业通过联合兼并，扩大规模，提高水平，干大事业，求大发展。

德国符腾堡地区的市场经济高度发达，企业之间的横向或纵向协作构成了该地区创新体系的主要部分，企业产品研发、改进和更新都是以用户或市场为导向。研究发现，符腾堡地区的企业对政府公共机构或其他支撑性社会组织的实际运用水平并不高，而企业相互之间的联系和合作却非常频繁，尤其是企业与顾客、供应商在区域和国家层面上的联系。在该地区，89%和93%的企业拥有区域和国家层面上的顾客作为创新合作者，以供应商作为创新合作者的企业在区域层面和国家层面上的比例分别是 80% 和 75%，咨询服务在区域上有 33% 企业使用，在国家层面上有 25%，其他合作者如大学（25%）、研究机构（18%）、技术转让机构（18%）在区域层面的重要性相对较低，在国际或国家层面就更低。综上所述，该地区的创新系统是一个以企业为主导的区域创新体系。

在我国，特别是在沿海省份，正是靠企业的创新，推动了当地经济上的快速发展。珠三角、长三角等不少地区就形成了以 3C、电子、家电、五金、卫浴、家居、玩具、食品、服装及陶瓷等专业化企业为主的创新体系，形成了一大批行业百强专业镇。例如，在生产玩具最有名的广东澄海市，从事玩具工艺品生产的企业有 3000 多家，从业人数 10 多万人，生产的玩具工艺品品种、型号、规格数以十万计，产品 70% 以上出口，销往世界 100 多个国家和地区，广东还有中山的灯饰、佛山的家居等。浙江民营专业镇也是典型代表。浙江嵊州是典型的领带生产专业镇，由于领带生产的技术相对简单，产品主要是根据用户需求在款式、面料、工艺、花型上进行改进和更新，该镇集聚了 1000 多家生产领带的上下游企业，年产领带达 2.5 亿条，其中出口 1.2 亿条，占国内领带行业产值的 80%，国际生产总量的 30%。类似地，温州的鞋业、诸暨市大唐镇的袜业、海宁的皮装、柳市的低压电器等，这些地区都是以国内劳动者市场为基础，以生产相似产品的中小企业为主导，生产企业与国内和国际市场客户密切联系的一个多层面创新系统。

### 7.2.4　以市场为导向服务体系

区域创新体系的主体是企业，其基础性调节力量是市场机制，一个好的市场经济，对企业自主创新的作用是巨大的。完善的市场机制是企业进行技术创新的动力和压力，也是促使区域创新成果优化配置、创新所引致的经济绩效提高的有效途径。但是这并非意味着区域创新体系不要政府，无论国内外，完全没有政府参与的市场经济体系从来就没有出现过，脱离政府干预的区域创新协同也只是一种理想或空想状态。于是，就出现了"市场失灵"与"政府失灵"的困境，所以，问题的实质并非要不要，其主旨在于政府要放松对市场的干预，给市场更大的自由度，也就是说实施顺应市场导向的治理机制，要充分顺应市场经济运行规律，政府的作用是市场的补充，而不是替代市场，是"裁判员而不是运动员"。为此，要把握三方面的要求：一是要增强政府决策部门的信息吸收和处理能力，提高信息的安全性；二是要改革行政管理体制。加强监督管理，增强政府部门的运作效率，避免或减少"规制俘获"的产生；三是政府实施顺竞争导向治理（pro-competition oriented governance）机制，而非反竞争导向的。反竞争导向的治理机制将导致过度保护和对竞争的限制，反而会遏制创新的活力和动力。

　　总之，上述分析表明：一是将一方的预期收益的实现建立在他方的利益实现基础上，使双方利益共生，弱化甚至避免冲突，从而形成良性正反馈循环，由静态变为动态。二是顺市场导向的政府治理，政府通过规划引导，发布信息，由事后变为事前，弱化信息扭曲，可避免化解信息成本的高昂代价，降低区域间的误分工比例，促进竞争适度，防范过度竞争，从而提升区域融合度，最终导致区域创新体系的整体效益增进。

## 7.3　区域创新体系中企业信息资源服务体系研究 ——以西江经济带为例

　　广西壮族自治区地处华南、西南结合部，是我国面向东盟的重要门户和前沿地带，2009 年 12 月《国务院关于进一步促进广西经济社会发展的若干意见》中明确提出广西是西南地区最便捷的出海大通道，在促进区域协调发展、深化与东盟开放合作、维护国家安全和西南边疆稳定中具有重要战略地位。"十一五规划"以来，广西确立了发展西江经济带的规划，以加快区域产业转型与升级、增强区域经济实力。信息资源作为战略性资源，成为加速区域产业转型升级的关键。因此，构建区域创新体系中的信息资源服务体系具有重要意义。

　　众所周知，企业是区域创新体系中的核心主体，信息资源需求是信息资源配置的核心，而信息资源配置又是构建信息资源服务体系的重要途径。因此，本书以企业人员的信息资源需求为切入点，在分析其所需信息资源的类型和获取方式等内容的基础上按照信息资源配置的原则去构建区域创新体系中的企业信息资源服务体系，为企业的创新和发展提供信息资源支持。

　　信息资源服务体系是指在一个国家或一个地区范围内，各类型的信息机构协调合作，按照统一的规范标准，建立一个集信息资源收集、组织、存储、传递、开发和利用为一体的信息资源服务体系。信息资源服务体系中的主体包括各种类型的图书馆、信息中心、高校、中介机构、网络中心、政府部门、档案馆、咨询公司等社会机构。信息资源服务是人类对处于无序状态的各种媒介信息进行选择、采集、组织和开发等活动，使之形成可利用的信息资源体系的全过程。其主要内容包含：信息资源体系规划、选择与采集，馆藏资源数字化，信息资源组织管理等。

（1）区域创新体系中的信息资源服务体系的含义和分类。区域创新体系中的信息资源服务体系是指在某个地区范围内的信息资源服务体系。学者们从不同角度对区域创新体系中信息资源服务体系进行了分类。

一是按资源来源及用户对象分类，可分为政府信息服务体系、公共信息服务体系、企业信息服务体系等。

二是按资源内容分类，可分为科技信息服务体系、经贸信息服务体系、交通信息服务体系、法律信息服务体系等。

三是按行业分类，可分为农业信息服务体系、工业信息服务体系、教育信息服务体系等。

四是按资源种类分类，可分为文献信息服务体系、事实数据信息服务体系、综合信息服务体系等。

五是根据我国公共信息服务机构不同分类，可分为公共图书馆信息服务体系、高校信息服务体系、科学院文献信息服务体系等。

例如，总分馆制运行模式就是图书馆系统的服务模式之一，区域图书馆集群管理服务体系由统一管理、共享资源、联合服务组成，通过共建共享、技术支撑等服务全区用户，实现协调持续发展。

（2）区域创新体系中信息资源服务体系与信息资源配置的关系如下。信息资源配置与信息资源服务体系的构建密切相关。信息资源配置是以人们的信息需求为依据，以提高效率和效果为指针，调整当前的信息资源分布和分配预期的过程，是按一定的原则和模式，通过不同的方法和手段，将已产生的各种信息资源合理分布和存储在不同信息机构的一种信息活动。其中，人们的信息需求是信息资源配置的依据、切入点及最终目的。信息需求是一种复杂的社会需求，影响因素多种多样，需求千差万别，信息资源尽管量大面广，但对于用户在特定时间、特定空间的特定需求来说，总是有限的。配置信息资源的结果，都体现在对社会信息需求的满足程度上。对于信息资源服务体系来讲，信息资源的合理配置和整合是构建信息资源服务体系的基础和关键。信息资源配置主要是对信息资源中的能动部分，即信息、人及信息设备和设施进行合理分配与布局，通过设计、调整信息资源的分布和流向，促使信息价值最大化，使用户的信息保障率较高。因此，有效配置信息资源是构建信息资源服务体系的重要手段和措施，而信息资源配置的核心是寻找并确定人们的信息需求。

## 7.3.1　数据来源与方法

案例分析的数据主要是企业人员的信息需求方面的信息。为了获取研究数据，本书采用了问卷调查法和深度访谈法，问卷调查对象确定为西江经济带范围内的企业人员这一特定用户群体。

问卷的问题设计围绕企业用户的特征展开，主要是封闭性问题，要求被调查者对相关选项做出选择，部分题目为必答题，部分题目为选择性问题。问卷采取无记名方式，但要求填写工作岗位、专业、学位等基本信息，方便根据调查对象的情况进行分析。问卷发放主要是人工发放与挂网发放，辅助以邮件等其他方式，共发放 3000 份调查问卷，回收有效问卷 2520 份，调查时间为 2012年 12 月至 2013 年 4 月。调查对象的概况如表 7-1 所示。在此基础上，对企业的领导、部门经理及部分企业员工进行深度访谈，了解其信息需求背后的原因。

表 7-1　调查对象的概况　　　　　　单位：人

| 类型 | 国有企业 | 集体企业 | 私营企业 | 联营企业 | 股份制企业 | 个体工商户 | 总计 |
|---|---|---|---|---|---|---|---|
| 财务部人员 | 91 | 101 | 58 | 87 | 70 | 73 | 480 |
| 研发部人员 | 80 | 123 | 62 | 89 | 82 | 105 | 541 |
| 销售部人员 | 89 | 71 | 64 | 56 | 36 | 56 | 372 |
| 生产部人员 | 63 | 70 | 62 | 53 | 69 | 54 | 371 |
| 采购部人员 | 52 | 59 | 47 | 70 | 54 | 46 | 328 |
| 人力资源部人员 | 108 | 78 | 63 | 59 | 74 | 46 | 428 |
| 总计 | 483 | 502 | 356 | 414 | 385 | 380 | 2520 |

## 7.3.2　企业人员的信息资源服务需求

### 1. 对信息资源服务提供者的选择

区域创新体系的信息资源服务需要有特定的信息服务者提供。由表 7-2 可知，财务部人员、研发部人员、销售部人员和生产部人员优先选择高校和公共图书馆网站获取所需的信息服务。而采购部人员和人力资源部人员除了选择高校和图书馆网站之外，前者还选择档案馆网站作为获取信息服务的途径，后者还选择专业信息企业获取相关信息服务。因此，西江经济带内，企业人员获取信息服务主要集中于高校和公共图书馆网站，其次是档案馆、商业数据库、专业信息企业和其他机构（如党校与社会科学院）。

表 7-2　信息资源服务提供者统计表　　　　单位：人

| 类型 | 高校 | 公共图书馆网站 | 档案馆网站 | 商业数据库 | 专业信息企业 | 其他机构 |
|---|---|---|---|---|---|---|
| 财务部人员 | 120 | 113 | 84 | 76 | 54 | 33 |
| 研发部人员 | 145 | 127 | 83 | 80 | 69 | 37 |
| 销售部人员 | 84 | 78 | 41 | 66 | 65 | 38 |
| 生产部人员 | 81 | 103 | 42 | 36 | 67 | 42 |
| 采购部人员 | 71 | 92 | 73 | 27 | 31 | 34 |
| 人力资源部人员 | 122 | 89 | 62 | 21 | 77 | 57 |
| 总计 | 623 | 602 | 385 | 306 | 363 | 241 |
| 国有企业 | 125 | 126 | 69 | 57 | 39 | 67 |
| 集团企业 | 113 | 144 | 65 | 81 | 44 | 55 |
| 私营企业 | 77 | 97 | 56 | 53 | 29 | 44 |
| 联营企业 | 89 | 106 | 71 | 53 | 32 | 63 |
| 股份制企业 | 96 | 104 | 91 | 52 | 20 | 22 |
| 个体工商户 | 44 | 65 | 67 | 94 | 36 | 74 |
| 总计 | 544 | 642 | 419 | 390 | 325 | 200 |

对企业人员的选择行为进行深度访谈调查可知，这与西江经济带的信息机构分布状况有关。一是地理分布集中，处于高校集中区域的企业通常与高校及科研机构建立合作关系，同样的，对于公共图书馆辐射区域内的企业人员大多选择图书馆满足自己的信息资源需求。二是工业园区的建立，产业聚集的工业园的建立提高了企业的聚集程度，工业园区内的企业大多具有相同或者相关的产业构成，企业之间互相提供或者共享科研信息。三是企业的政策诉求，西江经济带的规划布局源于国家和贵州省的政策引导，是通过西江航运水道连接区内各个经济区域、盘活区域经济。因此，对于政策的恰当解读与合理预测成为企业决策的主要依据，企业会选择党校与社会科学院去获取宏观经济发展信息服务。

对表 7-2 进行进一步分析可知，选择高校信息资源服务人数最多的是企业研发部人员，原因在于高校具有较强的活力和创新力，以产学研结合的方式同高校合作可以提升企业的创新力和研发能力。选择档案馆网站信息资源服务人数最多的是企业财务部人员，原因在于财务人员在制作报表或进行财务分析时要经常参考本企业及本地区历年的原始记录，便会选择档案馆网站获得相关的信息资源服务。此外，在被调查人员中有 12% 的用户则倾向于从商业数据库获取信息，他们大多具有硕士及以上学历，在校期间就已经熟悉了 CNKI、万方数据和 Web of Science 等商业数据库的使用，参加工作后仍会将商业数据库作为自己获取信息的来源。

## 2. 对信息资源内容的选择

由表 7-3 可知，财务部人员选择最多的是行业信息和政务信息，研发部人员选择最多的是宏观经济信息和专利信息，销售部和生产部人员选择最多的是行业信息，人力资源部人员选择最多的是政务信息。具体来讲，研发部人员需要掌握最新的技术或者产品专利信息及国家的整体经济状况以理性地从事自身的研发工作，人力资源部人员则关注政务信息去保持自身的判断力和洞察力。因此，不同职位的信息用户出于工作的需要会选择与之相近的信息资源内容。

表 7-3　信息资源内容统计表　　　　　单位：人

| | 类型 | 宏观经济信息 | 政务信息 | 专利信息 | 民族文化信息 | 文献信息 | 行业信息 |
|---|---|---|---|---|---|---|---|
| 企业各部门人员 | 财务部人员 | 90 | 107 | 70 | 31 | 59 | 123 |
| | 研发部人员 | 123 | 85 | 103 | 81 | 83 | 66 |
| | 销售部人员 | 67 | 64 | 54 | 33 | 60 | 94 |
| | 生产部人员 | 66 | 55 | 80 | 36 | 51 | 83 |
| | 采购部人员 | 37 | 68 | 70 | 34 | 50 | 69 |
| | 人力资源部人员 | 83 | 104 | 66 | 45 | 73 | 57 |
| | 总计 | 466 | 480 | 443 | 264 | 376 | 491 |
| 各类型企业 | 国有企业 | 104 | 119 | 71 | 67 | 52 | 70 |
| | 集团企业 | 121 | 126 | 86 | 56 | 65 | 48 |
| | 私营企业 | 50 | 43 | 62 | 62 | 86 | 53 |
| | 联营企业 | 82 | 85 | 81 | 71 | 61 | 34 |
| | 股份制企业 | 87 | 67 | 63 | 70 | 48 | 50 |
| | 个体工商户 | 79 | 67 | 65 | 57 | 68 | 44 |
| | 总计 | 523 | 507 | 428 | 383 | 380 | 299 |

调查数据显示宏观经济信息、政务信息和行业信息最受企业人员（或企业）关注。究其原因：一是企业创新和发展与企业战略息息相关，而企业战略的制定与所在区域的整体经济状况紧密关联，这便需要掌握所在区域的宏观经济信息，通过访谈可知不少企业人员都有从社会科学院等机构获取区域经济发展数据或报告的经历；二是企业的发展与国家的政策导向紧密相关，第一时间解读

政策信息、了解政策动向成为企业人员的重要需求，这一特点在国有企业和集体企业上最为明显，在被调查的企业中有 45% 会专门组织内部员工学习政策文件、36% 表示在政策解读基础上对企业战略进行调整为企业节省了成本并带来了其他附加效益；三是企业的创新和发展与同行关系密切，需要掌握较多的行业信息来为决策服务。至于民族文化信息，在访谈中得知这与西江经济带的文化旅游企业的发展息息相关，这些企业为了自身发展需要了解当地的区域文化和民族文化。此外，文献信息也在引起企业人员的关注，在访谈中了解到企业人员渴望学习新的知识和技术，便通过文献阅读去提高自身能力和文化修养。

### 3. 对信息资源服务方式的选择

由表 7-4 可知，财务部人员倾向于选择移动终端和信息咨询的方式获取信息资源服务，研发部人员选择较多的是网络服务和推送服务，销售部、生产部、采购部和人力资源部人员则主要选择网络服务和移动终端服务。从整体上看，移动终端、网络服务和推送服务最受企业人员的欢迎，其次是查新服务和信息咨询服务，最后是共建共享的方式。究其原因：移动终端、网络服务及推送服务内容丰富、方式便捷且成本较低，企业用户可以随时随地获取所需的多种信息；然而查新服务和信息咨询服务成本较高且服务流程较为烦琐，适合重大决策或者技术改进时使用；此外，共建共享方式的成本最高且需要多方进行协调才可实现，许多企业望而却步。

**表 7-4　信息资源服务方式统计表**　　　　　　单位：人

| 类型 | | 推送 | 查新 | 信息咨询 | 共建共享 | 网络服务 | 移动终端 |
|---|---|---|---|---|---|---|---|
| 企业各部门人员 | 财务部人员 | 74 | 93 | 106 | 34 | 66 | 107 |
| | 研发部人员 | 108 | 85 | 73 | 74 | 111 | 90 |
| | 销售部人员 | 45 | 57 | 65 | 41 | 79 | 85 |
| | 生产部人员 | 66 | 57 | 53 | 47 | 79 | 69 |
| | 采购部人员 | 46 | 40 | 43 | 40 | 71 | 88 |
| | 人力资源部人员 | 70 | 62 | 55 | 54 | 79 | 108 |
| 总计 | | 409 | 394 | 395 | 290 | 485 | 547 |
| 各类型企业 | 国有企业 | 121 | 60 | 71 | 74 | 80 | 77 |
| | 集团企业 | 103 | 67 | 74 | 68 | 87 | 103 |
| | 私营企业 | 57 | 65 | 59 | 31 | 79 | 65 |
| | 联营企业 | 89 | 84 | 65 | 40 | 56 | 80 |
| | 股份制企业 | 70 | 70 | 60 | 50 | 67 | 68 |
| | 个体工商户 | 58 | 43 | 40 | 33 | 95 | 111 |
| 总计 | | 498 | 389 | 369 | 296 | 464 | 504 |

从不同信息资源服务方式的特点来看：网络技术和移动终端技术的日新月异催生了大量的移动终端和网络用户，该服务方式灵活便捷、移动性很强，成为企业人员的首选。查新和信息咨询可以比较系统地把握社会发展或者科技研究的前沿，为企业决策或者生产工艺提供依据，选择该服务方式最多的是财务部人员和研发部人员，这与他们工作职位的需求相适应。在访谈中获知企业人员的查新以专利查新为主，这也与企业的盈利性和竞争性的企业性格相符。推送服务主要是让用户了解相关研究领域的最新进展和动态，这一点与查新相同，与查新的不同之处在于它是一种主动的信息服务，调查结果显示选择该服务方式最多的是研发部、财务部和人力资源部人员。此外，信息的共建共享可以全面地、系统地满足企业人员的需求。比如，国有企业和集体企业最认可这一方式，只是该方式需要大量的人力和资金投入，因此，需要所在区域的政府甚至行业领头企业牵头才易于实现。

### 7.3.3　企业信息资源服务体系的构建

根据对企业人员的信息资源服务需求的调查和分析，本小节构建了面向企业人员的信息资源服务体系框架，框架主要分为四个部分（图 7-2）。

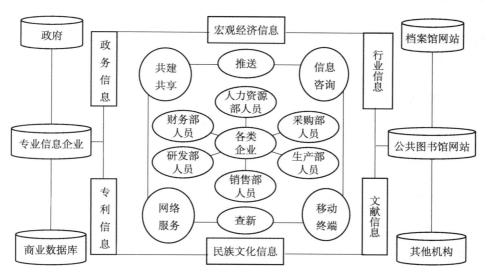

图 7-2　企业信息资源服务体系框架图

一是服务对象，包括不同类型企业的财务部人员、研发部人员和销售部人员等。

二是服务方式，包括移动终端、网络服务、推送、查新、信息咨询和共建共享等。

三是服务内容，包括宏观经济信息、政务信息和行业信息等。

四是服务内容的提供者，包括高校、公共图书馆网站、档案馆网站和商业数据库等信息服务机构。四个部分按照信息资源服务的一般流程展开：服务对象通过一定方式去获取所需的服务内容，而服务的内容则由特定服务提供者提供。具体而言，信息资源的配置是以现有的资源条件为基础、以信息需求为依据，从而实现信息资源服务体系的构建。以下将从信息需求的三个方面：对信息资源服务提供者的配置、对信息资源内容的配置和对信息资源服务方式的配置进行论述。

### 1. 对信息资源服务提供者的配置

由表 7-2 可知，西江经济带内，企业人员获取信息服务主要集中于高校和公共图书馆网站，其次是档案馆网站、商业数据库、专业信息企业和其他机构（如党校与社会科学院）。因此，在西江经济带地区，当地政府应着重加大对高校和公共图书馆的资金和人力投入，除了加强纸质资源和电子资源的建设外，还应引入专业的图书馆工作人员，保证图书馆的高质高效运转。同时，对档案馆的资源进行数字化建设和网络平台构建，以方便企业人员便捷地访问所需资料。此外，还应在经济带内统筹规划，合作购买商业数据库的资源，减少电子资源的重复购买和浪费。

### 2. 对信息资源内容的配置

由表 7-3 可知，西江经济带内，宏观经济信息、政务信息和行业信息最受企业人员（或企业）的关注，其次是民族文化信息、文献信息和专利信息。因此，图书馆和档案馆在企业信息资源建设方面应侧重宏观经济信息、政务信息和行业信息方面，并配置专业的信息人员定期为企业提供对口的定题或者查新服务。

### 3. 对信息资源服务方式的配置

由表 7-4 可知，西江经济带内，移动终端、网络服务和推送服务最受企业人员的欢迎，其次是查新服务和信息咨询服务，最后是共建共享的方式。因此，当地政府部门应注重移动网络的建设，方便企业通过移动终端获取快捷的信息资源和服务。同时，图书馆和档案馆应加强对参考咨询部门的建设，为企业用户提供周到的推送服务、查新服务及具体的信息咨询服务。

本案例实地调研了西江经济带内不同类型企业人员的信息需求，并通过深度访谈的方式进一步了解其信息需求和行为的原因，最后构建了区域创新体系中的信息资源服务体系。对西江经济带内的企业发展及区域整体发展具有较为深远的意义，可以为企业的创新和发展提供有效的信息资源支持。然而，本案例仅选取西江经济带内的企业作为研究对象来分析其信息资源需求和构建相应的信息资源服务体系，并没有系统地研究政府、高校等创新主体的信息资源需求。在下一步研究中，将会从区域创新体系中各个创新主体的信息需求出发进行全面系统的探索，构建全面、系统、完善的信息资源服务体系。

# 7.4　区域创新体系中区域信息资源服务体系研究
## ——以珠三角地区为例

跨区域（省、自治区）层次上区域创新体系的动因是协同创新，正是这个协同创新形成了跨区域（如珠三角）层次上的区域创新体系的各创新行为主体的利益共生体，由此也成为激励相容的基础动力，这样，利益共生体与激励相容之间存在双向互动作用，而前者则为这种双向互动提供了最初的动力，后者提供了持续的动力。因此，实施激励相容的关键，在于各创新行为主体间形成有效的利益共生体，这样可以实现政府与政府之间、政府与企业、政府与高校研发机构、企业与企业、企业与高校研发机构之间等多种关系的激励相容，从而形成利益共生系统。为此，可以从如下几个方面来对跨区域层次上（如珠三角）的"政府"各类资源设计支配控制权。

### 7.4.1　珠三角经济圈

珠三角是一个经济概念，又是一个地理概念，也曾是一个行政概念。珠三角通常又称为珠三角经济区或珠三角经济圈，是中国最发达的经济区域之一，地理上以香港、澳门和广州为中心。珠三角是由包括珠三角区域的 2 个省级的特别行政区、广东省的 2 个副省级市及 7 个地级市所组成的经济区。2 个省级的特别行政区是指香港特别行政区和澳门特别行政区，而广东省的 2 个副省级市是指广州市和深圳市，广东省 7 个地级市是指珠海市、佛山市、惠州市、肇庆市、江门市、中山市和东莞市。

珠三角地区已经成为世界知名的加工制造和出口基地，是世界产业转移的首选地区之一，初步形成了家居、电子、家电、服装、五金等企业群和产业群。珠三角聚集了广东省重要科技创新资源，是全省高新技术产业的主要研发基地，是中国规模最大的高新技术产业带，是国内乃至国际重要的高新技术产业研发和生产基地。珠三角经济区信息化综合指数 67.6%，高出全省 3.3 个百分点。珠三角地区和深圳市被确定为首批国家级电子信息产业基地；全国第一个 linux 公共技术支持服务中心建成投入使用。

2008 年年底，国务院下发《珠江三角洲地区改革发展规划纲要》，珠三角一体化上升为国家战略。围绕着战略规划、基础设施、产业布局、城乡规划、公共服务、环境保护一体化，珠三角的经济地理结构正在发生重大变化。轨道、绿道"双道"建设，为珠三角区域一体化提速提供了基础性条件。广佛肇、深莞惠、珠中江 9 市三大经济圈悄然形成，珠三角内部城市也正走向有机融合。

### 7.4.2  跨区域的新型协调机构

要突破原有体制的条块分离，首先要设计和建立适合我国国情的新型的跨区域的协调机构。综合国外典型的案例，其模式也因各地区的不同情况具有不同的特点，但归纳起来可分为三类：①集中管理模式。即组建一个统领全局的行政机构，统一对区域内所有行政主体进行调度，统一管理所有重大经济和社会事务，如经济发展战略、投资开发项目、基础设施建设、科技发展和文化教育事业发展等。②分立联合式。一个区域内的各行政主体为基础，成立一个联席会议性质的组织，协调各个行政主体的行动，统一规划，协调发展。③联盟一体模式。区域内保留原行政主体，但由各行政主体联合成立统一的联盟式机构，这个机构是常设的、有权威的，可下设一定数量的具体管理协调机构，在联合体内建立统一规划、分别执行和管理协调机制，逐渐实现区域内的要素市场、基础设施和信息资源配置的一体化。

欧盟就实现了第三类模式。欧盟是一个超国家的组织，即有国际组织的属性，又有联邦的特征。欧盟成员国自愿将部分国家主权转交欧盟，欧盟在机构的组成和权利的分配上，强调每个成员国的参与，其组织体制以共享、法制、分权和制衡为原则。其中一个地区平衡的机构是欧洲地区委员会（European Committee of the Regions），欧洲地区委员会由来自各成员国地区当局的代表组成，如市长、市参议员及地区政府首脑等。欧洲地区委员会和理事会在以下五个方面的决策必须咨询地区委员会的意见：①经济和社会统合；②泛欧交通、通信和能源网络；③公共卫生；④教育和青年；⑤文化。在其他领域决策上，地区委员会也可应欧洲地区委员会和理事会的要求或自发地提出意见，对欧盟决策施加间接影响。

为此，笔者认为，珠三角区域创新体系的构建可参照欧盟的经验成立类似的机构，如成立由各市党政主要领导参加的"珠三角区域创新体系发展理事会"作为最高协调决策机构，成立由各市职能机构领导参加的"珠三角区域创新体系发展工作委员会"，就具体的发展规划、资源配置、协调平衡、执行方案做出决策。下设若干常设的专门机构负责落实实施，成立一个地区委员会，由各地区政府、企业、高校、研究机构和相关中介机构的代表组成，对上述两个机构的决策和执行情况进行咨询和监督，提出改进意见。这样一个有相对权威和执行力的协调平衡体制，能保证较顺畅、高效地实行区域创新协同进程。

在这个相对统一的协调管理架构下，制订珠三角区域产业调整规划、资源共享共建、科技发展规划等，在珠三角区域创新体系发展工作委员会下设的具体执行机构的指导和监督下，各地区完成对这些规划的实施。要经过逐步的过程，可以采取先易后难、先局部后全区的办法，经过一些年的发展，逐渐实行区域内的全面协同发展。

从区域创新角度来讲，协调机构的主要职能首先就是要对珠三角目前和今后的发展趋势进行全面分析，并据此制订出含近期、中期和远期目标和珠三角区域创新体系推进的规划，以及一系列鼓励创新的激励政策。应创造一个良好的环境，促进企业与企业之间、企业与地方政府之间、企业与高校科研机构之间、地方政府与地方政府之间在珠三角区域创新体系中形成一个激励兼容的机制。

### 7.4.3 跨区域的知识战略联盟

区域间的知识战略联盟，是指两个或者多个区域以维持和提升技术创新水平为战略目标，组成的技术互补、共担风险和共享彼此之间知识资源的联盟形式，是建立区域创新体系，化解区域创新协同过程中信息障碍的有效途径，也是区域创新体系的高级形态。区域间知识战略联盟通过区域创新资源要素集成适应复杂多变的环境，降低各种各样的风险。同时，知识战略联盟的区域之间基于各自分工优势、良胜竞争和融合互补可以产生单独创新资源所无法实现的协同效应。然而，基于知识资源共享的区域创新体系中信息的不对称，使得各区域追求自身利益最大化的机会主义行为常常给整个区域带来损失，最终导致创新体系或联盟关系解体或效率低下，跨区域的知识创新联盟产生困境要有效化解跨区域的知识战略联盟的困境，必须进行以下几个方面改革。

（1）加强各区域创新行为主体诚信建设，合理提高各创新主体在创新体系中的信任度。选择互补性创新主体构成战略联盟的核心成员，订立具有硬约束力的契约或规章制度，从制度上保证承诺的可信度；增加创新体系中核心成员的知识性资产的投入，尽可能消除其他的创新主体顾虑，提高承诺的持久性。

（2）要从跨区域知识战略联盟的内外各方面入手，不能顾此失彼。一方面要加强创新体系内部创新行为主体间信任度；另一方面要加强创新体系中组织或者第三方（地方政府）的作用，制定合理有效的支持创新体系的政策，合理综合运用激励措施和惩罚措施，提高创新体系资金补贴和破坏创新体系的惩罚力度。

（3）通过对信誉低于信誉阀值的各区域创新行为主体进行信誉教育，促进他们信誉度的提升。研究表明，影响跨区域知识战略联盟困境的关键因素之一是信誉，那是因为创新行为主体信誉越高，其采取机会主义策略的可能越小，从而有利于创新体系困境的有效治理。

（4）加强信息公开披露体制机制建设，适时提高贴现率。完善的信息分开披露机制，能够减少利用信息阻碍来投机的可能性，也能够对区域的机会主义行为产生有效的威慑作用。同时，要适时提高的贴现率。适当的贴现值不仅可以增加对创新成果的良好憧憬，而且可以避免挫伤创新者积极性。

# 参 考 文 献

彼得·M.布劳.2008.社会生活中的交换与权力.李国武译.北京：商务印书馆：201-205.

陈健，何国祥.2005.区域创新资源配置能力研究.自然辩证法研究，（3）：78-82.

陈卫兵.2009.浙江省区域创新资源配置效率评价.南京：东南大学.

崔栋.2007.我国区域科技资源配置评价及优化研究.哈尔滨：哈尔滨工程大学.

道格拉斯·诺斯.1994.经济史中的结构与变迁.陈郁，罗华平译.上海：上海人民出版社：16.

胡昌平，邓胜利，张敏，等.2008.信息资源管理原理.武汉：武汉大学出版社：118.

华瑶，刘奋波.2004.层次分析法在科技资源配置能力综合评价中的应用.东北电力学院学报，
（2）：42-44.

蒋永福.2006.论公共信息资源管理——概念、配置效率及政府规制.图书情报知识，（3）：
12-15.

李冬梅，李石柱，唐五湘.2003.我国区域科技资源配置效率情况评价.北京机械工程学院学
报，（3）：50-55.

李久平.2003.国家创新系统中知识流动的有效组织模式：知识联盟.情报科学，（3）：266-
268.

李开复.2008.数据在云不在端.中国教育网络，（12）：15.

李青，李文军，郭金龙.2004.区域创新视角下的产业发展.北京：商务印书馆.

李晓群，谢科范.1999.科技资源及其利用率评价的理论分析.技术经济，（11）：48-51.

刘高勇，汪会玲.2009.Web2.0环境下信息服务的变革.图书情报工作，（7）：39-40.

刘志刚.2009.公共信息资源共享分析.情报探索，（4）：12-14.

卢兵，廖貅武，岳亮.2006.联盟中知识转移效率的分析.系统工程，24（6）：46-51.

陆萍.2011.信息资源配置模式及其优化设想.现代情报，（6）：9-11.

迈克尔·波特.2002.国家竞争优势.李明轩，邱如美译.北京：华夏出版社：65-121.

梅海燕 . 2004. 电子资源联盟——资源采购的新型模式研究 . 情报杂志，（2）：100-102.

彭灿 . 2003. 区域创新系统内部知识转移的障碍分析与对策 . 科学学研究，（1）：107-109.

曲然 . 2005. 区域创新系统内创新资源配置研究 . 长春：吉林大学 .

盛小平 . 2009. 知识管理战略与模式 . 北京：北京大学出版社：47-48.

宋涛，胡宝民 . 2007. DEA 模型及其参数在区域科技资源配置有效性评价中的应用 . 科技进步
　　与对策，（7）：77-78.

王辑慈 . 2001. 创新的空间 . 北京：北京大学出版社：70.

王亮 . 2008. 区域创新系统资源配置效率的演进规律与创新机制研究 . 长春：吉林大学 .

谢泽贵 . 2006. 现阶段大学图书馆印刷型与电子型外文期刊订购现状分析及建议 . 大学图书馆
　　学报，（1）：84-87.

尹雪梅 . 2009. 从云计算到个人数字档案馆 . 山西档案，（2）：18-22.

于晓宇，谢富纪 . 2011. 基于 DEA-Tobit 的区域创新系统资源配置优化策略研究 . 研究与发展
　　管理，21（3）：1-10.

张斌，马费成 . 2014. 大数据环境下数字信息资源服务创新 . 情报理论与实践，（6）：28-32.

张丹丹 . 2007. 东北老工业基地创新资源配置研究 . 长春：吉林大学 .

张广钦 . 2005. 信息资源管理 . 北京：北京大学出版社：14.

张建 . 2012. 浙江省区域科技资源配置效率研究 . 金华：浙江师范大学 .

张景安，亨利·罗文 . 2002. 创业精神与创新集群——硅谷的启示 . 上海：复旦大学出版社：2.

赵黎明，李振华 . 2003. 城市创新系统的动力学机制研究 . 科学学研究，（2）：21.

赵杨，胡潜，张耀坤 . 2010. 创新型国家的信息服务体制与信息保障体系构建（4）——国家创
　　新发展中的行业信息资源配置体系重构 . 图书情报工作，（3）：18-22.

郑寒 . 2007. 知识联盟中基于知识转移的知识创新过程模式研究 . 重庆：重庆大学 .

郑路，勒中坚 . 2011. 基于系统动力学的政府公共信息资源配置系统的模型研究 . 中国软科学，
　　（8）：178-180.

中国互联网络信息中心，2011. 第 28 次中国互联网发展状况统计报告 . http：//www.cnnic.net.
　　cn/dtygg/dtgg/201107/W020110719521725234632.pdf［2011-11-28］.

周元，王海燕 . 2006. 关于我国创新体系研究的几个问题 . 中国软科学，（10）：16-18.

庄亚明，李金生 . 2004. 高技术企业知识联盟中的知识转移研究 . 科研管理，25（6）：50-55.

左美云 . 2006. 知识转移与企业信息化 . 北京：科学出版社：78-80.

Homans G C. 1957. Social behavior of exchange. The American Journal of Sociology，63（5）：
　　597.

Ryu C，Kim Y J，Haudhury A C，et al. 2005. Knowledge acquisition via three learning processes in enterprise information portals：learning-by-investment，learning-by-doing，and learning-from-others. MIS Quarterly，29（2）：245-278.